Günter Glass

Taschenwörterbuch
Maschinenbau
&
Elektrotechnik
Deutsch – Englisch

Max Hueber Verlag

Dieses Werk folgt der seit dem 1. August 1998 gültigen
Rechtschreibreform.

Das Werk und seine Teile sind urheberrechtlich geschützt. Jede Verwertung in anderen
als den gesetzlich zugelassenen Fällen bedarf deshalb der vorherigen schriftlichen
Einwilligung des Verlages.

3. 2. 1. | Die letzten Ziffern
2007 06 05 04 03 | bezeichnen Zahl und Jahr des Druckes.
Alle Drucke dieser Auflage können, da unverändert,
nebeneinander benutzt werden.
1. Auflage
© 2003 Max Hueber Verlag, D-85737 Ismaning
Redaktion: Die Tast@tur, Eschweiler
Umschlaggestaltung: Parzhuber & Partner, München
Satz: Layoutstudio Daniela Haberlandt, Moosinning
Druck und Bindung: Ludwig Auer GmbH, Donauwörth
Printed in Germany
ISBN 3-19-006386-9

Vorwort

Dieses Taschenwörterbuch behandelt den großen Bereich der Terminologie des Maschinenbaus (einschließlich Anlagenbau und Aufzugstechnik) und der Elektrotechnik (einschließlich Elektronik).
Die erfasste Terminologie beruht weitgehend auf Herstellerliteratur und Fachartikeln aller englisch sprechenden Länder, wobei die gängigsten europäischen und internationalen Normen sowie die einschlägigen Normen Deutschlands, Großbritanniens, der Vereinigten Staaten, Kanadas und anderer Länder zu Hilfe genommen wurden.

Berücksichtigt wurde auch eine Vielzahl von fachsprachlichen Redewendungen (Kollokationen), die selbst in großen Fachwörterbüchern häufig nicht zu finden sind.

Die deutsche Spalte enthält ca. 11.000 Einträge, denen insgesamt ca. 17.000 Einträge in der englischen Spalte gegenüberstehen.

Unterschiedliche Schreibweisen und anders lautende Ausdrücke im US-amerikanischen und im britischen Sprachgebrauch sind durch US und UK gekennzeichnet.

Auf endlose Listen von Abkürzungen für Fachgebiete, Teilgebiete und Bedeutungsabgrenzungen wurde im Interesse eines schnellen Zugriffs verzichtet. Mit Zuordnungen und Abgrenzungen wurde sparsam umgegangen; sie werden direkt bei den betreffenden Einträgen im vollen Wortlaut oder in allgemein verständlichen Kurzformen verwendet.

Verlag und Verfasser wünschen dem Benutzer viel Freude im Umgang mit diesem Taschenwörterbuch.

Stuttgart, im Januar 2003   Günter Glass

Abkürzungen

adj	Adjektiv	adjective
adv	Adverb	adverb
f	Substantiv, Femininum	feminine noun
fpl	Substantiv, Femininum Plural	feminine noun, plural
m	Substantiv, Maskulinum	masculine noun
mpl	Substantiv, Maskulinum Plural	masculine noun, plural
n	Substantiv, Neutrum	(German) neuter noun
npl	Substantiv, Neutrum Plural	(German) neuter noun, plural
plt	Substantiv, Pluraletantum	plural noun
präp	Präposition	preposition
(UK)	britischer Sprachgebrauch	British usage
(US)	US-amerikanischer Sprachgebrauch	American usage
v	Verb	verb

A

abändern v change, modify, alter; amend

abarbeiten v (Rufe, Kommandos) execute, answer

Abbau m demounting, dismantling, removal, disassembly; (Verbindung) clearing, clearing down; (Rohstoffe) exploitation, mining, extraction; (Zersetzung) degradation, decomposition

abbaubar adj removable; (biologisch) degradable, biodegradable, decomposable

abbauen v demount, dismantle, remove, disassemble; (Verbindung) clear, clear down; decompose; (Rohstoffe) exploit, mine

abbeizen v pickle; strip paint

Abbeizmittel n pickling agent, paint remover, paint stripper

abbilden v map; illustrate

Abbildung f mapping; illustration; figure, Fig.

abbinden v (Kabel) tie up, tie off; (hart werden) harden, set, cure

Abblaseventil n blow-off valve

abblättern v flake; scale; peel off; chip off; exfoliate

Abbrand m pitting; burning

abbrandfest adj non-eroding

abbrechen v discontinue, break off; (auslaufen lassen) phase out; (Abriss) demolish, pull down

abbremsen v brake, slown down; retard; decelerate

Abbremsung f braking, slowing down; retardation; deceleration

abbrennen v burn off; erode

Abdeck|band n cover band; masking tape; **~blech** n cover sheet, cover plate

abdecken v cover; mask

Abdeck|leiste f cover strip, moulding; **~maske** f mask; **~plane** f tarpaulin; **~platte** f cover plate, faceplate; **~schiene** f cover strip

Abdeckung f cover, covering; masking

Abdichtband n sealing tape

abdichten v seal, seal off, make tight, tighten

Abdicht|gummi m rubber seal, weatherstrip; **~mittel** n sealant, sealer, sealing compound; **~ring** m sealing ring; **~scheibe** f sealing washer; **~streifen** m sealing tape

Abdichtung f seal, sealing, packing

abdrehen v turn off

Abdrück|prüfung f pressure test; **~schraube** f forcing-off screw

abfahren v leave, start, depart, set off

Abfahrt f leaving, start, starting, departure; (Ausgang, Ausfahrt) exit

Abfall m chips, chippings, shavings, swarf; (z.B. Spannung, Druck) drop, dip, fall; (Abnahme) decrease; decay; waste, refuse, scrap, rubbish, garbage, debris; **radioaktiver ~** radioactive waste

Abfall|aufbereitung f recycling; **~behälter** m waste bin; **~beseitigung** f waste disposal, refuse disposal

abfallen v (Relais) drop out; (z.B. Spannung) drop, fall, fall off; decrease
Abfallverzögerung f drop-off time lag
abfangen v support, prop; (Nachricht) intercept
abfärben v stain
abfasen v (Ecken/Kanten abrunden) chamfer, bevel
Abfasung f chamfer
abfedern v cushion, spring-cushion
abfertigen v dispatch
Abfertigung f dispatch; ~ der Fahrgäste passenger handling
abfließen v flow off, drain
Abfluss m drain; discharge; ~hahn m drain cock
abfräsen v mill off, cut off
abfühlen v scan
Abfuhr f removal; (Wärme) dissipation
abführen v (Wärme) dissipate
abfüllen v fill; (in Flaschen) bottle; (in Dosen) can
Abgabe f delivery; (Leistung) power, output; (Wärme) dissipation; ~leistung f output, power output
Abgas n exhaust gas, waste gas
abgeben v deliver, give off; emit, radiate; (Drehmoment) deliver; (Ruf) give (a call); (Leistung) supply; (Wärme) dissipate
abgeflacht adj flat; truncated
abgegeben|es Drehmoment n torque delivered; ~e **Leistung** f power output, output; ~e **Motorleistung** f motor output
abgehängte Decke f suspended ceiling

abgehend adj outgoing
abgekantet adj (Blech) folded
abgeleitet adj derived
abgelöst adj detached
abgenutzt adj worn, worn out
abgerundet adj rounded
abgeschaltet adj switched off, turned off; disabled, deactivated
abgeschirmt adj (UK) screened, (US) shielded; guarded; (mit Kragen) shrouded
abgeschrägt adj (Kante) bevelled, chamfered; (Kegel) tapered; ~e **Schürze** f (Aufzug) ramped apron
abgesichert adj (elektr.) fused; protected; verified; secured
abgespannt adj guyed
abgewickelt adj (Gewinde) unwrapped
abgewinkelt adj angled
Abgleich m balance, balancing, compensation; alignment, adjustment
abgleichen v balance, compensate; align, adjust
Abgleich|klemme f adjusting terminal; ~**kondensator** m balance capacitor, trimming capacitor; ~**potentiometer** m balancing potentiometer, trimming potentiometer, adjustment potentiometer; ~**vorrichtung** f balancer; ~**widerstand** m trimmer resistor, compensating resistor
abgleiten v slip off; leave
abgraten v deburr; (Kunststoff) deflash; trim
Abgrat|maschine f deburring machine; trimming machine; ~**werkzeug** n deburring tool, trimming tool

abgreifen v (Strom) tap; pick off; (abtasten) scan
Abgriff m tap
abhaspeln v wind off
abheben v raise, lift, retract; lift off, take off
Abhebung f retraction, lift
Abhilfe f remedy, remedial action; ~ **schaffen** take remedial action
abhören v intercept; tap
abisolieren v (Isolierung) strip; (Leiter) bare
Abisoliergerät n insulation stripper
abisoliert adj stripped, bared
Abisolierzange f cable stripper, wire stripper, stripper, stripping tongs plt
Abkantbauweise f (Bleche) folded-edge construction
abkanten v (Blechkanten umlegen) fold; bevel; bend
Abkant | maschine f folding machine; ~**presse** f folding press
Abkantung f edge folding, folded edge
abkappen v clip
abklemmen v (Anschlussklemme entfernen) disconnect (terminal); (abtrennen) pinch off
abklopfen v tap
abkneifen v pinch off, nip off
abknicken v kink; bend
abkratzen v scrape off
abkröpfen v offset
abkühlen v cool, chill; (Stahl abschrecken) quench
Abkühlmittel n coolant, cooling agent
Abkühlung f cooling, chilling

ablängen v cut to length
ablassen v lower; (z.B. Öl) drain, discharge
Ablass | hahn m drain cock, drain tap; ~**schraube** f drain plug; ~**stopfen** m drain plug; ~**ventil** n drain valve
Ablauf m sequence; flow; operation; process; ~**diagramm** n sequence chart; ~**planung** f operation scheduling; process planning; ~**punkt** m (Kette) take-off point (of chain)
Ablege | drahtbruchzahl f discard number of broken wires; ~**kriterien** npl discard criteria
ablegen v (defektes Seil) discard; (Unterlagen) file
Ablegeplatte f tray
ablegereif adj to be discarded; ~**es Seil** rope to be discarded
ableiten v (ablassen) drain, drain off; (Luft) bleed, bleed off; (Strom, elektrische Ladung) conduct, discharge; (Wärme) dissipate; (Mathematik) deduct; (Logik) derive
Ableiter m arrestor; charge suppressor
Ableitung f drain; discharge; dissipation; deduction; derivation
Ablenkblech n deflector plate, baffle plate
ablenken v deflect
Ablenkrolle f deflection pulley, deflector, deflector sheave; diverting sheave
Ablenkung f deflection
Ablenkungswinkel m deflection angle
Ablesegenauigkeit f reading accuracy
ablesen v read
Ablesung f reading

ablösen v detach, separate
ablöten v unsolder
Abmaß n deviation, allowance
Abmessung f dimension, size; *(Vorgang)* measurement
abmontieren v demount, dismantle, detach, remove
Abnahme f acceptance; approval; *(Verminderung)* decrease; **~bescheinigung** f acceptance certificate; **~protokoll** n acceptance report; **~prüfung** f acceptance test, acceptance inspection; **~vorschrift** f acceptance specification; **~zeichnung** f acceptance drawing
abnehmbar adj removable; detachable, demountable
abnehmen v remove; detach; demount; *(Prüfung)* accept; approve; *(verringern)* decrease
abnutzen v wear; **sich ~** wear out
Abnutzung f wear, wear and tear; attrition; *(Abrieb)* abrasion
abplatzen v flake, peel off
abrichten *(Schleifscheibe)* dress
Abrichter m dressing device, wheel dresser
Abrieb m *(Vorgang)* abrasion; *(abgeriebenes Material)* abraded matter
abriebfest adj abrasion-resistant
abrollen v *(Seil)* unwind, unreel, uncoil; dispense
Abrollvorrichtung f wire dispenser
Abruf m *(Material)* issue, withdrawal, requisition
absägen v saw off

absaugen v draw off, suck off, extract
Abschaltautomatik f automatic switch-off
abschalten v switch off, turn off, cut off; de-energize; *(stillsetzen)* shut down; disable; deactivate; stop; break; *(trennen)* isolate
Abschalter m disconnect switch
Abschalt│leistung f breaking capacity; **~strom** m breaking current
Abschaltung f disconnection, switching off; deactivation; stopping; shut-down; *(Trennung)* isolation
Abschalt│ventil n cut-off valve; **~verzögerung** f turn-off delay; **~zeit** f turn-off time
abscheiden v separate
Abscheider m separator
Abscheidung f separation
Abscherbolzen m shear pin, safety bolt
abscheren v shear off
Abscher│festigkeit f shear strength, shearing strength, shearing resistance; **~kupplung** f shear-pin clutch
abschirmen v (US) shield, (UK) screen, screen off
Abschirmung f (US) shield, shielding, (UK) screen, screening
abschleifen v grind off
abschließbar adj lockable
Abschluss m termination; **~kabel** n termination cable
abschmieren v grease, lubricate
Abschmiergerät n lubricator
abschmirgeln v abrade, abrade with emery
abschneiden v cut off

Abschneider *m (z.B. Rohr)* cutter
Abschnitt *m* section; segment; *(abgeschnittenes Teil)* cut-off piece
abschrägen *v* bevel, chamfer
Abschrägung *f* chamfer
abschrauben *v* screw off, unscrew, unbolt; undo; remove
abschrecken *v (Wärmebehandlung von Stahl)* quench
Abschreckhärten *n (Stahl)* quench hardening
Abschreckung *f* quenching
abschwächen *v* attenuate
Abschwächer *m* attenuator
Abschwächung *f* attenuation
Abschwächungsglied *n* attenuator
absenken *v* lower, descend
Absenk│sicherungsventil *n* anti-creep valve; **~verhinderung** *f* anti-creep device; **~vorrichtung** *f* lowering device, lowering mechanism
absichern *v (elektr.)* fuse, protect by fuse; safeguard; secure; *(mechan.)* protect; guard, fence
Absicherung *f* fusing, protection by fuses; protection; safeguarding; securing; guarding, fencing
absichtlich *adj* intentional
Absolutbeschleunigung *f* absolute acceleration
absoluter Nullpunkt *m* absolute zero
absondern *v* isolate; separate, segregate
Absonderung *f* isolation; separation; segregation
absorbieren *v* absorb
Absorption *f* absorption

abspannen *v (z.B. Werkstück)* unclamp; unload; *(elektr.)* step down; *(Leitungsmast)* guy
Abspann│isolator *m* terminal insulator; **~seil** *n* guy rope
absperren *v* shut off
Absperr│hahn *m* stopcock, shut-off cock; **~klappe** *f* butterfly valve; **~schieber** *m* shut-off valve
Absperrung *f* barrier
Absperr│ventil *n* shut-off valve, stop valve; **~vorrichtung** *f* barrier
abspulen *v* reel off, unreel, wind off, unwind, unspool, uncoil, pay off
Abspulmaschine *f* reeler
Abstand *m* distance, spacing; space; gap; clearance; span; pitch; *(zeitlich)* interval; **~bolzen** *m* spacer pin
abstandgleich *adj* equidistant
Abstand│halter *m* spacer; **~schelle** *f* spacing clamp, spacing clip; **~stück** *n* spacer, distance piece
abstechen *v* cut off, part off; *(Hochofen)* tap
Abstechmeißel *m* parting tool
absteifen *v* prop up, brace, strut; stiffen
Absteifung *f* propping, stiffening; bracing; strutting
absteigend *adj* descending
Abstellautomatik *f* automatic shut-down control
abstellen *v* switch off, stop, shut down, cut out; disconnect
Abstell│hebel *m* stop motion lever; **~schalter** *m* cutout switch, stop switch

abstimmen v tune; coordinate; *(zeitlich)* time

Abstimmung f tuning; coordination

abstoßen v *(Magnet)* repel

abstoßend adj *(Wasser)* repellent

Abstoßung f repulsion

abstrahlen v radiate; *(Sandstrahlen)* shotblast

Abstrahlung f radiation; emission

Abstrahlungs|grenze f *(bei elektromagnetischer Verträglichkeit)* emission limit; **~pegel** m emission level

Abstreifer m stripper; wiper; scraper

abstufen v grade, graduate; step

Abstufung f grading, graduation; stepping

Absturz m plunge; *(Aufzug)* fall; drop; *(Computer)* crash; **~gefahr** f risk of falling, danger of falling; **~wahrscheinlichkeit** f drop probability

abstützen v support, back up

Abstützung f support

Abtaktmodul n brake module

abtasten v scan, sense

Abtaster m scanner

Abtastung f scanning, sensing

abtauen v defrost

abteilen v divide; partition

abtragen v remove; erode; mark off

abtrennen v separate, isolate, part off; disconnect

Abtrennung f disconnection; **~ über die volle Fahrschachthöhe** *(Aufzug)* full height screening

Abtrieb m driven side, driven end, output

Abtriebs|drehmoment n output torque; **~drehzahl** f output speed

Abtriebsseite f driven end, output end, output side

Abtriebs|leistung f output power; **~moment** n output torque; **~rad** n driven gear; **~ritzel** n output pinion; **~rolle** f driven pulley; **~welle** f output shaft, driven shaft; **~zahnrad** n output gear, driven gear

Abtropfblech n drip pan

Abwälz|bahn f rolling-contact path; **~fräsen** n hobbing, gear hobbing

Abwärme f waste heat

Abwärts|bewegung f downward movement, descending movement; **~fahrt** f down run, down travel, descent; **~hub** m down-stroke; **~kompatibilität** f downward compatibility; **~ruf** m down call; **~sammelsteuerung** f down collective control, down collective; **~-Spitzenverkehr** m down peak; **~transformator** m step-down transformer

abwechseln v alternate

abwechselnd adj alternating

abweichen v deviate; vary

Abweichung f deviation; variation; **bleibende ~** steady-state deviation; **mittlere ~** mean deviation; **vorübergehende ~** transient deviation

abweisen v deflect; *(zurückweisen)* reject

Abweiser m deflector

Abweisung f deflection; rejection

abwickeln v *(Kabel, Seil)* pay off, unwind, uncoil, unreel; *(Rufe)* serve, service, answer; respond (to calls); *(Verkehr)* handle; **noch abzuwickelnde Innenkommandos/Innenrufe** outstanding car calls

Abwickel|rolle f pay-off reel; **~trommel** f pay-off reel

abwinkeln v angle

abwischen v wipe off

abwürgen v (Motor) stall (engine)

abziehbar adj withdrawable, pull-off ...

abziehen v (Schlüssel) withdraw (the key from the lock); (Schlauch) disconnect; extract, pull off; (schärfen) sharpen; (Schleifscheibe) dress; (Lager) hone

Abzieh|feder f pull-off spring; **~haken** m extractor hook; **~vorrichtung** f extractor; puller, withdrawing tool

Abzug m (Luft, Gas etc.) exhaust

Abzweig m branch; **~dose** f branch box, conduit box

abzweigen v branch

Abzweig|kasten m junction box, distribution box; **~klemme** f branch terminal; **~leitung** f branch line; **~stromkreis** m branch circuit

abzwicken v nip

Achs|abstand m (UK) centre distance, (US) center distance, (UK) shaft-centre distance, (US) shaft-center distance, distance between axes, (UK) distance between centres, (US) distance between centers; **~abstandsmaß** n (UK) deviation of centre distance, (US) deviation of center distance; **~abstandstoleranz** f (UK) centre distance tolerance, (US) center distance tolerance

Achse f (geometrisch) axis (pl axes); (Mittellinie) (UK) centre line, (US) center line; (als tragendes Bauteil) axle; (als antreibendes/angetriebenes Bauteil) shaft; (Koordinate) coordinate

Achsen|abstand m (UK) centre distance, (US) center distance; **~kreuz** n (Koordinaten) axes of coordinates; **~winkel** m shaft angle; **~winkelabweichung** f shaft angle error, shaft angle deviation

Achs|kraft f axial force; **~lage** f axial position, axial location; **~last** f load per axle, axial load; **~linie** f (UK) centre line, (US) center line; **~richtung** f axial direction; **~schub** m axial thrust; **~stellung** f axial position, axial location; **~steuerung** f axis control; **~teilung** f axial pitch

achteckig adj octagonal

Achtkant|mutter f octagonal nut, octagon nut; **~schraube** f octagonal bolt, octagon bolt

Acrylfaser f (UK) acrylic fibre, (US) acrylic fiber

Ader f strand, core, wire, conductor; **~endhülse** f wire-end sleeve; **~kennzeichnung** f core identification, colour coding; **~querschnitt** m core cross-sectional area, wire cross section

Adhäsion f adhesion

Aerodynamik f aerodynamics

aerodynamisch adj aerodynamic

Aggregat n set, unit, package; (Hydraulik) power unit, power pack; generating set; (Zuschlagstoff) aggregate;

Aggregatzustand

~zustand m *(fest, flüssig, gasförmig)* state of aggregation (solid, liquid, gaseous)

aggressiv | e Atmosphäre f corrosive atmosphere; **~e Umgebung** f hostile environment

Akkumulator m storage battery; *(Speicherregister)* accumulator; **Nickel-Cadmium-~** cadmium-nickel storage battery

Aktenaufzug m document lift

aktivieren v activate; enable

Aktivierung f activation

aktuell *adj* current, up to date, topical; **~er Zustand** m current state, current status

akustisch | e Ansageeinrichtung f audio announcer; **~e Rufquittierung** f audible call acceptance; **~es Signal** n audible signal; **~e Störmeldung** f audible alarm; **~e Zwei-Ton-Anzeige** f two-tone audible indication

Alarm m alarm, alert; **einen ~ auslösen** sound an alarm

Alarm | anzeige f alarm display; **~glocke** f alarm bell; **~hupe** f alarm horn

alarmieren v *(Bedienungsperson)* alert

Alarm | klingel f warning bell; **~meldung** f alarm, alarm signal, alarm message, alert notice; warning message; **~schalter** m alarm switch; **~signal** n alarm signal, alert signal; **~taster** m alarm button; **~wecker** m alarm bell

Alleskleber m all-purpose adhesive

Allstromgerät n universal current device, AC-DC set

anbauen

Allzweckmaschine f all-purpose machine, universal machine

altern v age

Alterung f ageing

Altöl v used oil, waste oil

Aluminium n (UK) aluminium, (US) aluminum; **~band** n (UK) strip aluminium, (US) strip aluminum; **~blech** n (UK) aluminium sheet, (US) aluminum sheet, (UK) sheet aluminium, (US) sheet aluminum; **~legierung** f (UK) aluminium alloy, (US) aluminum alloy

Amboss m anvil

Ampere n ampere; **~meter** n ammeter, amperemeter; **~stunde** f ampere hour; **~stundenzähler** m amperehour meter; **~wicklung** f ampere-turn; **~windungszahl** f number of ampere-turns; **~zahl** f amperage

Amplitude f amplitude

Amplituden | änderung f amplitude variation; **~diskriminator** m amplitude discriminator; **~gang** m amplitude response; **~hub** m amplitude swing; **~modulation** f amplitude modulation; **~verzerrung** f amplitude distortion

Analog | -Digital-Umsetzer m analog-digital converter, analog-to-digital converter; **~rechner** m analog computer

Analyse f analysis (*pl* analyses)

analysieren v analyze

Anbau m add-on unit; extension; attachment

anbauen v add; extend; attach, fit

Anbau|flansch *m* mounting flange; **~teil** *n* add-on part, add-on piece

anbringen *v* fit, fix, attach, mount, fasten, install

ändern *v* change, vary, modify, alter; correct; amend

Änderung *f* change, alteration, modification; variation; **technische ~** engineering change, design change; *(Zeichnung)* revision; **~en vorbehalten** subject to change, subject to change without notice, subject to change without prior notice

Änderungs|dienst *m* alteration service, modification service, revision service, update service; **~geschichte** *f* engineering change history, alteration history; product history data; **~mitteilung** *f* engineering change notice, alteration notice, notice of revision; **~stand** *m* change status

Andruck *m* contact pressure

andrücken *v* press against, press on; force against; bear on

aneinander haften *v* cling together

aneinander stoßend abutting

Anfahrdrehmoment *n* starting torque

anfahren *v (Betrieb)* start, start up; *(sich nähern)* approach; *(bedienen)* serve; *(kollidieren)* collide; impact (on); bump (into/against)

Anfahr|geschwindigkeit *f* approach speed; **~leistung** *f* starting power; **~moment** *n* breakaway torque; starting torque; **~richtung** *f* approach direction; **~sperre** *f* starting block, starting lock-out, start inhibit

Anfahrt *f* approach

Anfahr|verhalten *n* starting characteristic; **~verriegelung** *f* start interlock

Anfang *m* start, beginning, commencement; *(Einleitung)* initiation

anfangen *v* start, begin, commence; initiate

Anfangs|druck *m* initial pressure; **~kapazität** *f* initial capacity; **~moment** *n* starting torque; **~winkel** *m* starting angle; **~zustand** *m* initial condition, initial situation

anfasen *v* chamfer, bevel

Anfas- und Entgratmaschine *f* chamfering and deburring machine

Anfertigung *f*, **kundenspezifische ~** custom made, tailor made, custom-built

anfeuchten *v* moisten

anflanschen *v* flange, flange-mount

anfressen *v* pit, corrode

Angabe *f* indication, information, specification; **Angaben** data, information, specifications

angeben *v* indicate, state, specify

angeflanscht *adj* flange-mounted

angeformt *adj* integral, integral with

angelegt|e Last *f* applied load; **~e Spannung** *f* applied voltage

angelehnt *adj (Tür)* ajar (z.B.: the door is ajar; the door stood ajar; leave the door ajar)

angemeldet *adj* applied for; filed; pending

angenähert *adj* approximate, approximated

angenommen *adj* assumed

angetrieben *adj* driven, powered, propelled

angewandte Forschung *f* applied research

angezogen *adj*, **von Hand ~** *(z.B. Schraube)* finger-tight

angreifen *v (Kraft)* apply (force); *(chem. aggressiv)* corrode; *(chem.)* attack; *(beeinträchtigen)* affect; *(Problem in Angriff nehmen und bewältigen)* tackle

Angriff *m* engagement; action; *(Korrosion)* attack; *(Last/Kraft)* application

Angriffs | punkt *m* point of action; *(einer Kraft)* point of application; **~winkel** *m (z.B. Kraft)* angle of application, angle of force application

anhaften *v* adhere

anhalten *v* stop

anheben *v* lift, raise; hoist, elevate

Anhebeschlitten *m* lifting slide, elevating slide

Anhol-/Sende-Steuerung *f (bei Kleingüteraufzügen)* call/dispatch control (in dumbwaiters)

Anker *m* anchor; stay; *(elektr.)* armature; **~belastung** *f* armature load; **~bolzen** *m* anchor bolt, tie bolt; **~eisen** *n* insert; **~kern** *m* armature core; **~kern aus Weicheisen** soft-iron armature core; **~luftspalt** *m* armature gap; **~mutter** *f* anchor nut; **~nut** *f* armature slot; **~platte** *f* backing plate; **~rückwirkung** *f* armature reaction; **~schienen** *fpl* anchor rails; **~schraube** *f* anchor bolt, foundation bolt; **~spannung** *f* armature voltage; **~spule** *f* armature coil; **~welle** *f* armature shaft; **~wicklung** *f* armature winding; **~widerstand** *m* armature resistance

anklammern *v* clamp

anklemmen *v (mechan.)* clamp; *(elektr.)* connect, connect to terminals

ankommen *v* arrive

ankoppeln *v* couple

ankörnen *v* (UK) centre-punch, (US) center-punch

ankreuzen *v* check, mark, tick

Ankunft *f* arrival

Ankunfts | gong *m* arrival gong, arrival bell, arrival chime; **~zeit** *f* time of arrival

Anlage *f* plant; installation; equipment; facility; system; **~ mit mehreren Aufzügen** multiple lifts

Anlage | fläche *f* contact surface, contact area; **~flansch** *m* contact flange

Anlagen | ausfall *m* system failure; **~führer** *m* installation operator; **~technik** *f* industrial and building systems; **~übersicht** *f* layout drawing

Anlagezeichnung *f* layout drawing

Anlassdrehmoment *n* starting torque

anlassen *v* start, start up; *(Wärmebehandlung von Stahl)* temper

Anlasser *m* starter; starting circuit

Anlass | farbe *f (Stahl)* tempering colour; **~schalter** *m* starting switch, starter switch; **~temperatur** *f* tempering temperature

Anlaufdrehmoment *n* starting torque

anlaufen *v* start; *(Beschlag; Farbänderung)* tarnish

Anlauf|häufigkeit *f* frequency of starts; ~**impuls** *m* starting pulse; ~**kondensator** *m* starting capacitor; ~**leistung** *f* starting power; ~**moment** *n* starting torque; ~**serie** *f* pilot lot; ~**spannung** *f* starting voltage; ~**strom** *m* starting current; ~**stromstoß** *m* starting-current surge; ~**verhalten** *n* starting characteristics; ~**verriegelung** *f (bei mehreren Aufzügen)* starting sequence control; ~**wicklung** *f* starting winding; ~**wirkungsgrad** *m* starting efficiency

anlegen (an) *v (Spannung)* apply (voltage) to

anleiten *v* instruct, teach, guide

Anleitung *f (z.B. Bedienungsanleitung)* instructions

Anlieferungszustand *m* as-delivered condition, as-received condition

anlöten *v* solder to

annähern *v* approximate

annähernd *adj* approximate

Annäherung *f* approximation; approach

Annäherungs|verfahren *n* approximation method; ~**wert** *m* approximation value

Annahme *f* assumption; *(akzeptieren/abnehmen)* acceptance

annehmen *v* assume; accept; **einen Wert** ~ assume a value

Anode *f* anode

Anoden|anschluss *m* anode terminal; ~**spannung** *f* anode voltage

anordnen *v* arrange, lay out; *(bestimmen)* specify

Anordnung *f* arrangement; set-up; layout; structure; configuration; array

Anordnungszeichnung *f* arrangement drawing

anpassen *v* adapt; match; adjust; fit

Anpassung *f* adaptation; matching; adjustment

anpassungsfähig *adj* adaptable

Anpressdruck *m* contact pressure

anregen *v* excite; energize; stimulate

Anregung *f* excitation; stimulation

anreichern *v* enrich; concentrate

anreißen *v* mark, scribe

Anriss *m* incipient crack

Ansage|einrichtung *f* annunciator, announcer; ~**text** *m* announcement text

ansaugen *v* draw in

anschalten *v* switch on, power on, turn on; connect; enable; activate

Anschaltung *f* connection; activation

Anschlag *m* stop, limit stop, stop dog; ~**bolzen** *m* stop pin

anschlagen *v* attach, fasten; *(Kabel)* push-fit; *(Seil, Last)* sling; *(Tür)* hinge; strike, hit

Anschlag|hebel *m* stop lever; ~**kloben** *m* stop dog; ~**leiste** *f (Tür)* rabbet, rebate; stop bar; ~**lineal** *n* T-square; ~**mittel** *n (Seil)* sling, sling device; ~**nase** *f* stop lug, stop boss; ~**platte** *f* stop plate; ~**ring** *m* stop collar; ~**schiene** *f* stop rail; ~**seil** *n* sling rope, slinging rope;

~stange f bumper bar; **~stift** m stop pin; **~winkel** m try square

anschließen v connect; join; link; plug; hook up

Anschluss m connection; terminal; port; link; interface; *(Einrichtung)* connector; **~block** m terminal block

anschlussfertig adj ready for connection, ready for service

Anschluss|kabel n connection cable, power cable, power supply cable; **~kasten** m terminal box; **~klemme** f terminal; **~leiste** f terminal strip; **~leitung** f connection line; **~maße** npl fixing dimensions; **~mutter** f terminal nut; **~öse** f eyelet; **~plan** m terminal diagram; **~spannung** f supply voltage; **~stecker** m connector; **~stück** n adapter; **~wert** m connected load

Anschnitt m *(Gewinde)* chamfer

anschrägen v chamfer, bevel

anschrauben v screw on; bolt to

anschweißen v weld to, weld on

anseilen v rope

ansenken v countersink

Ansicht f view; elevation

anspannen v tighten

anspitzen v point

Ansprechempfindlichkeit f sensitivity, responsiveness

ansprechen (auf) v respond (to)

Ansprech|grenze f response limit; **~kennlinie** f response curve, response characteristic; **~pegel** m operate level; **~schwelle** f response threshold, operating threshold; **~spannung** f response voltage; **~zeit** f response time, operate time

anstehen v *(Rufe)* wait to be served, wait to be answered

ansteigen v rise, increase; ascend

ansteuern v control, trigger

Anstieg m increase, rise; ascent

Anstiegszeit f rise time

anstoßen v butt, abut

Anteil m share; portion; component; content; proportion; fraction

Antenne f (UK) aerial; (US) antenna

Antidröhn|masse f anti-drumming solution, anti-drumming compound, anti-drumming agent; **~mittel** n sound-proofing agent

Antiresonanzkreis m anti-resonance circuit

antistatisch adj antistatic

antreiben v drive, gear, power, propel

Antrieb m drive, driving machine; machine; driving mechanism; transmission; traction machine; actuator; propulsion; **geregelter ~** variable-speed drive; **polumschaltbarer ~** two-speed drive, three-speed drive; **ungeregelter ~** fixed-speed drive

Antriebs|aggregat n *(hydraulisch)* power unit; power train; **~bremse** f driving machine brake; **~drehmoment** n driving torque, input torque; **~drehzahl** f input speed; **~drehzahlbereich** m input speed range; **~einheit** f drive unit; **~element** n driving element, driving member, propelling element; **~geschwindigkeit** f input velocity;

~**kraft** f driving force, motive force;
~**leistung** f driving power, input power, motive power; ~**moment** n driving torque, input torque;
~**motor** m drive motor, driving motor;
~**rad** n driving gear, driving wheel;
~**ritzel** n drive pinion, driving pinion, input pinion; ~**rolle** f driving pulley;
~**scheibe** f driving pulley, driving sheave; ~**schlupf** m drive slip;
~**schneckenrad** n driving wormwheel;
~**seite** f drive end, driving end, drive side

antriebsseitig adj on the input side, on the input end, on the driving side, on the driving end

Antriebs|strang m driving line, power train; ~**system** n propulsion system;
~**technik** f drive engineering, drive technology; ~**welle** f drive shaft, driving shaft, input shaft; ~**werk** n drive mechanism; ~**zahnrad** n driving gear, input gear

anwendbar adj applicable; **nicht** ~ not applicable

anwenden v apply

Anwendung f application

Anwendungsgebiet n scope of application, field of application

anzapfen v tap

Anzeige f indication, display, reading, readout; ~**gerät** n indicator, display unit; ~**leuchte** f indicator lamp

anzeigen v indicate, display, read

anzeigepflichtig adj notifiable, subject to notification

Anzeiger m indicator

Anzeigetafel f annunciator board; indicator panel, display panel; tell-tale board

Anziehdrehmoment n tightening torque

anziehen v (Schraube) tighten; (Bremse) apply (the brake); (Relais) pick up; (Magnet) attract

Anziehung f attraction

Anziehungskraft f (Magnet) attractive force, force of attraction

Anzugs|moment n (Schraube) tightening torque; ~**strom** m breakaway starting current; starting current

Apparat m device, unit, set

Arbeit f work; (UK) labour, (US) labor; job; task; energy; effort; **in ~ befindlich** in process, in progress

arbeiten v work; operate; function

Arbeits|ablauf m cycle, sequence of operations, operating sequence, machining cycle; ~**aufwand** m expenditure of work; ~**begleitpapiere** npl accompanying papers;
~**bühne** f working platform; ~**druck** m working pressure, operating pressure;
~**fortschritt** m work progress;
~**fortschrittsüberwachung** f progress control; ~**gang** m operation, cycle, operating cycle; ~**hub** m cutting stroke;
~**kontakt** m make contact, normally open contact, NO contact; ~**leistung** f output; ~**maschine** f machine;
~**prinzip** n principle of operation;
~**spannung** f working voltage, operating voltage; ~**spindel** f

workspindle, main spindle;
~vorbereitung f operations planning and scheduling, job engineering;
~zeichnung f working drawing

Armaturen fpl fittings, valves and fittings; instruments; accessories

armieren v reinforce; (UK) armour, (US) armor

Armierung f reinforcement; (UK) armouring, (US) armoring

Armstern m spider

arretieren v arrest, lock

Arretierstift m locking pin

Arretierungsvorrichtung f locking device

Asymmetrie f asymmetry

asymmetrisch adj asymmetric(al)

asynchron adj asynchronous, non-synchronous

Asynchron | betrieb m asynchronous mode, asynchronous operation;
~maschine f asynchronous machine;
~motor m asynchronous motor, induction motor; **polumschaltbarer ~motor mit Käfigläufer** two-speed squirrel-cage type induction motor;
~steuerung f asynchronous control;
~zähler m asynchronous counter

Atemschutz m respirators

atmosphärische Störungen fpl atmospherics

ätzen v (z.B. gedruckte Schaltung) etch (printed circuit)

Aufbau m construction; architecture; design; structure; texture; (Montage) mounting, erection, installation; (Zusammenbau) assembly; build-up

aufbauen v construct; design; erect, install, mount; assemble; build up

Aufbau | gerät n surface-mounted device;
~platte f chassis; **~schneide** f build-up edge

aufbereiten v prepare; condition

Aufbereitung f preparation; conditioning

aufblasen v inflate

aufbocken v jack up

aufbohren v bore, enlarge a bore

Aufdoldung f bird-caging; untwisting

aufdrücken v (Spannung) impress a voltage; press on, force on

Auffahren n **des Fahrkorbs auf die Puffer** impact of the car on its buffers

Auffahrgeschwindigkeit f impact speed

auffällig adj conspicuous; prominent; **an ~er Stelle angebracht** be prominently displayed

auffüllen v (nachfüllen, z.B. Öl) top up

aufgehängt adj suspended

aufgelöste Darstellung f exploded view

aufgenommene Leistung f input

aufgeschrumpft adj shrunk-on

Aufhänge | bügel m suspension bracket;
~feder f suspension spring; **~haken** m suspension hook

aufhängen v suspend

Aufhänge | öse f suspension eyelet;
~platte f (Seil) hitch plate; (Laufrollen Fahrkorbtür) hanger plate; **~punkte** mpl (Seil) suspension points; **~vorrichtung** f suspension device

Aufhängung f suspension; hanger

aufklappbar adj folding; hinged; fan-out ...

aufladen v *(elektr.)* charge
Aufladegerät n charger
Aufladung f charge, charging
Auflage f support, rest, bearing surface, supporting surface; **~druck** m bearing pressure, support pressure; **~fläche** f contact surface, bearing surface; seat; **~kraft** f supporting force; **~ring** m bearing ring
Auflager n support; bearing; **~bock** m bearing pad; **~länge** f bearing length
Auflagetisch m support table
auflaufen v be struck
auflegen v *(Seil)* rope
aufleuchten v light up, flash
auflösen v dissolve, decompose; resolve
Auflösung f resolution; definition; solution, dissolution, decomposition; **hohe ~** high resolution; high definition
Auflösungsvermögen n resolving power, resolution
Aufmaß n allowance
Aufnahme f pick-up; input; holder; bracket; holding fixture; fixture; **~dorn** m (UK) adapter arbour, (US) adapter arbor, (UK) arbour, (US) arbor; **~kegel** m (UK) arbour taper, (US) arbor taper; **~leistung** f *(elektr.)* power consumption
aufnehmen v accommodate; house; seat; take up; absorb; pick up; *(Seil)* receive (a rope)
aufpressen v press on, force on
Aufputz│montage f surface mounting, surface installation; **~schalter** m surface-mounted switch; **~steckdose** f surface socket

aufrauen v rough up, roughen
aufrecht adj upright
Aufriss m *(Zeichnung)* elevation
aufrüsten v upgrade; tool up
Aufrüstung f upgrading
aufschaukeln v build up
Aufschaukelzeit f building-up time
aufschrumpfen v shrink on, shrink-fit
aufsetzen v come to rest; impact
Aufsetz│geschwindigkeit f impact speed, striking speed; **~probe** f impact test; **~puffer** m buffer
aufsitzen v rest against
Aufspanndorn m (UK) arbour, (US) arbor
aufspannen v clamp, chuck
Aufspann│fläche f clamping surface; **~flansch** m clamping flange; **~futter** n chuck; **~kegel** m (UK) arbour taper, (US) arbor taper; **~platte** f clamping plate, mounting plate; **~schiene** f mounting rail; **~tisch** m clamping table, work-holding table
Aufspannung f clamping
Aufspann│vorrichtung f clamping fixture, clamping device, work holding fixture; **~winkel** m *(als Teil)* clamping bracket, mounting bracket
Aufstandsfläche f footprint
Aufsteck... push-on ...; slip-on ...
aufsteckbar adj plug-on ...; clip-on ...; push-fit ...; slip-fit ...
aufstecken v push on, plug on
Aufsteckgewindefräser m shell-type thread-milling cutter
aufsteigend adj ascending
aufstellen v install, erect, mount

Aufstellungs|bereich *m* installation area; **~fläche** *f* floor space; **~ort** *m* site of installation; **~zeichnung** *f* installation drawing

Auftrag|geber *m* client, customer, purchaser, buyer; **~nehmer** *m* contractor, vendor, supplier

Auftragschweißen *n* build-up welding, deposit welding, hard surfacing

Auftragsforschung *f* sponsored research

auftreffen *v* impact; strike

Auftreffgeschwindigkeit *f* impact speed

Auf- und Abbewegung *f* up-and-down motion

Aufwärts|fahrt *f* up run, up travel, ascent; **~hub** *m* upward stroke; return stroke; **~kompatibilität** *f* upward compatibility; **~ruf** *m* up call; **~sammelsteuerung** *f* up collective; **~-Spitzenverkehr** *m* up peak

aufweiten *v* expand; flare, flare out

aufwickeln *v* wind up, reel up

aufziehen *v* *(neue Tragmittel)* re-rope; *(neue Treibscheibe)* fit

Aufzug *m* (UK) lift; (US) elevator; hoist; **~ besetzt** lift in use; **„~ besetzt"-Anzeige** *f* lift in use indicator; **elektrisch betriebener ~** electric lift; **~ für allgemeine Verwendung** general purpose lift; **~ für rauen Betrieb** lift for rough service; **~ für starken Betrieb** intensive traffic lift, lift for intensive use, lift designed for intensive use; **~ für Wohngebäude** residential lift; **gegenüber liegende Aufzüge** face-to-face lifts, facing lifts; **getriebeloser ~** gearless lift; **~ mit getriebelosem Antrieb** gearless lift; **~ mit Getriebeantrieb** geared lift; **„~ hier"-Anzeige** *f* "car present" signal; **nebeneinander liegende Aufzüge** side-by-side lifts, adjacent lifts; **vorgefertigter ~** prefabricated lift; **~ zur Beförderung von Kraftfahrzeugen** non-commercial vehicle lift

Aufzugs|anlage *f* lift installation, elevator installation; **~benutzer** *m* passenger; **~betrieb** *m* lift service, lift operation, lift performance; **~branche** *f* lift industry, elevator industry; **~buch** *n* register, record, logbook, lift file; **~fahrt** *f* lift trip

aufzugsfremd|e Einrichtungen *fpl* non-elevator devices, installations extraneous to the lift; **Verbot ~er Einrichtungen im Fahrschacht** exclusive use of lift well; **~e Räume** *mpl* rooms other than those for the service of lifts, other parts of the building, non-lift rooms, rooms for non-lift purposes; **~er Zweck** *m* non-lift purpose

Aufzugs|gruppe *f* group of lifts, group, bank; **~mappe** *f* lift file

Aufzugswärter *m* *(Aufzugsführer)* attendant, lift attendant, operator, elevator operator; *(Hausmeister)* janitor, caretaker; *(Verantwortlicher z.B. zur Evakuierung der Fahrgäste)* lift warden; *(Wartungstechniker)* serviceman

Auge *n* eye; lug

Augen|bolzen m eyebolt; **~schraube** f eyebolt

Ausbau m removal, withdrawal; dismounting; *(Erweiterung)* extension, expansion; enlargement; configuration; finish, finishing

ausbauen v remove, withdraw, dismantle, dismount; extend, expand, enlarge; upgrade

ausbaufähig adj expandable; upgradable; open-ended

ausbessern v repair; make good; *(Farbanstrich)* touch up

Ausbesserung f repair

Ausbeute f yield

ausbreiten v spread, propagate

Ausbreitung f propagation

ausdehnen v extend, expand; stretch

Ausdehnung f expansion

auseinander gezogene Darstellung f explosion view

auseinander nehmen v dismantle

ausfahren v *(Kolben)* extend

Ausfahrt f exit; departure

Ausfall m failure; breakdown; **~muster** n sample, specimen; **~rate** f failure rate

ausfallsicher adj fail-safe, failure-proof

Ausfall|sicherheit f failure safety; **~ursache** f cause of failure; **~zeit** f downtime

Ausfalzung f rebate

ausfluchten v align

Ausfluchtung f alignment

ausführen v make, do; perform, carry out; implement; execute

Ausführung f *(Durchführung)* execution; *(Bauart, Konstruktion)* design, style, styling; construction; *(Modell, Version)* model, version, type, variant; *(handwerkliche Ausführung, Qualität)* workmanship; *(Oberfläche)* finish

Ausführungszeichnung f working drawing, shop drawing, as-build drawing

Ausgang m output; exit

Ausgangs|drehmoment n output torque; **~drehzahl** f output speed; **~größe** f output value, output variable; **~leistung** f output power; **~material** n base material; **~schaltung** f output circuit; **~seite** f output side, output end;

ausgangsseitig adj on the output side, on the output end

Ausgangs|spannung f output voltage; **~stellung** f basic position, starting position; **~welle** f output shaft; **~zahnrad** n output gear, driven gear; **~zustand** m initial condition, starting condition

ausgeschnitten adj cut-away

Ausgleich m balance, balancing, compensation; correction

Ausgleichdrehmoment n balancing torque

ausgleichen v compensate; balance; adjust; make good

Ausgleich|feder f compensating spring, counterbalance spring; **~scheibe** f shim, compensating washer; **~seil** n compensating rope; **~seilspann-**

gewicht *n* compensation weight, compensation tension weight
ausglühen *v* anneal
aushalten *v* withstand, resist, stand
aushängen *v* unhinge
ausheben *v* *aus dem Fang (Aufzug)* disengage after safety gear operation
Ausheben *n* disengagement
auskehlen *v* fillet, groove
auskleiden *v* line
Auskleidung *f* lining, liner
auskuppeln *v* disengage, bring out of mesh, bring out of engagement
auslaufen *v* phase out; coast
Auslauf | modell *n* phase-out model ~**schräge** *f* runout bevel; ~**teil** *n* phase-out part, discontinued item
auslegen *v* *(bemessen)* design, rate; *(Seil von einer Seilhaspel)* pay out (a rope) from a rope reel/rope coil
Ausleger *m* cantilever; boom, jib; ~**arm** *m* cantilever
Auslegung *f* rating; design
Auslegungsdruck *m* design pressure
auslenken *v* deflect
Auslenkung *f* deflection; excursion
ausleuchten *v* illuminate
Ausleuchtung *f* illumination
auslöschen *v* extinguish
Auslöse | geschwindigkeit *f* tripping speed; ~**hebel** *m* release lever, trip lever; ~**kraft** *f* *(des Geschwindigkeitsbegrenzers)* force exerted by the overspeed governor when tripped; ~**kurve** *f* trip cam
auslösen *v* trip, release, trigger; **Alarm** ~ sound an alarm

Auslöser *m* release device, tripping device, trigger
Auslöseschaltung *f* trigger circuit
Auslösung *f* tripping, release, triggering
ausloten *v* plumb
ausnehmen *v* recess
Ausnehmung *f* recess
auspendeln *v* *(Lote)* cease swinging
ausprüfen *v* test out
ausregeln *v* settle
ausreiben *v* ream
ausreißen *v* *(Gewinde)* strip, strip out, strip off
ausrichten *v* align; adjust; level
Ausrichtung *f* alignment; adjustment; levelling
ausrollen *v* *(Kabel etc.)* pay out
ausrücken *v* disengage
Ausrückung *f* disengagement
ausrüsten *v* equip, furnish
Ausrüstung *f* equipment, outfit; **gerätetechnische** ~ instrumentation; hardware
Ausschaltdrucktaster *m* *(für akustische Anzeige)* mute push button
ausschalten *v* switch off, turn off, power off; disconnect; de-energize
Ausschalter *m* circuit-breaker, cutout; disconnecting switch, cutoff switch, On-Off switch
Ausschalt | leistung *f* breaking capacity; ~**stellung** *f* off position; ~**strom** *m* breaking current
Ausschaltung *f* switching off, turning off, powering off, disconnection; de-energization

Ausschaltvermögen n breaking capacity
ausschlachten v (Teile) cannibalize
Ausschlag m deflection
ausschlagen v (Zeiger) deflect
Ausschnitt m cutout
Ausschuss m rejects; scrap; waste; ~lehre f (UK) no-go gauge, (US) no-go gage
Außen|abmessung f external dimension; ~beleuchtung f outdoor lighting; ~durchmesser m outside diameter; (eines Schneckenrades) external diameter (of a wormwheel), outer diameter; ~gewinde n external thread, male thread; ~knopfkasten m landing pushbotton box, hall pushbutton box, hall station, landing station; ~kommando n landing call; ~lager n outboard bearing; ~läufermotor m external-rotor motor; ~leiterspannung f voltage between lines; ~leuchte f lantern; ~lüfter m external blower, external fan; ~montage f field installation; ~räummaschine f external broaching machine, surface broaching machine; ~ruf m external call, landing call, hall call, lobby call, floor call; ~ruf-Ansprechzeit f hall call response time; ~ruf-Taster m landing call button; ~rundschleifmaschine f external cylindrical grinding machine
außen sammelnd adj landing collective
Außen|standanzeige f landing position indicator, hall position indicator; ~taster m outside caliper

außer Betrieb out of service, out of operation; ~ **setzen** put out of service
Außer-Betrieb-Anzeige f out-of-service indicator
Außerbetriebnahme f shut-down
außer Eingriff bringen v bring out of mesh, bring out of engagement, disengage
außermittig adj (UK) off-centre, (US) off-center, eccentric; ~e **Last** f eccentric load
Außermittigkeit f eccentricity, (UK) centre-offset, (US) center-offset
ausschwenkbar adj swing-out ...
Aussehen n appearance
Aussetzbetrieb m intermittent operation
aussetzen v expose, subject to
Aussichtsaufzug m observation elevator
ausspannen v (Werkstück) unclamp, dechuck
aussparen v recess
Aussparung f recess, cutout
ausstatten v equip, furnish
Ausstattung f equipment; outfit; (Fahrkorb) finish; **Sonderausstattung** optional features, options
Aussteifung f stiffening
aussteigen v (Fahrkorb) unload, leave, alight, deboard, exit, walk out; (aus einer gewählten Funktion) abort, quit
Aussteigezeit f unloading time
„Aus"-Stellung f off position
aussteuern v drive
Aussteuerung f drive, driving, control
Ausstiegs|klappe f trap door; ~leiter f exit ladders; ~luke f exit hatch

Ausstoß *m* output; yield
ausstoßen *v* eject
austasten *v* blank
Austausch *m* exchange; interchange; replacement
austauschbar *adj* exchangeable; interchangeable
austauschen *v* exchange; interchange; replace
Austauscher *m* exchanger
austreten *v* (*Glas, Flüssigkeit*) escape
ausüben *v* (*z.B. Druck*) exert
auswechselbar *adj* exchangeable, replaceable, interchangeable
auswechseln *v* replace, substitute, interchange
auswerfen *v* eject
Auswerfer *m* ejector
Auswerteelektronik *f* electronic evaluator, electronic analyzing unit
auswerten *v* evaluate, analyze, assess
auswuchten *v* balance
Auswuchtung *f* balancing
Auswuchtvorrichtung *f* balancing device
ausziehbar *adj* telescoping
Auszieh-/Einbringvorrichtung *f* extraction and insertion device
ausziehen *v* pull out, draw out; extract
Auszieh | haken *m* extractor hook; **~vorrichtung** *f* extractor, puller

Auto | aufzug *m* motor car lift, vehicle lift, non-commercial vehicle lift; **~kran** *m* mobile crane
autogenes Schweißen *n* gas welding
Automatenstähle *mpl* free cutting steels
automatisieren *v* automate
Automatisierung *f* automation
Axial | belastung *f* axial loading, thrust; **~druck** *m* axial pressure; **~drucklager** *n* thrust bearing; **~ebene** *f* axial plane; **~kraft** *f* axial force; **~lage** *f* axial position; **~lager** *n* axial bearing; **~last** *f* axial load; **~modul** *n* axial module, linear pitch; **~pendelrollenlager** *n* self-aligning roller thrust bearing; **~rillenkugellager** *n* axial groove ball bearing, deep-groove thrust ball bearing; **~schlag** *m* axial run-out; **~schub** *m* axial thrust; **~spannung** *f* axial stress; **~spiel** *n* axial clearance; axial play; **~teilung** *f* axial pitch; **~teilungsabweichung** *f* axial pitch error; **~teilungssprung** *m* axial difference between adjacent pitches, axial difference between adjacent single pitches; **~verschiebung** *f* axial displacement; **~vorschub** *m* axial feed; **~zylinderrollenlager** *n* cylindrical-roller thrust bearing

B

Babbitmetall *n* Babbitt metal
Backe *f (Spannbacke)* jaw; *(Bremsbacke)* shoe; *(Schneidbacke)* die; **feste ~** fixed jaw; **lose ~** moving jaw
Backen|bremse *f* shoe brake, block brake; **~futter** *n* jaw chuck
Badschmierung *f* bath lubrication, sump lubrication
Bahn *f* path; track; trajectory; *(Kunststofffolie)* sheet; *(z.B. Papier)* web; ply; **~beschreibung** *f* path definition; **~bewegung** *f* web travel; **~korrektur** *f* path correction, cutter compensation; **~steuerung** *f* continuous path control
Bajonett|fassung *f* bayonet holder; **~sockel** *m* bayonet cap, bayonet base; **~verschluss** *m* bayonet joint, bayonet socket, bayonet catch, bayonet lock
Baldachin *m* canopy
Balg *m* bellows *plt*
Balken *m* beam, girder; bar; **~diagramm** *n* bar chart, bar diagram
Ballast|schaltung *f* ballast circuit; **~widerstand** *m* ballast resistor
ballig *adj* crowned
Balligkeit *f (Zahnrad)* crowning
Bananenstecker *m* banana plug
Band *n (Förderanlage)* belt; *(z.B. Magnetband, Lochstreifen, Klebeband)* tape; *(Befestigung)* strap; *(Bereich)* band; strip; ribbon; **~breite** *f* bandwidth; **~eisen** *n* hoop iron, steel tape; **~flechtmaschine** *f* braid-plaiting machine; **~förderer** *m* belt conveyor

bandgesteuert *adj* tape-controlled
Band|kabel *n* ribbon cable; **~kern** *m* ribbon core; **~maß** *n* measuring tape; **~mittenfrequenz** *f* mid-band frequency; **~säge** *f* band saw; **~schleifmaschine** *f* belt grinder; **~stahl** *m* strip steel; **~steuerung** *f* tape control
bandumwickelt *adj* taped
Band|walzen *n* continuous rolling; **~walzwerk** *n* strip rolling mill
Bank *f (Werkbank)* bench; *(Komponenten)* bank
Bär *m (Schmieden)* ram
Basis *f* base; basis *(pl* bases); **~anschluss** *m* base terminal; **~komponente** *f* basic component; **~schaltung** *f* ground-base circuit; **~schicht** *f* base layer; **~strom** *m* base current
Batterie *f* battery
batteriebetrieben *adj* battery-powered, battery-operated
Batterie|entladung *f* battery discharge; **~fach** *n* battery compartment
batterie|gepuffert *adj* battery-backed; **~gespeist** *adj* battery-powered, battery-operated
Batteriegestell *n* battery rack, battery frame; **~ladegerät** *n* battery charger; **~prüfer** *m* battery tester; **~träger** *m* battery crate
Bau *m* building; structure; construction; **~abschnitt** *m* stage of construction
Bauart *f* type, design; style; **~genehmigung** *f* design certification

bauartgeprüftes Teil *n* type-tested part
Bauart | prüfbescheinigung *f* type test certificate; **~prüfung** *f* type test; **~zulassung** *f* type approval
Bauaufzug *m* construction car, false car, construction elevator, construction hoist, building site lift, construction site hoist, building hoist, builder's hoist
Bau | breite *f* overall width; **~element** *n* component
bauen *v* build, construct, erect; design
Bau | größe *f* overall size, physical size; **~gruppe** *f* module, assembly, subassembly
Baugruppenträger *m* chassis, rack, subrack
Bauherr *m* client, building owner
Bau | höhe *f* overall height; **~jahr** *n* year of manufacture, year of construction
Baukasten | prinzip *n* modular concept, building-block principle; **~system** *n* modular design, modular system
Bau | länge *f* overall length; **~leiter** *m* construction superintendent, engineer, resident engineer
Baumusterprüfung *f* prototype test
Baureihe *f* series
Bausatz *m* kit
bauseitig | beigestellt *adj* provided by customer, provided by others, supplied by others, furnished by other trade, made by others, provisions by others; **~e Leistungen** *fpl* work/services to be provided by others
Baustahl *m* structural steel
Baustein *m* building block; module; chip

Baustelle *f* construction site; **~ auflösen** demobilize; **~ aufräumen** demobilize; **~ einrichten** mobilize
Baustellen | besuch *m* site visit, site inspection; **~montage** *f* site assembly, site installation
Bauteil *n* component, element, member, part, structural component
Bauteilzulassungszeichen *n* type approval sign
Bautiefe *f* overall depth
Bauunternehmer *m* builder
Bauzeichnung *f* building drawing, civil-engineering drawing, as-built drawing
beanspruchen *v* stress; load; *(zu Verformung führend)* strain
Beanspruchung *f* stress; load, loading; *(zu Verformung führend)* strain; **für nomale ~** for normal use
bearbeitbar *adj (spanend)* machinable; *(spanlos)* workable
bearbeiten *v (spanlos)* work; *(spanend)* machine; process; treat; handle; *(Oberfläche)* finish
Bearbeitung *f* working; *(zerspanend)* machining; processing; treatment; handling; *(Oberfläche)* finishing
Bearbeitungs | bewegung *f* machining movement, machining motion; **~fläche** *f* working surface; **~folge** *f* sequence of operations; machining sequence; **~genauigkeit** *f* machining accuracy; **~güte** *f* machining quality; **~kopf** *m* tool head; **~maschine** *f* machine tool; **~toleranz** *f* machining tolerance; **~vorgang** *m* machining

process; **~zeichnung** f operation drawing, machining drawing; **~zentrum** n (UK) machining centre, (US) machining center; **numerisch gesteuertes ~zentrum** (UK) numerically controlled machining centre, (US) numerically controlled machining center, (UK) NC machining centre, (US) NC machining center; **~zugabe** f machining allowance

beaufschlagen v (mit Druck) pressurize; admit

Beaufschlagung f pressurization; admission

bedienen v operate; attend; service; control; handle; (Haltestellen/Stockwerke durch Aufzug) serve (landings/floors)

Bediener m operator

bedienerfreundlich adj operator-friendly, user-friendly, operator-oriented

Bedienerführung f prompting, prompts, operator guidance

Bedien|feld n control panel; **~komfort** m ease of operation, operator friendliness

bedienter Betrieb m attended operation

Bedien-| und Anzeigeelemente npl controls and displays, controls and indicators; **~- und Anzeigefeld** n control and display panel

Bedienung f operation; attendance; control; handling

Bedienungs|anleitung f operating instructions; **~elemente** npl controls; **~feld** n control panel

bedienungsfreundlich adj user-friendly

Bedienungs|freundlichkeit f user friendliness; **~handbuch** n operator's manual; **~konsole** f control panel, operator's control panel, operator's panel; **~organ** n control; **~person** f operator; **~pult** n control console, control desk; **~stand** m platform; **~tableau** n control panel; **~tafel** f control panel, operating panel; (hängend) control pendant; **~tafel auf dem Fahrkorbdach** car top operating panel, control station on the car roof

Befehl m command, instruction; (Anweisung) statement; order

Befehls|geber m operating device, control; **~geber zum Wiederöffnen der Tür** door re-open button; **~quittierung** f call acceptance; **~taster** m operating button

befestigen v fix, fasten, attach, secure, mount; **mit Flansch ~** flange-mount

Befestigung f fixing, attachment, mounting, fastening

Befestigungs|bügel m fastening bracket, mounting bracket, bracket; **~dübel** m plug; **~element** n fastener; **~flansch** m mounting flange; **~gewinde** n fastening thread, locking thread; **~klammer** f fastening clamp; **~lasche** f cleat; **~leiste** f fastening rail; **~loch** n fixing hole, mounting hole; **~punkt** m fixing point; **~schelle** f clip, clamp; **~schiene** f fixing rail; **~schraube** f fixing screw, fixing bolt, fastening bolt; **~teile** npl fixing parts; **~winkel** m fixing bracket, fastening bracket

befeuchten *v* moisten, dampen, humidify, wet

Befeuchter *m* humidifier

beflechten *v* braid

Beflechtung *f* braiding

befördern *v* convey, transport, ship

Beförderung *f* conveying, transport, transportation, shipment

befreien *v* rescue

Befreiung *f* **von Fahrgästen** evacuation of passengers, rescue and evacuation of passengers, emergency release of lift passengers, releasing passengers trapped in the cabin

befugte Person *f* authorized person

Befund *m* *(Prüfung)* findings; **~prüfung** *f* as-found test

begehbar *adj* accessible, accessible to persons, step-on ..., walk-in ...; **nicht ~** not accessible to persons

Begehung *f* inspection

Begehungssteg *m* walk-way

Begleitperson *f,* **ohne ~** *(bei Behinderten)* unaccompanied (disabled persons)

begrenzen *v* limit, delimit; bound

Begrenzer *m* limiter; governor; **~diode** *f* limiter diode; **~kreis** *m* clipping circuit; **~rolle** *f* governor sheave; **~seil** *n* overspeed governor rope

Begrenzung *f* limitation

Behälter *m* container; tank; bin; reservoir; vessel

behandeln *v* treat; process; handle; manipulate; work

Behandlung *f* treatment; processing; handling; manipulation; working

beherrschen *v* *(Prozess)* control, have control over

beherrschter Prozess *m* controlled process, process under control

behindern *v* obstruct

Behindertenaufzug *m* lift for the handicapped, lift for the disabled, handicapped/disabled lift

Behinderte *mpl* the handicapped, the disabled, handicapped persons, disabled persons; **Benutzung durch ~** disabled persons use; **gehfähige ~** ambulant disabled

behindertengerecht *adj* designed to meet the needs of the handicapped, ADA compliant (ADA = Americans with Disabilities Act)

beibehalten *v* maintain; retain

Beiblatt *n* *(z.B. einer Norm)* companion sheet

Beilage|blech *n* shim; **~scheibe** *f* washer

Beipack *m* small items kit

Beiwert *m* coefficient, factor

beizen *v* pickle

beladen *v* load; burden; charge

Beladung *f* *(Fahrkorb)* loading

Belag *m* lining; coating; plating; covering

belastbar *adj* loadable

belasten *v* load; burden; stress

Belastung *f* load, loading; burden

Belastungs|annahme *f* assumed load; **~bild** *n* load pattern; **~grenze** *f* loading limit; **~zustand** *m* condition of loading, loading condition

belegen *v* line, face; occupy

belegt *adj (z.B. Gebäude/Speicher)* occupied; busy; full
Belegungsdichte *f (im Fahrkorb)* in-car congestion, degree of in-car congestion
beleuchten *v* light, illuminate
Beleuchtung *f* lighting, illumination; **indirekte ~** concealed lighting
Beleuchtungs|körper *m* light fitting, lighting unit, luminaire, lighting fixture; **~regler** *m* dimmer; **~stärke** *f (in Lux)* illuminance; **~technik** *f* lighting engineering, lighting technology
belüften *v* ventilate
Belüftung *f* ventilation
Belüftungsöffnung *f* ventilation opening, vent hole
bemaßen *v* dimension
Bemaßung *f* dimensioning
bemessen *v (auslegen)* design, rate
benachbart *adj* adjacent, neighbouring
benannte Stellen *fpl* notified bodies
benetzen *v* wet
Benutzer *m* user; **befugter und unterwiesener ~** authorized and instructed user
benutzer|bestimmbare Meldungen *fpl* discretionary messages; **~freundlich** *adj* user-friendly
Benutzeroberfläche *f* user interface
Benzingsicherung *f* circlip, snap ring
berechnen *v* compute, calculate
Berechnung *f* computation, calculation
Berechnungs|blatt *n* calculation sheet; **~druck** *m* design pressure
Bereich *m* range; span; band; region; domain; zone; scope; area; field

bereit *adj* ready
Bereitschaftsdienst *m* on-call service, (UK) call centre service, (US) call center service, standby service
bereitstellen *v* make available, place at someone's disposal, provision
Bereit|stellung *f* provision, provisioning; reservation; **~zustand** *m* ready state
Bericht *m* report; notice
berichtigen *v* correct; rectify; adjust
Berichtigung *f* correction; rectification; adjustment
berieseln *v* sprinkle
Berieselungsanlage *f* sprinkler system
Berstdruck *m* bursting pressure
bersten *v* burst
Berstprüfung *f* burst test
berühren *v* touch; contact
Berührung *f* contact; touch
Berührungsfläche *f* area of contact
berührungslos *adj* non-contact …
Berührungstaster *m* tactile button, touch control
berührungstrocken *adj* dry to touch
Beschallung *f* ultrasonic testing
beschichten *v* coat; plate
Beschichtung *f* coating; plating
beschicken *v* load; charge; feed
Beschickung *f* loading; charging; feeding
Beschilderung *f* notices, plates and labels
Beschlagteile *npl* fittings
beschleunigen *v* accelerate, speed up; expedite
Beschleuniger *m* accelerator
Beschleunigung *f* acceleration, speeding up

Beschleunigungs|aufnehmer *m* acceleration sensor, acceleration pickup; **~kennlinie** *f* acceleration characteristic; **~messer** *m* accelerometer; **~moment** *n* acceleration torque; **~verhalten** *n* acceleration profile; **~weg** *m* acceleration distance; **~zeit** *f* acceleration time

beschneiden *v* trim

beschnittene Kanten *fpl* trimmed edges

beschränken *v* restrict

Beschränkung *f* restriction

beschreiben *v* describe; specify

Beschreibung *f* description; specification

beschriften *v* letter, mark, label

Beschriftung *f* lettering

Beschriftungsfeld *n* lettering field; *(Zeichnung)* title block

beseitigen *v* remove; dispose of; eliminate; clear; **eine Störung ~** clear a fault

Beseitigung *f* removal; disposal; elimination; *(Störung)* clearing, clearance

besetzt *adj* busy; occupied; manned; attended

Besetzt|einrichtung *f* 'occupied' device; **~zustand** *m* busy state

Besichtigung *f* inspection; *(Sichtprüfung)* visual inspection

Bessemer-Stahl *m* converter steel, Bessemer steel

Bestandteil *m* part, component, constituent; **wesentlicher ~** integral part

bestücken *v* equip, fit; insert; place; *(mit Werkzeugen)* tool; *(Werkzeuge mit Schneidplatten)* tip; *(durch Roboter)* pick and place

bestückt *adj* equipped; tooled; **~ mit Hartmetall** carbide-tipped

Bestückung *f* fitting, equipment; *(Leiterplatte)* component placement, component insertion; *(Werkzeugmaschine)* tooling; tipping

Bestückungs|maschine *f* pick-and-place machine, insertion machine; **~plan** *m* component mounting diagram; **~roboter** *m* pick-and-place robot; **~seite** *f (gedruckte Schaltung)* components side

Bestwertregelung *f* optimising control

betätigen *v* operate, actuate, control

Betätigung *f* operation, actuation

Betätigungs|einrichtung *f* control device, operating device, control; **~element** *n* actuator, control, actuating element, control element; **~hebel** *m* actuating lever; **~knopf** *m* control knob, control button; **~kraft** *f* operating force, actuating force; **~moment** *n* operating torque; **~nocken** *m* operating cam, control cam, actuating cam; **~schalter** *m* actuating switch, control switch

Beton *m* concrete; **mit ~ vergießen** grout with concrete

Beton|fundament *n* concrete foundation; **~platte** *f* concrete slab; **~sockel** *m (für Puffer)* concrete pier

betreiben *v* run, operate

Betreiber *m (z.B. eines Aufzugs)* owner, operator, elevator operator, lift operator; user; carrier

betretbar *adj* step-on ...

betreten *v (Fahrkorb)* enter, board (a car)

betreuen *v* attend (to somebody)

Betreuung *f* support; attendance; **telefonische ~** attendance by phone

Betrieb *m* service, operation; duty; *(Fabrik/Werk)* factory, plant, facility, mill; **~ aufnehmen** go into operation; **außer ~ setzen** take out of service; **außer ~** out of service, out of operation, out of use; **in ~** in service, in operation, in use, working

Betriebs|anleitung *f* operating instructions, instruction manual, operator's manual; **~art** *f* mode of operation, operating mode; **~artenwahl** *f* mode selection; **~artschalter** *m* mode switch, mode selector switch; **~bedingungen** *fpl* operating conditions, service conditions

betriebsbereit *adj* ready for service, ready for operation, ready to operate, ready to run; operative, operable

Betriebs|bereitschaft *f* readiness for operation; **~daten** *plt* operating data; **~datenerfassung** *f* industrial data capture; **~dauer** *f* operating time; service life, duration of service; **~drehzahl** *f* operating speed; **~druck** *m* operating pressure, working pressure; **~erlaubnis** *f* operating permit

betriebsfremde Gegenstände *mpl* equipment other than operational equipment

Betriebs|gelände *n* premises; **~geschwindigkeit** *f* operating speed; *(Aufzug)* contract speed; **~heft** *n* service manual

betriebsmäßig *adj* operational

Betriebs|mittel *npl* items, resources; production equipment, production facilities; **~mittelkennzeichnung** *f* item designation; **~mittelplanung** *f* resources planning; **~ort** *m* site of service; **~prüfung** *f* functional test, in-service test; **~qualität** *f* service quality; **~raum** *m* operations room; **~schalter** *m* operating switch

betriebssicher *adj* reliable, dependable, safe to operate

Betriebs|sicherheit *f* safe operation, reliability, reliability in service, dependability, operational safety; **~spannung** *f* operating voltage, working voltage; **~störung** *f* breakdown, failure, interruption; **~stunden** *fpl* hours run, working hours; **~stundenzähler** *m* service hour meter; **~temperatur** *f* operating temperature, service temperature

betriebsunfähig *adj* unserviceable

Betriebs|verhaltensstatistik *f* performance statistics; **~verstärker** *m* operational amplifier; **~wirkungsgrad** *m* operating efficiency; **~zeit** *f* operating time, hours run; **~zustand** *m* service condition, condition, operating state;

~zuverlässigkeit *f* operational reliability, reliability, dependability

Bett *n* *(Werkzeugmaschine)* bed; base

Bettenaufzug *m* bed passenger lift

bewährt *adj* proven, field-proven, well-proven; ~e **Konstruktion** *f* proven design

bewältigen *v* overcome; *(Förderhöhe)* negotiate (a height up to ... m)

bewegen *v* move

beweglich *adj* movable; mobile; moving; flexible; ~e **Entriegelungskurve** *f* retiring cam

Bewegung *f* movement, motion; travel

Bewegungs|ablauf *m* motion cycle, sequence of motions; ~**achse** *f* axis of motion; ~**bereich** *m* range of motion; ~**energie** *f* kinetic energy, energy of motion; ~**gewinde** *n* power transmission thread; ~**melder** *m* motion detector; ~**reibung** *f* dynamic friction; ~**richtung** *f* direction of movement, direction of motion; ~**sitz** *m* running fit; ~**steuerung** *f* motion control; ~**umkehr** *f* reversal of motion, reversal of travel; ~**wechsel** *m* change of motion

bewehren *v* reinforce, (UK) armour, (US) armor

bewehrtes Kabel *n* (UK) armoured cable, (US) armored cable

Bewehrung *f* (UK) armour, (US) armor, (UK) armouring, (US) armoring; reinforcement

Bewehrungs|element *n* strain-bearing member; ~**stab** *m* reinforcing rod, steel-reinforcing rod

bewerten *v* assess; rate; evaluate; benchmark; weight

bewirken *v* effect, cause, bring about

Bewitterungsprüfung *f* weathering test, exposure test

bezeichnen *v* designate

Beziehung *f* relation, relationship

Bezugs|achse *f* reference axis; ~**daten** *plt* reference data; ~**drehzahl** *f* reference speed; ~**durchmesser** *m* reference diameter; ~**ebene** *f* reference plane; ~**fläche** *f* reference surface; ~**gerät** *n* known-good device; ~**größe** *f* reference variable, reference quantity; ~**linie** *f* reference line, datum line; ~**punkt** *m* reference point; *(Ausgangspunkt)* home position; *(Messungen)* benchmark; datum point; ~**spannung** *f* reference voltage; ~**system** *n* reference system; ~**temperatur** *f* reference temperature; ~**wert** *m* reference value; ~**winkel** *m* reference angle

bidirektional *adj* bidirectional

Biege|beanspruchung *f* bending stress; ~**dehnung** *f* bending strain; ~**festigkeit** *f* bending strength, resistance to bending; flexural strength; ~**last** *f* bending load; ~**maschine** *f* bending machine

biegen *v* bend

Biege|prüfung *f* bending test; ~**radius** *m* bending radius; ~**riss** *m* bending crack; ~**schlagversuch** *m* bending impact test; ~**spannung** *f* bending stress; ~**versuch** *m* bending test; ~**werkzeug** *n* bending die

biegsam *adj* flexible, pliable
Bild *n* picture; image; graph; map; illustration; figure, Fig.
Bildschirm *m* **mit Berührungseingabe** touch screen
Bildschirm│aufbau *m* screen layout; **~dialog** *m* interactive screen dialog, display-screen conversational mode; **~schoner** *m* screen saver
Bild│überschrift *f* caption; **~unterschrift** *f* caption
Bimetall *n* bimetal
Binde│draht *m* *(für Seile)* seizing wire; **~glied** *n* link; **~mittel** *n* binder
binden *v* bind; tie
biologisch abbaubar *adj* *(z.B. Öl)* biodegradable
bipolar *adj* bipolar; **~er Transistor** *m* bipolar transistor
Birne *f (bewegliche Bedienungseinrichtung)* suspended pushbutton panel; *(Lampe)* bulb, lamp
bistabil *adj* bistable
blank *adj* bright; *(Draht)* bare; naked, uninsulated; **~ geglüht** *adj* bright-annealed; **~ gewalzt** *adj* bright-rolled; **~ gezogen** *adj* bright-drawn
Blase *f* bubble; air pocket; gas pocket; *(Fehler an der Oberfläche)* blister; **~balg** *m* bellows *plt*
blasenfrei *adj* bubble-free
Blatt *n* sheet; leaf; blade; **~feder** *f* leaf spring, laminated spring; **~halter** *m (Säge)* blade holder
Blech *n (dünn)* sheet, metal sheet, sheet metal; *(dick)* plate; **~bearbeitung** *f* sheet-metal working; **~biegemaschine** *f* plate bending machine; **~dicke** *f* gauge, sheet thickness, plate thickness; **~falzmaschine** *f* seaming machine; **~schere** *f* plate cutting machine, plate shears; **~schraube** *f* self-tapping screw, sheet-metal screw; **~walzstraße** *f* sheet rolling line
Blei *n* lead; **~abschirmung** *f* lead screen, lead shield; **~auskleidung** *f* lead lining; **~mantel** *m (Kabel)* lead sheath, lead sheathing; **~mantelkabel** *n* lead-covered cable
Blende *f* diaphragm; mask; aperture
Blindenschrift *f* Braille, Braille lettering
Blind│leistung *f* reactive power; **~leistungsaufnahme** *f* reactive-power absorption; **~nietmutter** *f* blind rivet nut; **~schaltbild** *n* mimic diagram; **~stecker** *m* dummy plug; **~stopfen** *m* dummy plug; **~widerstand** *m (Funktion)* reactance; *(Bauteil)* reactor
Blinkanzeige *f* flashing indicator, flashing display
blinken *v* flash; blink; flicker
Blinklicht *n* flashing light
Blitz│ableiter *m* lightning conductor, lightning rod, lightning arrester; **~schlag** *m* lightning stroke; **~schutz** *m* lightning protection; **~schutzanlage** *f* lightning protection system
Blockierungs│einrichtung *f* **gegen Springen** anti-rebound device; **~klemme** *f* anti-blocking device
Blockschaltbild *n* block diagram

Boden *m* floor, ground; bottom; earth; soil

Boden | abstand *m* ground clearance; **~belag** *m* flooring, floor covering; **~fläche** *f* floor space, floor area, footprint; **~platte** *f* slab; base plate; **~wanne** *f* sump

Bogen *m* arch, curve; bow; *(Rohr)* bend

bogenförmig *adj* bent; curved; arched, arch-shaped, arch-like

Bohr | automat *m* automatic drilling machine; **~bild** *n* drilling pattern

bohren *v* drill; bore; *(Innengewinde)* tap

Bohrer *m* drill; *(Spiralbohrer)* twist drill; *(Gewinde)* tap

Bohr | futter *n* drill chuck; **~grat** *m* burr; **~knarre** *f* ratched brace; **~lehre** *f* jig; **~loch** *n* drilled hole, borehole, bore; **~loch-Schutzrohr** *n* borehole liner; **~maschine** *f* drilling machine; *(Handbohrmaschine)* hand drill, portable drill; **~meißel** *m* drill bit, boring bit, boring tool; **~schablone** *f* drilling template; **~spindel** *f* drill spindle; **~tiefe** *f* depth of drill hole, depth of borehole; **~- und Fräsmaschine** *f* drilling and milling machine

Bohrung *f* drilled hole, bore, bore hole

Bohrvorschub *m* drill feed

Bolzen *m* bolt; stud; pin

bördeln *v (warm)* flange; *(kalt)* bead

Bowdenzug *m (Seilzug)* Bowden wire, Bowden control

Brand | fall *m* case of fire; **im ~fall** in case of fire; **~fallbetrieb** *m* service in case of fire, operation in case of fire; **~fallsteuerung** *f* control in case of fire; **~gefahr** *f* fire hazard, fire risk; **~kammer** *f (Ofen)* furnace; **~meldeanlage** *f* fire detection system, fire alarm system; **~melder** *m* fire detector, fire-alarm call point, fire-alarm call box, call point; **~meldezentrale** *f* fire alarm receiving station; **~meldung** *f* fire alarm; **~prüfung** *f* fire test, fire testing; **~rasterdecke** *f* fire-resistive louvered ceiling, fire-resistive louvred ceiling; **~schutz** *m* fire protection; **~schutzbestimmungen** *fpl* fire regulations, fire code; **~schutztür** *f* fire door; **~verhalten** *n* (UK) behaviour in fire, (US) behavior in fire; **~versuch** *m* fire test, fire testing; **~wand** *f* fire wall

brechen *v* break, fracture

Brechstange *f* crowbar

breit *adj* broad, wide

Breitband *n* broad band, wide band; **~kabel** *n* broadband cable, wideband cable; **~rauschen** *n* broad-band noise, wide-band noise; **~störung** *f* broad-band interference

Breite *f* width; **~ über alles** overall width

Breitflachstahl *m* wide flats

Brems | arbeit *f* braking energy; **~backe** *f* brake shoe; **~belag** *m* brake lining

Bremse *f* brake

Bremseinfallzeit *f* brake application time

bremsen *v* brake

Brems | fangvorrichtung *f* progressive safety gear; **~fangvorrichtung mit**

beweglichen Fangzangen flexible wedge clamp type safety gear, flexible guide clamp safety gear; **~flüssigkeit** f brake fluid; **~kraft** f braking force; **~kreis** m brake circuit; **~lüfthebel** m brake release lever; **~lüftmagnet** m brake lifting magnet; **~lüftvorrichtung** f brake release device, brake lifting device; **~magnet** m braking magnet, magnetic brake; **~moment** n braking torque; retarding torque; **~scheibe** f brake disc

Bremsung f braking

Brems|verzögerung f braking deceleration; **~vorrichtung** f progressive safety gear; **~vorrichtung mit beweglichen Fangzangen** flexible wedge clamp-type safety; **~weg** m braking distance, stopping distance; **~wicklung** f braking winding; **~widerstand** m braking resistor; **~wirkung** f braking effect, braking action

brennbar adj combustible; inflammable; flammable; burnable

Brennschneiden n gas cutting

Brille f (Schutzbrille, Schweißbrille) goggles, spectacles plt

Brinell|härte f Brinell hardness; **~härtezahl** f Brinell hardness number

Bronze f bronze

bronzieren v bronze

Bruch m fracture, breaking; rupture; fraction; **~dehnung** f elongation at break

bruchfest adj unbreakable, fracture-proof

Bruch|festigkeit f breaking strength; breakage strength; **~festigkeitsgrenze** f ultimate tensile strength; **~fläche** f fractured surface

brüchig adj brittle

Bruch|kraft f (Seil) breaking force; **~stelle** f point of fracture, spot of rupture

Brücke f jumper; link; bridge

Brückenschaltung f bridge circuit, bridge connection

brummen v hum

brummfrei adj hum-free

Brummspannung f hum voltage

Brüstung f parapet

Buchse f bush, bushing, sleeve; socket; jack

Buchsenleiste f socket connector

Bügel m stirrup; (Schienenbefestigung) bracket; clip; (Zughaken) clevis; (Vorhängeschloss) shackle (of a padlock); **~feder** f spring clip; **~säge** f hacksaw; **~schraube** f U-bolt, stirrup bolt

Bühne f (Arbeitsbühne) platform

Bund m collar; shoulder; flange

bündeln v (Lichtstrahlen) concentrate, focus

bündig adj level; flush; **der Fahrkorb steht ~ in der Haltestelle** the car is at the level of the landing, the car is in a position level with the floor; **~ abschließen mit** be flush with; **~ eingebaut** flush-mounted

Bündig|anzeige f floor-level indicator; **~fahren** n levelling; **~schalter** m

levelling switch; **~stellung** *f* inching, levelling
Bund|mutter *f* collar nut, flanged nut; **~schraube** *f* collar screw
Buntmetall *n* non-ferrous metal
Büro|gebäude *n* office building; **~hochhaus** *n* high-rise office building, office tower

Bürste *f* brush
bürsten *v* brush
bürstenlose Maschine *f* brushless machine
Bus *m* bus; **~leitung** *f* bus line, bus cable; **~schnittstelle** *f* bus interface; **~struktur** *f* bus structure, bus architecture

C

CAD (Computer-Aided Design) rechnergestütztes Konstruieren, rechnergestützter Entwurf; **~-Arbeitsplatz** m CAD workstation
CAM (Computer-Aided Manufacturing) rechnergestützte Fertigung
Celsiusgrad m degree(s) centigrade
CE-Zeichen n CE mark
Charge f lot, batch
Charpy-Probe f keyhole-notch specimen
Chassis n chassis, frame
chemikalienfest adj resistant to chemicals
chemisch aggressive Atmosphäre f corrosive atmosphere
Chip m chip
Chlor n chlorine
Chopper m chopper
Chrom n chromium, chrome
chrombeschichtet adj chromium-plated
Chrom-Nickel-Stahl m chromium-nickel steel
Chromstahl m chrome steel, chromium steel
CMOS-Technologie f CMOS technology (Complementary Metal Oxide Semiconductor)
CNC-Programm n computer numerical control program, CNC program
CNC-Steuerung f computer numerical control, computerized numerical control
CNC-Werkzeugmaschine f computer numerically controlled machine
CO_2-Schweißen n carbon-dioxide welding
Coil n coil
Crimp|anschluss m crimp connection, crimp snap-on connection; **~kontakt** m crimp contact, crimp snap-in contact; **~verbindung** f crimp connection, crimped connection; **~werkzeug** n crimping tool; **~zange** f crimping tool

Dach *n* roof; top; *(Schutz)* canopy
dämmen *v (Schall und Wärme)* insulate
Dämmstoff *m* insulating material
Dämmung *f* insulation
Dampf *m* (UK) vapour, (US) vapor; *(Wasser)* steam
dämpfen *v* damp, dampen; attenuate; absorb; deaden; *(mechanisch)* cushion; *(akustisch)* mute
Dämpfer *m* damper; dashpot; attenuator, shock absorber
Dämpfung *f* damping; attenuation; absorption; damping effect; *(Fangvorrichtung)* buffered effect; cushioning; *(akustisch)* muting; *(Licht)* subdueing
Dämpfungs | ausgleich *m* attenuation compensation; **~diode** *f* damping diode; **~entzerrer** *m* attenuation equalizer; **~entzerrung** *f* attenuation equalization; **~faktor** *m* attenuation factor; damping factor; **~feder** *f* shock aborber spring; **~glied** *n* attenuator
darstellen *v* represent; display; *(darbieten)* present
Darstellung *f* representation; display; *(Darbietung)* presentation
Daten | bank *f* database, data bank; **~blatt** *n* data sheet; **~träger** *m* data carrier, data medium; volume; **~übertragung** *f* data transmission; **~verarbeitung** *f* data processing
Dauer *f* period, duration
Dauer | belastung *f* continuous loading, sustained loading; **~betrieb** *m* continuous duty, continuous duty cycle, continuous operation; **~biegefestigkeit** *f* bending stress fatigue limit; **~biegeversuch** *m* fatigue bending test; **~bruch** *m* fatigue failure; **~festigkeit** *f* fatigue strength, endurance strength
dauer | geschmiert *adj* lubricated for life; **~haft** *adj* durable; permanent; lasting; made to last
Dauer | kurzschlussstrom *m* sustained short-circuit current; **~last** *f* continuous load, sustained load; **~leistung** *f* continuous rating; **~magnet** *m* permanent magnet; **~prüfung** *f* endurance test, fatigue test; **~schlagfestigkeit** *f* impact fatigue limit; **~schlagversuch** *m* repeated impact test; **~schmierlager** *n* self-lubricating bearing, greased-for-life bearing; **~schwingversuch** *m* fatigue test; vibration test; **~störung** *f* permanent fault
Daumenschraube *f* thumb screw; *(Rändelschraube)* knurled screw
dazwischen liegend *adj* in-between; interjacent; sandwich ...
deaktivieren *v* deactivate, disable, turn off
Deck | anstrich *m* top coat, finishing coat; **~blech** *n* cover plate
Deckel *m* cover, lid, cap
decken *v*, **sich ~** coincide
Decken | beleuchtung *f* ceiling lighting, canopy lighting; **~durchbruch** *m*

ceiling opening; **~durchführung** f ceiling duct

Deck|leiste f cover strip; **~platte** f cover plate; *(Bedienungstafel)* faceplate

defekt *adj* defective; damaged; faulty; bad

Defekt *m* defect; fault; imperfection

deformieren *v* deform

Deformierung f deformation

dehnbar *adj* extensible; elastic; flexible; ductile

Dehndorn *m* expanding mandrel

dehnen *v* expand

Dehn|fuge f expansion joint; **~grenze** f yield point; *(0,2%-Dehngrenze)* yield strength; **~passung** f expansion fit; **~schaftschraube** f anti-fatigue bolt

Dehnung f expansion; extension; elongation; *(bleibende Dehnung)* strain

Dehnungs|bild *n* strain pattern; **~diagramm** *n* strain variation diagram, stress-strain diagram; **~festigkeit** f tensile strength; **~fuge** f expansion joint, expansion gap; **~grenze** f yield point; **~hypothese** f strain hypothesis; **~messer** *m* (UK) strain gauge, (US) strain gage, extensometer; **~messstreifen** *m* (UK) foil strain gauge, (US) foil strain gage, (UK) wire strain gauge, (US) wire strain gage; **~prüfung** f elongation test; **~riss** *m* expansion crack; **~spalt** *m* expansion gap; **~verlauf** *m* elongation curve; **~zahl** f coefficient of expansion

Deltaschaltung f delta connection

Demodulation f demodulation

Demodulator *m* demodulator

demodulieren *v* demodulate

Demontage f dismantling, dismounting, removal; disassembly

demontieren *v* dismantle, dismount; remove; knock down; detach

Demultiplexer *m* demultiplexer

Detail|planung f detailed planning; **~zeichnung** f detail drawing, detailed drawing

deutlich *adj* distinct, clear

Deutsche Industrie-Norm, DIN f German standards association

Dezibel, dB *n* decibel, dB

Diagnose|fähigkeit f diagnostics capability; **~gerät** *n* diagnostic unit; **~meldung** f diagnostic message; **~paket** *n* diagnostic packet

diagonal *adj* diagonal

Diagonale f diagonal, diagonal line

Diagonalstrebe f diagonal strut

Diagramm *n* diagram, chart, graph, plot; **als ~ zeichnen** diagram

Diamant *m* diamond

Diamantabrichter *m* diamond wheel dresser

diamantbestückt *adj (Werkzeug)* diamond-tipped

Diamant|bohrer *m* diamond drill; **~kegel** *m* diamond cone; **~pyramide** f *(Prüfung)* diamond pyramid; **~pyramidenhärte** f diamond pyramid hardness

Diapositiv *n* slide

Diaprojektion f slide projection

dicht *adj* leakproof, tight; dense; close; compact

Dichte f tightness; density; compactness

dichten v seal, pack, make tight

Dicht | fläche f sealing surface; **~gewinde** n dry-seal thread, self-sealing thread

Dichtigkeitsprüfung f leak test, leakage test

Dicht | lippe f sealing lip; **~manschette** f cup seal; **~mittel** n sealant, sealer; **~ring** m seal ring, sealing ring, gasket; **unverlierbarer ~ring** m captive gasket; **~scheibe** f gasket; **~schnur** f sealing cord; **~stopfen** m sealing plug

Dichtung f seal, sealing; packing; gasket

Dichtungs | band n sealing tape; **~masse** f sealing compound; **~ring** m sealing ring, packing ring; **~satz** m set of seals; **~scheibe** f sealing washer; **~schnur** f packing cord

dick adj thick

Dicke f thickness

dickflüssig adj viscous, thick-bodied

Dielektrikum n dielectric

dielektrisch adj dielectric; **~er Wandler** m dielectric transducer

Differential | anteil m derivative component, derivative action component, D component; **~regler** m derivative controller, derivative action controller, D controller; **~verhalten** n derivative action, D action

Digital | ablesung f digital readout; **~-Analog-Wandler** m digital-to-analog converter, digital-analog converter; **~anzeige** f digital display; **~rechner** m digital computer; **~schaltung** f digital circuit

dimensionieren v size

Diode f diode

Dioden | begrenzer m diode limiter; **~-Transistor-Logik, DTL** f diode transistor logic

DIP-Schalter m (Dual Inline Package) DIP switch

Direkteinfahrt f (Aufzug) direct approach

direkter Antrieb m direct drive

Direktfahrt f non-stop, automatic by-pass

direkt wirkend | er Heber m direct acting jack; **~er Kolben** m direct acting piston, direct acting ram

diskrete Schaltung f discrete circuit

Disponent m expediter; production planner

disponieren v expedite

Disposition f (Produktion) planning and scheduling; material planning; job scheduling; co-ordination; expediting; (Anordnung/Aufbau) arrangement, layout, configuration, architecture

Distanz | buchse f spacer bushing; **~hülse** f spacer sleeve; **~ring** m spacer ring; **~scheibe** f spacer, spacer washer, shim; **~stück** n spacer

Donator m donor

Doppel | antrieb m twin drive, dual drive; **~backenbremse** f double-shoe brake, double-jaw brake; **~boden** m raised floor, false floor; **~deckerfahrkorb** m double-deck car, double-decker lift; **~falttür** f double-folding door, bi-folding door; **~-Gabelschlüssel** m open-ended double-head wrench; ~-**Gelenksteckschlüssel** *m* flex-head double-end socket wrench; ~**hängekabel** *n* tandem travelling cable; ~**hub** *m* *(Kolben)* up and down stroke; ~**maulschlüssel** *m* open-ended double-head wrench; ~**ringschlüssel** *m* double-head box wrench, double-head ring wrench

doppelschalig *adj (Tür)* double-skin ...

Doppel|**stecker** *m* two-pin plug, twin plug, double plug; ~**steckschlüssel** *m* double-end socket wrench

doppelt wirkend|**e Bremse** *f* double-acting brake; ~**e Presse** *f* double-action press

doppelwandig *adj (Tür)* double-skin ...; double-wall ..., double-walled

Dorn *m (für Werkzeug)* (UK) arbour, (US) arbor; mandrel; ~**biegeprüfung** *f* mandrel bending test; ~**presse** *f* mandrel press

dosieren *v* dose, batch, proportion

Dosierpumpe *f* dosing pump, proportioning pump, metering pump

Dosierung *f* dosing, proportioning

dotieren *v* dope

dotierter Halbleiter *m* doped semiconductor

Dotierungsstoff *m* doping agent, doping material

Draht *m* wire; ~**bruch** *m* wire break; ~**bruchzahl** *f* number of broken wires; ~**brücke** *f* wire jumper; ~**bürste** *f* wire brush; ~**elektrode** *f* welding wire; ~**geflecht** *n* wire mesh; ~**gewebe** *n* wire mesh; ~**klammer** *f* staple

drahtlos *adj* wireless

Draht|**matte** *f* wire mat; ~**schneider** *m* wire cutter; ~**seil** *n* wire rope, wire cable; ~**seilschloss** *n* socket for wire rope; ~**stärke** *f* wire gauge; ~**umflechtung** *f* wire braiding; ~**widerstand** *m* wire-wound resistor; ~**zange** *f* cutting pliers *plt*; ~**ziehen** *n* wire drawing

Drall *m* twist; spin

drallfrei *adj* twist-free; non-spinning

Drängel|**einrichtung** *f (Aufzug)* nudging device; ~**funktion** *f* nudging operation

Draufsicht *f* top view

Dreh|**achse** *f* axis of rotation, rotary axis; ~**anker** *m* rotating armature; ~**antrieb** *m* rotating drive, rotary actuator; ~**arbeit** *f* lathe work; ~**automat** *m* automatic lathe

Drehbank *f* lathe; ~**feile** *f* lathe file; ~**futter** *n* lathe chuck

drehbar *adj* rotatable, swivelling; rotary; revolving; ~ **gelagert** *adj* pivoted

Dreh|**beanspruchung** *f* torsional stress, torsion; ~**beschleunigung** *f* rotary acceleration; ~**bewegung** *f* rotary motion, rotary movement; ~**bolzen** *m* pivot, fulcrum pin

drehen *v* rotate; turn; *(sich drehen)* revolve; *(umkehren)* reverse; swivel; spin; *(Drehbank)* lathe, turn

drehendes Werkzeug *n* rotating tool

Dreher *m* lathe operator

Dreherei *f* lathe shop

Dreh|**feder** *f* torsion spring; ~**feld** *n* rotary field, rotating field; revolving field; **~festigkeit** f torsional strength; **~futter** n lathe chuck; **~gelenk** n swivel joint; rotary joint; **~geschwindigkeit** f speed of rotation; **~impuls** m rotary pulse; **~impulsgeber** m rotary pulse generator; **~klappe** f butterfly valve; **~knopf** m knob; **~kolben-Gebläse** n rotary-piston blower; **~kondensator** m variable capacitor; **~kreuz** n spider; turnstile; **~maschine** f *(Drehbank)* lathe, turning machine; **~meißel** m lathe tool; **~melder** m synchro

Drehmoment n torque; **~ bei festgebremstem Läufer** locked-rotor torque, stalled-rotor torque

Drehmoment | anstieg m torque rise; **~ausgleich** m torque compensation; **~begrenzer** m torque limiter; **~begrenzung** f torque limitation; **~bereich** m torque range; **~-/Drehzahl-Kennlinie** f torque-speed characteristic; **~hebel** m torque lever; **~kennlinie** f torque characteristic; **~kurve** f torque curve; **~messer** m torquemeter; **~messgerät** n torque measuring instrument; **~pendelung** f torque pulsation; **~regler** m torque regulator; **~schlüssel** m torque spanner, torque wrench; **~schraubendreher** m torque screwdriver; **~schwankung** f torque variation; **~verhältnis** n torque ratio; **~verlauf** m torque characteristic, torque curve; **~wandler** m torque converter

Dreh | punkt m pivot; fulcrum; (UK) centre of rotation, (US) center of rotation; **~radius** m turning radius; **~richtung** f direction of rotation, sense of rotation; **~richtung gegen den/entgegen dem Uhrzeigersinn** counter-clockwise rotation, anti-clockwise rotation; **~richtung im Uhrzeigersinn** clockwise rotation; **~richtung links** counterclockwise rotation, anticlockwise rotation; **~richtung rechts** clockwise rotation; **~richtungsanzeiger** m rotation indicator; **~richtungsumkehr** f reversal; **~schalter** m rotary switch; **~scheibe** f turntable; **~schieber** m rotary slide valve; **~schwingung** f torsional vibration; rotary oscillation; **~sinn** m sense of rotation, direction of rotation; **~spindel** f main spindle, workspindle, lathe spindle; **~spule** f moving coil; **~stab** m torsion bar; **~stahl** m cutting tool, turning tool; **~steller** m rotary actuator

Drehstrom m three-phase current, three-phase alternating current, three-phase a.c.; **~antrieb** m three-phase a.c. drive; **~-Asynchronmotor** m three-phase asynchronous motor; **~generator** m three-phase generator, three-phase a.c. generator; **~-Käfigläufermotor** m three-phase squirrel-cage motor; **~kreis** m three-phase circuit; **~maschine** f three-phase machine, polyphase machine; **~motor** m three-phase a.c. motor; **~netz** n three-phase system; **~-Schleifringmotor** m three-phase slipring motor; **~steller** *m* three-phase a.c. power controller; **~-Synchronmotor** *m* three-phase synchronous motor; **~transformator** *m* three-phase transformer; **~wicklung** *f* three-phase winding

Dreh|support *m* slide rest; **~teil** *n* turned part; **~teller** *m* turntable; **~tisch** *m* rotary table; revolving table; rotating table; turntable; **~tür** *f (Aufzug)* swing door, hinged door, revolving door; **einflügelige ~tür** single hinged door; **zweiflügelige ~tür** double hinged door

dreh- und schwenkbar *adj* tilt-and-swivel ...

Drehung *f* rotation; revolution; turn; spin; gyration; **~ im Gegenuhrzeigersinn** *m* counter-clockwise rotation, anti-clockwise rotation; **~ im Uhrzeigersinn** clockwise rotation; **~ um 180°** rotation by 180°, rotation through 180°

Dreh|verstärker *m* rotary amplifier; **~vorrichtung** *f* rotary jig; **~werkzeug** *n* turning tool, lathe tool; **~winkel** *m* angle of rotation, rotational angle

Drehzahl *f* speed, rotational speed, speed of rotation; *(Umdrehungszahl)* number of revolutions; **~ bei Belastung** on-load speed; **~ bei Leerlauf** no-load speed; **~ pro Minute** revolutions per minute, revs per minute, r.p.m.

Drehzahl|abfall *m* speed drop; **~änderung** *f* speed variation; **~anstieg** *m* speed rise, speed increase; **~anzeige** *f* speed indicator; **~begrenzer** *m* speed limiter, overspeed limiter; **~bereich** *m* speed range; **~-Drehmoment-Kennlinie** *f* speed-torque characteristic; **~einstellung** *f* speed adjustment, speed setting; **~erfassung** *f* speed measurement; **~geber** *m* tachometer generator, tacho-generator

drehzahlgeregelt *adj* variable-speed ...; **~er Antrieb** *m* variable-speed drive

Drehzahl|kennlinie *f* speed characteristic; **~messer** *m* tachometer, revolution counter; **~regelbereich** *m* speed control range; **~regelung** *f* speed control, automatic speed control; **stufenlose ~regelung** *f* infinitely variable speed control; **~regler** *m* speed regulator, speed controller, speed governor

drehzahlveränderlich *adj* variable-speed ...

Drehzahl|verhältnis *n* speed ratio; **~verstellung** *f* speed adjustment; **~wächter** *m* automatic speed selector; **~wähler** *m* speed selector; **~wechsel** *m* speed change, speed variation

Drehzapfen *m* pivot, fulcrum pin; *(Welle)* journal

dreiadriges Kabel *n* three-core cable

Drei|backenfutter *n* three-jaw chuck; **~bein** *n* tripod; **~eck** *n* triangle; **~eckschaltung** *f* delta connection

dreidimensional *adj* three-dimensional, 3-D

Dreieck|impuls *m* triangular pulse; **~schaltung** *f* delta connection

Dreiergruppe f group of three lifts
Dreifuß m tripod
dreigängiges Gewinde n three-start thread, triple-start thread
Dreikant m triangle; **~feile** f three-square file, triangular file; **~schlüssel** m triangular key, triangular spanner; **~stahl** m triangular section steel
Dreiklanggong m three-tone gong, three-tone chime
Dreilagen... three-layer ..., three-ply ...
Drei|punktlagerung f three-point bearing; **~stellungsschalter** m three-position switch; **~tongong** m three-tone gong, three-tone chime; **~wegeventil** n three-way valve; **~wegschalter** m three-way switch, three-position switch
Drossel f choke; throttle; restrictor; **~klappe** f butterfly valve
drosseln v throttle; choke; restrict
Drossel|schieber m damper slide; **~spule** f choke; **~ventil** n check valve, restrictor valve, throttle valve
Druck m pressure; compression; *(Schub)* thrust; **unter ~ setzen** pressurize
Druck|abfall m pressure drop, pressure loss; **~änderung** f pressure change, pressure variation; **~anstieg** m pressure rise, pressure increase; **~anzeiger** m pressure indicator; **~aufbau** m pressure build-up; **~ausgleich** m pressure compensation; **~begrenzer** m pressure limiter; **~begrenzungsventil** n pressure relief valve; **~behälter** m pressure vessel; **~belastung** f compression load; **~bereich** m pressure range; **~einstellung** f pressure setting, pressure adjustment
drücken v press; push; force; *(niederdrücken)* depress; *(quetschen)* squeeze
Druck|entlastung f pressure relief; **~entlastungsventil** n pressure relief valve; **~feder** f compression spring; pressure spring; **~festigkeit** f compressive strength; **~guss** m die casting; **~höhe** f pressure head, delivery head; **~knopf** m pushbutton; **~knopfschalter** m pushbutton switch; **~knopfsteuerung** f pushbutton control; **~kraft** f compressive force; **~kugellager** n thrust ball bearing; **~leitung** f pressure pipe, pressure tubing
drucklos adj pressureless
Druck|luft f compressed air; **~luftbohrer** m pneumatic drill, air drill; **~lufthammer** m pneumatic hammer, air hammer; **~luftmesser** m (UK) air pressure gauge, (US) air pressure gage; **~messer** m (UK) pressure gauge, (US) pressure gage, manometer; **~minderer** m pressure reducer; **~ölschmierung** f forced oil lubrication; **~regler** m pressure control; pressure regulator; **~schalter** m pressure switch; **~schmierung** f forced-feed lubrication; **~spannung** f compressive stress; **~stoßminderer** m snubber; **~taste** f push key, press key; **~taster** m pushbutton; **~umlaufschmierung** f forced-feed lubrication; **~ventil** n

pressure valve; **~verlauf** *m* variation of pressure; **~verlust** *m* pressure loss; **~wächter** *m* pressure-sensing switch

D-Subminiatur-Stecker *m* subminiature Cannon connector

Dübel *m* plug

dünn│flüssig *adj* thin-bodied, low-bodied, low-viscosity ...; **~wandig** *adj* thin-walled

Duplex-Gruppe *f (Aufzug)* group of two cars

durchbiegen *v* bend; deflect; flex; *(durchhängen)* sag

Durchbiegung *f* deflection; sagging

Durchbrechung *f (von Metallblechen)* perforation

durchbrennen *v (Sicherung)* blow; *(Lampe)* burn out

Durchbruch *m (Mauerwerk)* opening, cutout; *(Isolation)* breakdown

durchdrehsicher *adj* non-slip ...

durchdringen *v* penetrate

Durchdringung *f* penetration

durchfahren *v* by-pass

Durchfahrt *f* passage; *(Aufzug)* non-stop

Durchfederung *f* spring deflection

Durchflutung *f* ampere-turns

durchführbar *adj* feasible; practicable

Durchführbarkeit *f* feasibility

durchführen *v* carry out, perform

Durchführung *f (Kabel)* bushing; wall entrance; penetration; *(Vornehmen einer Handlung)* performance

Durchführungshülse *f* grommet

Durchgang *m* pass; passage; transit; **auf ~ prüfen** test for continuity

Durchgangs│bohrung *f* through-hole; **~gewinde** *n* through-hole thread; **~loch** *n* through-hole; **~prüfer** *m* continuity tester; **~prüfung** *f (elektr.)* continuity test

durchgehärtet *adj* hardened throughout

durchgehend *adj* full-height ...; full-width ...; full-length ...; full-depth ...; all-...; throughout; continuous; uninterrupted; through-running; direct; end-to-end ...; non-sectionalized

durchgeschaltet *adj* through-connected

durchgezogene Linie *f* solid line

Durchhang *m* sag

durchhängen *v* sag

Durchladehaltestelle *f (Aufzug)* open-through landing

Durchladung *f (Aufzug)* front and rear opening, front and rear entrances, second exit at the rear of the elevator; **mit ~** front and rear door, dual-entry car; **ohne ~** front door, front door only

Durchlass│richtung *f (Halbleiter)* forward direction; **~spannung** *f (Halbleiter)* forward voltage; conducting-state voltage; forward bias; **~strom** *m* forward current; **~widerstand** *m* forward resistance

Durchlauf *m* run, passage; transit

Durchlaufbetrieb *m* continuous operation

durchlaufen *v* pass

Durchlauf│fräsen *n* throughfeed milling; **~zeit** *f* lead time, throughput time

Durchmesser *m* diameter, dia.

durchrutschen *v (Seile auf Treibscheibe)* slip (of ropes on traction sheave)

Durch|satz *m* throughput; **~schallung** *f* sound testing, ultrasonic testing; **~schlag** *m (Werkzeug)* punch, drift; *(Elektronik)* disruptive breakdown, disruptive discharge; **~schlagspannung** *f* disruptive voltage; **~schnitt** *m* average
durchschalten *v* connect through, switch through
Durchschaltung *f* through-connection
Durchschlag *m (Isolierung)* rupture
durchsichtig *adj* transparent
durchsickern *v* percolate, leak through
Durchsprecheinrichtung *f* talk-through device
durchspülen *v* flush; scavenge
Durchsteckschraube *f* through-bolt
durchsteuern *v (Transistor)* turn on
Durchstrahlungsprüfung *f* radiographic examination, radiographic testing
durchziehende Last *f* overhauling load
Düse *f* nozzle
Düsen|antrieb *m* jet propulsion; **~halter** *m* nozzle holder
Dynamik *f* dynamics
Dynamikbereich *m* dynamic range
dynamisch *adj* dynamic

E

eben *adj* plane; level; *(flach)* flat; planar; *(glatt)* smooth
Ebene *f* plane; level
ebnen *v* level; flatten
Echo *n* echo
echt *adj* real; true; genuine; authentic
Echtzeitbetrieb *m* real time operation
Eck | blech *n* corner plate; **~daten** *plt* key data; **~drehzahl** *f* transition speed
Ecke *f* corner; *(Kante)* edge
Ecken | fase *f* corner chamfer; **~verzögerung** *f* deceleration at corners
Eck | fräser *m* right-angle cutter; **~frequenz** *f* transition frequency
eckig *adj* cornered; square
Eck | leiste *f* corner ledge; **~punkt** *m* corner point; **~radius** *m* corner radius; **~stoß** *m* corner joint; **~ventil** *n* angle-type valve; **~verbindung** *f* corner joint; **~winkel** *m* corner angle
Edel | gas *n* inert gas, rare gas; **~holzfurnier** *n* decorative veneer; **~metall** *n* noble metal, precious metal; **~stahl** *m* high-grade steel, high-quality steel; *(nicht rostend)* stainless steel; **~stahlblech** *n* stainless steel sheet metal; **~stahlverkleidung** *f* stainless-steel cladding
Effektiv | spannung *f* effective voltage; **~wert** *m* *(quadratischer Mittelwert)* root mean square value, r.m.s. value, effective value
eichen *v* calibrate
Eich | fehler *m* calibration error; **~gerät** *n* calibrator, standard instrument, calibration instrument; **~körper** *m* calibration block; **~kurve** *f* calibration curve; **~marke** *f* calibration mark; **~maß** *n* standard measure, calibration standard; **~normale** *f* standard measure, working standard; **~protokoll** *n* calibration report; **~tabelle** *f* calibration chart
Eichung *f* calibration
Eichungsgenauigkeit *f* calibration accuracy
Eigenantrieb *m*, **mit ~** self-driven ..., self-propelled, self-powered
Eigen | -Bestätigung *f* self-certification; **~belüftung** *f* self-ventilation; **~emission** *f* intrinsic emission; **~erregung** *f* self-excitation; **~erzeugnis** *n* self-made product; **~frequenz** *f* natural frequency
eigengelagert *adj* self-supported
Eigen | genauigkeit *f* intrinsic accuracy; **~geräusch** *n* inherent noise; **~gewicht** *n* dead weight, dead load weight; **~halbleiter** *m* intrinsic semiconductor; **~last** *f* dead load; **~rauschen** *n* inherent noise
Eigenschaft *f* property, characteristic, quality
Eigenschwingung *f* natural vibration, natural oscillation
eigensicherer Stromkreis *m* intrinsically safe circuit
Eigen | sicherheit *f* intrinsic safety; **~spannung** *f* internal strain; **~test** *m*

self-test, self-check; **~widerstand** *m* inherent resistance

Eignung *f* fitness

Eignungsprüfung *f* performance test; qualification test

Eil|bewegung *f* rapid traverse, rapid motion; **~gang** *m* rapid traverse, quick traverse; **~rücklauf** *m* rapid return, quick return; **~vorlauf** *m* rapid advance

einadrig *adj* single-core ..., one-core ...; **~es Kabel** *n* single-core cable, single-conductor cable

Ein-/Aus-Schalter *m* On/Off switch

Einbackenbremse *f* single-block brake, single-shoe brake

Einbau *m* mounting, installation; **~anleitung** *f* installation instructions, mounting instructions

einbauen *v* mount, install, build in, fit; incorporate; integrate; house

einbaufertig *adj* ready for installation

Einbau|höhe *f* mounting height; **~lage** *f* mounting position, fitting position, installation position; **~maße** *npl* mounting dimensions, fitting dimensions; **~rahmen** *m* chassis; **~satz** *m* mounting kit; **~schacht** *m* bay; **~schalter** *m* flush-mounted switch; **~stecker** *m* built-in connector; **~teil** *n* built-in part, built-in component; **~toleranz** *f* fitting tolerance

einbetten *v* embed

einblenden *v* fade in

einbrennlackiert *adj* stove-enamelled

Einbrennlackierung *f* stove enamelling, stove-enamel coating, baked enamelling

einbringen *v* *(Geräte in den Triebwerksraum)* deliver (equipment to machine room); *(mit Winde in den Fahrschacht)* lift into place (in the hoistway by winches); *(mit Kran)* be craned into the hoistway, bring into the hoistway; fit; *(Gewinde)* thread

eindringen *v* *(Flüssigkeit, Staub)* ingress; enter; intrude; *(durchdringen)* penetrate

Eindring|körper *m* penetrator; **~tiefe** *f* penetration depth; **~verfahren** *n* liquid penetration test, penetration inspection

eindrücken *v* press into, force into

Eindrucktiefe *f* indentation

einfach wirkend *adj* single-acting ...

einfahrbar *adj* retractable

Einfahreinrichtung *f* levelling device, floor levelling device

einfahren *v* drive in; *(Kolben)* retract

Einfahren *n* drive-in; retraction; levelling, levelling operation; **~ aus beiden Richtungen** *(NC)* bidirectional approach; **~ aus einer Richtung** *(NC)* unidirectional approach; **~ mit öffnender Tür** *f (Aufzug)* running open operation

Einfahr|fehler *m* levelling fault; **~genauigkeit** *f (NC)* positioning accuracy; *(Aufzug)* levelling accuracy, accuracy of levelling; **~geschwindigkeit** *f (NC)* approach speed; *(Aufzug)* levelling speed; *(Werkzeugmaschine)* approach speed; **~gong** *m* arrival gong; **~kurve** *f* levelling characteristic; **~schalter** *m (Aufzug)* slowing switch

Einfahrt *f* approach

Einfahr|toleranz f (NC) positioning tolerance; **~ventil** n (Aufzug) levelling valve; **~verhalten** n levelling performance; **~weg** m levelling distance, tail; **~zeit** f (Einlaufen) running-in period, breaking-in period; (NC) approach time; positioning time; **~zone** f landing zone, levelling zone

einfallen v (Bremse) be applied; engage

einfarbig adj monochrome

Einfassung f (z.B. eines Tasters) surround

einfedern v spring-cushion

Einfederung f cushioning; (z.B. Puffer) compression; (z.B. Feder) spring compression; deflection; compliance; resilience; contraction

einfetten v grease; (ölen) oil; (schmieren) lubricate

Einflanken|-Wälzabweichung f single flank total composite error; **~-Wälzsprung** m single flank tooth-to-tooth composite error

Einfluss|bereich m sphere of action, sphere of influence; **~größe** f influencing quantity, influencing variable

einfügen v insert; enter

Einführung f (Kabel) entry, cable entry

Einführungs|armatur f (Kabel) entry fitting; **~stutzen** m (Kabel) entry gland

einfüllen v fill

Einfüll|stutzen m filler neck; **~verschraubung** f filler plug

eingängiges Gewinde n single-start thread

Eingang m input; entrance; entry

Eingangs|beschaltung f input circuit; **~drehmoment** n input torque, driving torque; **~drehzahl** f input speed; **~drehzahlbereich** m input speed range; **~geschwindigkeit** f input velocity; **~größe** f input variable; **~leistung** f input power, power input; **~prüfung** f incoming inspection, receiving inspection; as-found test; **~seite** f input side, input end, driving side, driving end

eingangsseitig adj on the input side, on the input end, on the driving side, on the driving end

Eingangs|sicherung f line-side fuse, mains fuse; **~spannung** f input voltage; **~stufe** f input stage; **~verstärker** m input amplifier; **~welle** f input shaft, driving shaft, drive shaft; **~widerstand** m input resistance

eingebaut adj built-in, integrated, incorporated

eingeben v enter, input

eingelassen adj recessed

eingerastet adj engaged

eingerückt adj engaged, thrown in

eingeschlossene Personen fpl (Aufzug) trapped passengers

eingeschweißt adj (in Folie) shrink-wrapped

eingespannt adj clamped

eingreifen v engage; mesh

Eingriff m engagement, gear tooth engagement; mesh; gripping; (Aufzugs-Fangvorrichtung) safety gear operation; (durch Bediener) operator intervention,

Eingriff gesichert

operator action; action; **gegen unbefugte ~e gesichert** tamper-proof

Eingriffs│bild n contact pattern, pattern of engagement; **~fläche** f surface of action; **~grenze** f action limit; **~linie** f line of contact, line of action

eingriffsicher adj tamper-proof, tamper-resistant

Eingrifftiefe f working depth

einhalten v (Vorschriften) comply with, conform to, adhere to, meet, satisfy, observe; maintain

Einhandbedienung f single-hand operation

Einheit f unit; item; entity; **in sich abgeschlossene ~** self-contained unit

einheitlich adj standard, standardized; uniform; homogeneous

einhüllend adj enveloping

Einhüllende f envelope, envelope curve

einkapseln v encase, enclose, encapsulate

einkerben v notch; indent; serrate

Einkerbung f notch; indent; nick; groove

Einklemmgefahr f trapping risk, pinching risk

einklinken v latch, lock home

Einknopf-Sammelsteuerung f (richtungsunabhängige Sammelsteuerung) single-button collective control

Einkreis-Bremsanlage f single-circuit braking system

einkuppeln v engage, clutch

Einlage f insert; (Gegengewicht) filler weight, filler

einlagig adj single-layer ..., single-ply ...

Einsatz

Einlauf│dauer f run-in period; **~drehzahl** f run-in speed

einlaufen v run in, wear in; break in

Einlauf│fase f (Gewinde) starting chamfer, startup chamfer; **~tisch** m in-feed table; **~wirkungsgrad** m run-in efficiency; **~zeit** f warm-up time, running-up time, run-in period

Einlegegerät n inserter

einleiten v initiate, start

Einleitung f initiation

Einmaulschlüssel m single-head wrench; **verstellbarer ~** open-end adjustable wrench

einpassen v fit, fit in; adapt; adjust

Einphasen-Wechselstrom m single-phase alternating current, single-phase a.c.

einphasig adj single-phase ..., one-phase ..., monophase ...

einpolig adj one-pole ..., single-pole ...; **~ umschaltbar, EPU** adj single-pole double-throw ...

einpressen v force in, press in, press in place, press-fit

einrasten v engage; click; snap in; snap in place, snap into place; lock in place

einrichten v (Maschine) set up, set tools; (Baustelle) mobilize; (installieren) install

Einrichter m tool-setter, machine setter, setup man

Einrichtmikroskop n setting-up microscope

einrücken v engage, throw in, mesh

Einrücksperre f engagement lockout

Einsatz m insert; (Schraubendreher) bit; (Steckschlüssel) socket; (Anwendung) application; *(Verwendung)* use; *(Aufgabe)* mission; **im ~ härten** case-harden

einsatzbereit *adj* ready for service, ready for operation

Einsatzerprobung *f* field test

einsatzgehärtet *adj* case-hardened; **~geprüft** *adj* field-tested

Einsatzhärte *f* case hardness

einsatzhärten *v* case-harden

Einsatz|härten *n (Stahl)* case hardening; **~schicht** *f (Stahl)* case; **~stähle** *mpl* case hardening steels; **~test** *m* field test; **~zentrale** *f* (UK) dispatch centre, (US) dispatch center

Einschalt|automatik *f* automatic switch-on; **~dauer** *f* duty cycle, duty time; operating time; cylic duration factor; **~drehzahl** *f* cutting-in speed

einschalten *v* switch on, turn on, start, connect; activate; enable

Einschalter *m* single-throw switch

Einschalt|hebel *m* starting lever; **~knopf** *m* start button; **~leistung** *f* making capacity; **~moment** *n* starting torque; **~spannung** *f* cut-in voltage; **~stoß** *m* surge; **~strom** *m* starting current, cut-in current, inrush current; **~vermögen** *n* making capacity; **~zeit** *f* make time

Einscherung *f* reeving

Einschienenbahn *f* monorail

Einschlag|-Brandmelder *m* break-glass call point; **~kasten** *m* break-glass box

einschleifen *v (in Schaltkreis)* connect (into circuit); bridge across

Einschluss *m* inclusion; entrapment; *(Luft)* pocket

Einschnürung *f* constriction; restriction; neck, necking; reduction in area

einschrauben *v* screw in, turn in

Einschraub|länge *f (Gewinde)* thread engagement, length of engagement, length of thread engagement, thread reach; **~tiefe** *f* screw penetration

Einschub *m* drawer, withdrawable unit; plug-in unit, slide-in unit, slide-in chassis; **~schlitz** *m* slot

Einschwingvorgang *m* transient condition, transient state

Einspannbacken *mpl* clamping jaws, chuck jaws

einspannen *v (Werkstück)* clamp, chuck

Einspann|fläche *f* clamping surface; **~lage** *f* clamping position

Einspannung *v* clamping, chucking

Einspannvorrichtung *f* clamping device, work-holding fixture

einspeisen *v (Strom)* supply, feed

einspielen *v*, **sich ~** adjust itself

Einspindelmaschine *f* single-spindle machine

Einständer|bauart *f* open-side construction, single-column construction; **~fräsmaschine** *f* single-column milling machine; **~hobelmaschine** *f* open-sided planing machine; **~maschine** *f* single-column machine

einstechen *v* recess, recess-turn; plunge-cut; neck

Einstech|fräsen *n* plunge milling; **~schleifen** *n* plunge grinding, plunge-cut grinding; **~vorschub** *m* recessing feed; **~werkzeug** *n* recessing tool; plunging tool

einsteckbar *adj* plug-in ...

einstecken *v* plug, plug in; insert

einsteigen *v (Aufzug)* board, enter, walk into, load

Einsteige|pfeile *mpl* boarding arrows; **~zeit** *f* boarding time, loading time

Einsteig|öffnung *f* manhole; cleaning door; inspection door; **~tür** *f* access door

Einstellanweisung *f* adjustment instructions

einstellbar *adj* adjustable; variable; **~e Drehzahl** *f* adjustable speed, variable speed; **~er Kondensator** *m* variable capacitor

Einstellbereich *m* setting range, adjustment range

einstellen *v* adjust, set; time; **mittig ~** (UK) centre, (US) center

Einsteller *m* adjuster

Einstell|anweisung *f* adjustment instructions; **~fehler** *m* setting error, adjusting error; **~genauigkeit** *f* setting accuracy, positioning accuracy; **~schraube** *f* adjusting screw, setting screw

Einstellung *f* setting, adjustment; timing; **stufenlose ~** infinitely variable adjustment

Einstich *m* recess; plunge-cut

Einstieg *m* manhole; **~leiter** *f* access ladders; **tragbare ~leiter** portable access ladders

Einstiegs|klappe *f* access trap; **~luke** *f* access hatch; **~modell** *n* entry-level model; **~schacht** *m* manhole

einstufen *v* grade; classify

einstufiger Heber *m* single-stage jack

einstürzen *v* collapse

eintauchen *v* immerse, dip; submerge

Eintauchpumpe *f* submersible pump, immersed pump

einteilen *v* divide; classify; graduate

einteiliger Heber *m* one-piece jack

eintourig *adj* single-speed ..., one-speed ...

Einweg|filter *n* disposable filter; **~gleichrichter** *m* one-way rectifier, half-way rectifier; **~ventil** *n* one-way valve

einwickeln *v* wrap

einwirken *v* act on; affect; attack

einzeiliger Baugruppenträger *m* single-tier rack, single-tier subrack

Einzel|antrieb *m* individual drive; **~aufhängung** *f* independent suspension; **~aufzug** *m* individual lift; **~betrieb** *m* stand-alone mode; **~fahrtsteuerung** *f* automatic pushbutton control, single automatic operation, fully automatic pushbutton control

Einzelheit *f* detail

Einzel|last *f* point load, single load, concentrated load; **~leiterkabel** *n* single-conductor cable

einziehen *v (Kabel)* draw in, pull in; retract

Einziehkasten *m (Kabel)* pull box
Einzug *m (Aufzugstür)* return
Einzweck|fräsmaschine *f* single-purpose milling machine; **~maschine** *f* single-purpose machine; **~werkzeugmaschine** *f* single-purpose machine tool
Eisen *n* iron; **~ und Stahl** iron and steel
eisenfrei *adj* non-ferrous
Eisenkern *m* iron core
EL-Display *n* electroluminescent display, ELD
Elektrifizierung *f* electrification
Elektriker *m* electrician, electrical fitter
elektrisch *adj* electric, electrical
elektrisch|e Anlage *f* electrical installation; **~er Antrieb** *m* electric drive; **~e Arbeit** *f* electrical energy; **~e Ausrüstung** *f* electrical equipment; **~e Betriebsmittel** *npl* electrical equipment; **~e Entladung** *f* electric discharge; **~es Feld** *n* electric field; **~er Fluss** *m* electric flux; **~e Freiluftanlage** *f* outdoor electrical installation; **~e Größe** *f* electrical quantity; **~e Installation** *f* electrical installation; **~e Isolierung** *f* electric insulation; **~e Kraftübertragung** *f* electric power transmission; **~e Ladung** *f* electric charge; **~e Leistung** *f* electric power; electrical energy; **~er Leiter** *m* electric conductor; **~e Leitfähigkeit** *f* electric conductivity; **~er Schlag** *m* electric shock; **~er Schock** *m* electric shock; **~er Strom** *m* electric current; **~er Stromkreis** *m* electrical circuit; **~er Widerstand** *m* electrical resistance

Elektrizitäts|lehre *f* electrical science; **~leitung** *f* electric conduction; **~versorgung** *f* supply of electrical energy; **~werk** *n* power station, power plant
Elektrode *f* electrode
Elektroden|abstand *m* electrode spacing; **~halter** *m* electrode holder
Elektro|gewinde *n* (z.B. für Lampensockel) Edison screw thread, electric light-bulb thread; **~handbohrmaschine** *f* electric hand drill
elektrohydraulischer Aufzug *m* electrohydraulic lift
Elektro|installateur *m* electrical fitter; **~installation** *f* electrical installation; **~installationsrohr** *n* conduit; **~lumineszenz-Display, EL-Display** *n* electroluminescent display, ELD
Elektrolyt *m* electrolyte; **~kondensator** *m* electrolytic capacitor
Elektromagnet *m* electromagnet, solenoid
elektromagnetisch|e Beeinflussung *f* electromagnetic interference, EMI; **~es Feld** *n* electromagnetic field; **~e Interferenz** *f* electromagnetic interference; **~e Kraft** *f* electromagnetic force; **~es Rauschen** *n* electromagnetic noise; **~e Störempfindlichkeit** *f* electromagnetic susceptibility; **~e Störung** *f* electromagnetic interference, EMI; **~e Strahlung** *f* electromagnetic radiation; **~e Umgebung** *f* electromagnetic environment; **~e Verträglichkeit, EMV** *f* electromagnetic compatibility, EMC

Elektromagnet-Spanner *m* electromagnetic chuck

Elektro | maschine *f* electrical machine; **~mechanik** *f* electromechanics; **~motor** *m* electric motor

elektromotorische Kraft, EMK *f* electromotive force, e.m.f.

Elektronen | mikroskop *n* electron microscope; **~strahlhärten** *n* electron-beam hardening

Elektronik *f* electronics, electronic engineering; *(Geräte)* electronic equipment

Elektro | plattierung *f* electrodeposition; **~seilzug** *m* electric hoist; **~stahl** *m* electric steel, electric furnace steel

elektrostatisch | e Aufladung *f* electrostatic charge; **~e Entladung** *f* electrostatic discharge; **~es Feld** *n* electrostatic field

Elektrotechnik *f* electrical engineering

Elektrozug *m* electric hoist

Element *n* element; component; member

Eloxalschicht *f* anodized coating

eloxieren *v* anodize

eloxiert *adj* anodized

Emission *f* emission

Emitter *m* *(Transistor)* emitter; **~anschluss** *m* emitter terminal; **~übergang** *m* emitter junction

emittieren *v* emit

EMK (**e**lektromotorische **K**raft) electromotive force, e.m.f.

Empfang *m* reception

empfangen *v* receive

Empfänger *m* receiver, receiving set; *(Senke)* sink

Empfangs | gerät *n* receiver, receiving set; **~kurve** *f* arrival curve; **~puffer** *m* input buffer; **~seite** *f* receiving end

empfindlich *adj* sensitive; **~ gegen/gegenüber** sensitive to

Empfindlichkeit *f* sensitivity; *(Ansprechempfindlichkeit)* responsivity

EMV-gerecht *adj* EMC compliant

End | abnahme *f* final acceptance; **~abschalter** *m* *(Aufzug)* terminal stopping switch; **~abschaltung** *f* *(als Gerät)* terminal stopping device, final stopping device; **~anschlag** *m* end stop, limit stop; **~ausschalter** *m* limit switch; **~bearbeitung** *f* finishing; **~gerät** *n* terminal; **~haltestelle** *f* *(Aufzug)* terminal landing, terminal floor; **~kontrolle** *f* final inspection; **~lage** *f* end position, final position, limit position; **~lagenschalter** *m* limit switch

endlich *adj* finite; **~e Reihe** *f* finite progression

End | montage *f* final assembly; **~prüfung** *f* final inspection; **~schalter** *m* limit switch; **~stellung** *f* end position, final position; **~stufe** *f* output stage, final stage; **~verbindung** *f* *(Seil, Kette)* anchorage; **~verstärker** *m* terminal repeater; output amplifier; **~widerstand** *m* pull-up resistor

energetischer Wirkungsgrad *m* energy efficiency

Energie *f* energy; power; work; **~aufnahme** *f* energy absorption; *(Verbrauch)* energy consumption;

~austausch *m* energy exchange; ~bedarf *m* energy demand, power required; **~einsparung** *f* energy saving; **~erzeugung** *f* generation of electrical energy, power generation; **~fortleitung** *f* energy transmission; **~freisetzung** *f* energy release; **~haushalt** *m* energy balance; **~kabel** *n* power cable; **~leistung** *f* power output; **~leittechnik** *f* energy management; **~quelle** *f* power source; source of energy; **~rückgewinnung** *f* energy recovery, power recovery, power reclamation; **~rückspeisegerät** *n* energy recovery device, energy recovery unit, energy regenerating unit

Energie | sparend *adj* energy-saving; ~ speichernd *adj (Puffer)* energy accumulation type

Energie | technik *f* power engineering; ~übertragung *f* energy transmission; **~umformung** *f* energy conversion; **~umwandlung** *f* energy conversion; **~verbrauch** *m* energy consumption, power consumption; **~verlust** *m* energy loss, power loss; **~verschwendung** *f* waste of energy; **~versorgung** *f* energy supply, power supply

energieverzehrend *adj (Puffer)* energy dissipation type

Energie | wirkungsgrad *m* energy efficiency; **~wirtschaft** *f* power economics; energy management

eng *adj (schmal)* narrow; *(nah, knapp)* close, near; confined; *(fest)* tight; snug; ~e Passung *f* close fit, snug fit; ~er Sitz *m* snug fit; close fit; tight fit; ~e Toleranz *f* close tolerance

Engpass *m* bottleneck, shortage

eng sitzend *adj* snug-fitting

Entdröhnungsmittel *n* anti-vibration compound, anti-drumming agent

enteisen *v* de-ice, defrost

entfernt *adj* remote, distant

entfetten *v* degrease

entflammbar *adj* inflammable

entgegen dem Uhrzeigersinn counterclockwise, anticlockwise

entgegengesetzte Polarität *f* opposite polarity

entgleisen *v* run off the rails

entgraten *v* deburr

Entgrat | fräser *m* deburring cutter; ~roboter *m* trimming robot; **~vorrichtung** *f* deburring attachment

entladen *v* unload; discharge

Entlade | strom *m* discharge current; ~verlauf *m* progress of discharge; **~widerstand** *m* discharge resistor

Entladung *f* discharge

entlasten *v* unload; relieve; remove pressure; de-pressurize

Entlastungsventil *n* relief valve, by-pass valve

Entleerbetrieb *m (Aufzug)* unloading operation

entleeren *v* empty; evacuate; unload; drain; discharge

Entleerverkehr *m (Aufzug)* unloading traffic

entlüften *v* vent, ventilate; bleed

Entlüftung *f* venting, ventilation; bleeding

Entlüftungs|hahn *m* air cock; **~öffnung** *f* ventilation opening; **~schraube** *f* vent plug, vent screw, bleeder screw; **~ventil** *n* vent valve, air relief valve
entmagnetisieren *v* demagnetize
Entmagnetisierung *f* demagnetization
entnehmen *v* *(Strom)* draw; extract
entprellen *v* *(Kontakte)* debounce
entregen *v* de-energize
entregt *adj* de-energized
entriegeln *v* unlock
entriegelt *adj* unlocked
Entriegelung *f* unlocking
Entriegelungs|dreikant *m* unlocking triangle; **bewegliche ~kurve** *f* retiring cam; **~zone** *f* unlocking zone
entrosten *v* derust
entsichern *v* unlock
entstören *v* suppress interference, clear faults
Entstörung *f* interference suppression; fault clearance; *(Vorrichtung)* interference suppressor
Entstörungsdienst *m* fault clearing service, fault clearance service
entweichen *v* *(Gas, Dampf)* escape
entwerfen *v* design, draft, engineer, draw up
entwickeln *v* develop, engineer
Entwicklung *f* development, engineering
Entwurfsskizze *f* draft
Entwurfzeichnung *f* draft drawing, design drawing, engineering drawing
entzerren *v* equalize
Entzerrer *m* equalizer; distortion corrector
Entzerrung *f* equalization

Epoxydharz *n* epoxy resin
Erdbeschleunigung *f* standard acceleration of free fall
Erde *f* earth; ground; *(Boden)* soil; **an ~ legen** connect to earth, connect to ground
erden *v* *(elektr.)* (UK) earth, (US) ground, connect to ground
Erdgeschossebene *f* ground level; **auf ~** at ground level
Erd|kabel *n* underground cable, buried cable; **~klemme** *f* earth terminal, ground terminal; **~leitung** *f* earth conductor, ground conductor; **~rückleitung** *f* earth return; **~schluss** *m* earth fault; **~schlussprüfer** *m* earth detector
Erdungs|anlage *f* earthing system, grounding system; **~klemme** *f* earth terminal, ground terminal
Erdverlegung *f* underground installation
Ereignis *n* event; **~speicher** *m* event storage
Erfassungskegel *m* *(Bewegungsmelder)* detection cone
erhalten *v* conserve
Erhaltung *f* conservation
erlauben *v* permit; allow
erleichtern *v* facilitate; ease; alleviate
Ermüdung *f* fatigue
Ermüdungs|bruch *m* fatigue failure; **~erscheinungen** *fpl* fatigue phenomena; **~festigkeit** *f* fatigue strength; **~grenze** *f* fatigue limit; **~prüfung** *f* fatigue test; **~riss** *m* fatigue crack; **~zuschlag** *m* fatigue allowance

erneuerbar *adj* renewable
erneuern *v* renew
Erneuerung *f* renewal
erregen *v* excite; energize
Erreger|diode *f* excitation diode; **~feld** *n* excitation field; **~kreis** *m* exciter circuit; **~strom** *m* exciting current
Erregung *f* excitation
Ersatz *m* replacement; substitute
Ersatz|anlage *f* back-up system; **~kanal** *m* stand-by channel, alternative channel; **~leitung** *f* fall-back circuit; **~schaltplan** *m* equivalent circuit diagram; **~schaltung** *f* equivalent circuit; **~stoff** *m* substitute material; **~strom** *m* standby power; **~teil** *n* spare part, replacement part, spare
erschütterungs|frei *adj* vibrationless; **~sicher** *adj* shockproof
erschweren *v* aggravate
ersetzen *v* replace; substitute; exchange
Erst|ausführung *f* prototype; **~ausrüstung** *f* original equipment; **~durchlauf** *m* initial run, initial pass; **~prüfung** *f* original inspection
ertönen *v (Gong)* sound (gong, chime, alarm bell)
Erwärmung *f* temperature rise
Erwärmungs|prüfung *f* temperature-rise test; **~zone** *f* heating zone
Erweiterung *f* extension, expansion
Erweiterungsbausatz *m* extension kit
erweiterungsfähig *adj* open-ended
Erzeugungswinkel *m* generation angle, generating angle
Estrich *m* screed; **~belag** *m* screed

Etagenbezeichnung *f (Aufzug)* landing identification
Europaformat *n* European standard size
Europäische Norm *f* European standard
Europa|karte *f* Eurocard; **~platte** *f* European standard-size printed circuit board
Evakuierung *f (Aufzug)* evacuation
Evakuierungs|betrieb *m* evacuation service; **~betriebssteuerung** *f* evacuation service control; **~haltestelle** *f* evacuation landing; **~leitstelle** *f* evacuation control point; **~steuerschalter** *m* evacuation control switch; **~stockwerk** *n* evacuation level
Evolvente *f* involute
Evolventen|rad *n* involute gear; **~verzahnung** *f* involute toothing, involute teeth
Experimentierroboter *m* experimental robot
Explosionsdarstellung *f* exploded view, explosion view
explosionsgefährdeter Bereich *m* hazardous area, potentially explosive atmosphere
explosions|geschützt *adj* explosion-proof, flameproof; **~sicher** *adj* explosion-proof
Exzenter *m* eccentric cam
Exzenter|antrieb *m* eccentric drive; **~bolzen** *m* eccentric bolt; **~presse** *f* eccentric press; **~scheibe** *f* eccentric disk; **~welle** *f* eccentric shaft
exzentrisch *adj* eccentric, (UK) off-centre ..., (US) off-center

F

Fabrik f factory, works, mill, plant, shop; **~automatisierung** f factory automation
fabrikfertig adj factory-built, factory-assembled
Fabriknummer f serial number
Fach n compartment; tray; pocket
Facharbeiter m skilled worker, skilled operator
Fächerscheibe f serrated washer, serrated lock washer
Fachgrundnorm f generic standard
Faden m thread; *(Glühlampe)* filament
Fahr|antrieb m power drive; **~befehl** m *(Aufzug)* command, control
Fahr|befehlsgeber m control device, control button, control of lift operations; **~begrenzungseinrichtung** f travel limitation device; **~betrieb** m travel operation; **~draht** m catenary wire, contact wire, trolley wire; **~eigenschaften** fpl riding properties
fahren v drive; travel; cruise; operate; ride; *(im Leerlauf)* coast
Fahrer m driver, operator
Fahrerhaus n cab
fahrerloses Transportsystem n automated guide vehicle system, AGV system
Fahr|gast m *(Aufzug)* passenger; **eingeschlossener ~gast** trapped passenger; **~geschwindigkeit** f *(Aufzug)* travel speed, travelling speed; driving speed; **~kennlinie** f running characteristic; **~komfort** m *(Aufzug)* passenger riding comfort, ride quality
Fahrkorb m *(Aufzug)* car, lift car, cabin, cab, lift cage, elevator car, elevator cage; **„~ Hier"-Anzeige** f "car here" indicator; **~ in Schalenbauweise** monocoque car; **~ mit Durchladung** through-car condition; **~ mit Volllast** fully laden car; **~ mit zwei Zugängen** dual-entry car; **beladener ~** laden car; **nebeneinander angeordnete/liegende Fahrkörbe** adjacent cars; **steckengebliebener ~** stranded car; **unbeladener ~** unladen car
Fahrkorb|ankunftsanzeige f car arrival indicator; **~aufhängungen** fpl car suspension means; **~ausstattung** f car finish; **~-Bedienungstafel** f car operating panel, C.O.P., car station, car control panel, car control station; **~befehl** m car call; **~dach** n car roof, car top; **~dach-Bedienungstafel** f car top control station, car top operating panel; **~decke** f car ceiling; **~gewichtskraft** f car's force due to weight; **~grundfläche** f car platform area; **~körper** m car enclosure; **~neigung** f car inclination; **~-Nutzfläche** f available car area; **~plattform** f car platform; **~portal** n entrance frame of the car, framework of car entrance; **~rahmen** m car frame, sling; **~rahmen mit oberer/unterer**

Umschlingung overslung/underslung car frame, overslung/underslung car sling; **~schürze** f car apron, car toeguard; **~schwelle** f car sill; **~standanzeige** f car position indicator, C.P.I., parking signal lights; "car here" indication; **~standanzeige an den Fahrschachtzugängen** position indicators on the landings; **~tragrahmen** m car sling; **~trenntür** f car partition door; **~tür** f car door, car gate; **~vorrangschalter** m car preference switch; **~zugang** m car entrance, car entry

Fahr | kurve f running characteristic, ride characteristic; **~leitung** f contact line, trolley wire; **~motor** m traction motor; travelling motor

Fahrschacht m well, lift well, shaft, lift shaft, elevator shaft, hatch, hatchway, hoistway; **gemeinsamer ~** common well; **gemeinsamer ~ für mehrere Aufzüge** multiple lift shaft, multiple hoistway; **neben dem ~ angeordnet** located adjacent to the shaft; **über dem ~ angeordnet** located above the shaft, located above the well; **unten im ~ angeordnet** located below the shaft, hoistway below

Fahrschacht | decke f roof of the well; **~-Inspektionsschalter** m hoistway inspection switch, H.I.S.; **~kopf** m headroom; **~mitte** f mid-shaft, midhoistway; **in ~mitte** at mid-point of shaft, at half-way point of lift shaft; **~raum** m hoistway space; **~tür** f landing door, hoistway door; **~umwehrung** f shaft enclosure, well enclosure, hoistway enclosure; **~umwehrung aus Glas** glazed lift well enclosure; **~verkleidung** f **zwischen Schwelle und Kämpfer** facia plate; **~zugang** m landing entrance, elevator hoistway entrance, lift well entrance, hoistway access

Fahrsteig m moving walk, moving walkway, autowalk, power walk, passenger conveyor, travolator

Fahrstrecke f route

Fahrstuhl m siehe **Aufzug**

Fahrt f trip, run, journey, travel; voyage; passage; tour; cruise

Fahrtenzähler m trip counter

Fahrtreppe f escalator

Fahrt | richtung f direction of travel, direction of motion, driving direction; **die ~richtung wechseln** reverse; **~richtungsanzeige** f direction indicator, car riding lantern, car direction indicator, C.D.I.; **~richtungspfeil** m direction arrow, motion arrow, direction of movement arrow; **~richtungswechsel** m direction reversal; **~wunsch** m ride request; **einen ~wunsch abgeben** make a ride request;

Fahr | verhalten n running performance; **~verlauf** m flight profile; **~weg** m travel, path; **geführter ~weg** guided travel, guided path; **~werk** n undercarriage, running gear, chassis; **~zeit** f flight time, journey time, running time; **~zeit vom Bremslüften bis zum Bremsschließen** brake-to-brake flight time; **~zeit über ein Stockwerk** floor-to-floor time; **~zeug** n (Land) vehicle; (Wasser) vessel; (Luft) craft

fakultativ adj optional

Fall m fall; drop; case; **freier ~ des Fahrkorbs** free falling car; **Schutz gegen freien ~** free fall protection

Fall|beispiel n case study; **~beschleunigung** f gravitational acceleration, acceleration of free fall

Fallenschloss n latch lock

Fall|gewichtsprüfung f falling weight test; **~hammer** m drop hammer; **~härteprüfung** f drop hardness test; **~höhe** f height of fall; **~prüfung** f drop test, falling weight test, blow impact test; **~tür** f trap door; **~werk** n drop impact tester

falsch adj wrong, incorrect, faulty, erroneous; mal...; mis...; **~ ausrichten** misalign; **~e Ausrichtung** f misalignment

fälschungssicher adj tamper-proof

falten v fold

Faltenbalg m bellows plt

Falt|tür f folding door; **~versuch** m bend test

Falz m fold; rebate; bead; **~fräser** m rebating cutter, notching cutter

Fang m, **Lösen aus dem ~** (Aufzug) release, release of the safety gear

Fangen n safety gear operation, gripping, engagement

Fang|gehäuse n safety block; **~keil** m grip wedge; **~probe** f safety gear test; **~rahmen** m safety-gear frame, safety frame; **~rolle** f captive roller; **~schalter** m safety switch; **~seil** n safety rope; **~spuren** fpl pattern of engagement; **~- und Tragrahmen** m sling; **~vorgang** m safety gear operation, gripping, engagement

Fangvorrichtung f safety gear, safety; gripping device; **allmählich wirkende, durch den Geschwindigkeitsbegrenzer ausgelöste ~** governor-operated gradual safety; **Bremsfangvorrichtung** progressive safety gear; **Bremsfangvorrichtung mit beweglichen Fangzangen** flexible wedge clamp-type safety; **Einrücken der ~** operation of the safety gear, engagement of the safety gear; **Geschwindigkeit beim Einrücken der ~** tripping speed of safety gear; **Keilfangvorrichtung** wedge-type safety, wedge safety; **Rollenfangvorrichtung** roller safety, roller-type safety gear; **Rollensperrfangvorrichtung** captive roller type instantaneous safety gear; **Sperrfangvorrichtung** instantaneous safety gear; **Sperrfangvorrichtung mit Dämpfung** instantaneous safety gear with buffered effect

Fang|weg m stopping distance; **~zange** f jaw, rope gripping jaw, safety jaw, rope gripper jaw

Farbanstrich m paint finish, coat of paint

Farbe f *(Erscheinungsbild/Wahrnehmung)* colour, (US) color; *(Anstrichmittel)* paint; *(Druckfarbe)* ink; *(Färbstoff)* dye; *(Farbstoff)* pigment

farbecht adj colour-fast

Farbeindring | prüfung f dye penetration test, **~verfahren** n dye penetration test

färben v dye

Farbenentferner m paint remover, paint stripper

farblos adj achromatic

Farb | stofflaser m dye laser; **~ton** m *(RAL)* hue

Fase f bevel, chamfer

fasen v chamfer, bevel

Faser f (UK) fibre, (US) fiber; **~optik** f (UK) fibre optics, (US) fiber optics; **~verlauf** m grain flow

fassen v grip; grab; hold; take, contain

Fassung f socket; *(z.B. Lampe)* holder; mount

Fassungsvermögen n capacity; load

Faustregel f rule of thumb

Feder f spring; feather; key; *(zum Schreiben)* pen; **Schienenende mit ~** male end; **~ und Nut** *(Metall)* featherkey and keyway, key and slot; *(Holz)* tongue and groove

Feder | antrieb m spring drive, spring mechanism; **~arbeit** f spring energy; **~aufhängung** f spring suspension; **~balg** m bellows plt

feder | belastet adj spring-loaded; **~betätigt** adj spring-actuated

Feder | bügel m spring clip, spring clamp; **~charakteristik** f spring characteristic; **~drahtring** m circlip; **~drehmoment** n spring torque; **~druckklemme** f *(elektr.)* spring-loaded terminal; **~gelenk** n spring joint; **~hülse** f ferrule; **~keil** m featherkey; **~kennlinie** f spring characteristic; **~klammer** f shackle; **~klemme** f *(mechan.)* clip; **~konstante** f spring constant; **~kontakt** m spring contact; **~kraft** f spring force; **~leiste** f female multi-point connector, socket connector; **~manometer** n (UK) spring pressure gauge, (US) spring pressure gage, spring manometer

federn v spring-cushion, cushion

federnde Aufhängung f spring suspension, spring hitch, resilient suspension

Feder | puffer m spring buffer, spring type buffer; **~rate** f spring rate; **~ring** m circlip, spring lock washer; **~rückzug** m spring return; **~scheibe** f spring washer, spring lock washer; **~spannung** f spring tension; **~stahl** m spring steel; **~teller** m spring cup; **~vorspannung** f spring bias; **~waage** f spring balance, spring scale; **~weg** m spring travel, spring excursion, spring deflection; **~weg unter Last** total compression of the spring

Fehl | alarm m false alarm; **~bedienung** f maloperation, inadvertent wrong operation, false operation; **~behandlung** f mishandling; **~bestand** m shortage

Fehler m error; fault; defect; flaw; bug;

Fehleranalyse mistake; failure; trouble; non-conformity; deviation; **~analyse** f failure analysis, fault analysis

fehleranfällig adj error-prone

Fehler|anzeige f fault display, fault indicator; **~art** f type of error, type of defect

fehlerbehaftet adj faulty, defective

Fehler|behebung f fault correction, error recovery; **~bericht** m defect note, defect report; **~beseitigung** f fault clearing, remedying of faults, trouble shooting; (software) debugging; **~diagnose** f fault diagnosis; **~erkennung** f fault recognition, error detection

fehler|frei adj faultless, free from defects; sound; **~haft** adj faulty, defective, non-conforming; **~hafter Betrieb** m faulty operation; **~hafte Funktion** f malfunction; **~haftes Material** n defective material

Fehler|häufigkeit f error frequency; **~meldung** f error message; fault signal; **~prüfung** f error check; **~quelle** f source of error; **~speicher** m fault storage; **~suche** f fault locating; **~suche und -beseitigung** f trouble shooting

fehlertolerant adj fault-tolerant

Fehler|toleranz f fault tolerance; **~ursache** f error cause, cause of trouble, cause of failure; **~wahrscheinlichkeit** f error probability

Fehl|funktion f malfunction; **~teil** n missing part; **~zeit** f non-productive time

Feile f file

feilen v file

Feil|maschine f filing machine; **~späne** mpl filings

Fein|abgleich m fine adjustment; **~bearbeitung** f finish-machining, finishing; **~blech** n thin-gauge plate, metal sheet; **~einfahren** n (Fahrkorb) micro-levelling; **~einstellgerät** n fine adjuster; **~einstellknopf** m vernier knob; **~einstellung** f fine adjustment, fine setting, precision adjustment; **~gang** m fine feed; **~gewinde** n fine thread, fine screw thread, fine pitch thread; **~korn** n fine grain; **~passung** f close fit; **~positionieren** n fine positioning; **~schleifen** n finish-grinding; **~schlichten** n fine finishing; **~sicherung** f (elektr.) miniature fuse; **~sieb** n fine-mesh strainer; **~vorschub** m fine feed

feinstbearbeiten v precision-machine; super-finish

Feinst|bearbeitung f superfinish; **~gewinde** n extra-fine thread

Feinwerktechnik f precision engineering, precision mechanics

Feld n field; (Pult/Konsole) panel; array; bay; section

Feld|effekttransistor m field-effect transistor, FET; **~kräfte** fpl field forces; **~linie** f line of force; **~orientierung** f field orientation; **~stärke** f field strength, field intensity; **elektrische ~stärke** f electric field strength; **~strom** m field current; **~versuch** m

field test; ~wicklung f field winding
fern adj remote, distant, far
Fern|ablesung f distant reading;
~anzeige f (Bauteil) remote indicator;
(Funktion) remote indication; (auch
akustisch) remote annunciation;
~auslöser m remote release, remote
trip, remote tripping device;
~auslösung f remote tripping;
~bedienung f remote control,
telecontrol, remote operation;
~betreuung f remote attendance;
~betriebs-Umschalter m remote
control throwover switch; ~diagnose f
remote diagnosis; ~entstörung f long-
distance interference suppression;
~inbetriebsetzung f remote
commissioning; ~nebensprechen n
far-end crosstalk; ~programmierung f
teleprogramming, remote
programming; ~schalter m remote
control switch; ~service m teleservice;
~steuerung f remote control;
~übertragung f teletransmission;
~überwachung f remote monitoring,
remote supervision, remote
surveillance, telemonitoring;
~überwachungsanlage f remote
monitoring system; ~wartung f
teleservice; ~wirksystem n telecontrol
system; ~wirktechnik f telecontrol
engineering; ~wirkwarte f
(UK) telecontrol centre,
(US) telecontrol center, telecontrol
room

Ferrit m ferrite; ~kern m ferrite core;
~magnet m ferrite magnet; ~stab m
ferrite rod
ferromagnetischer Werkstoff m
ferromagnetic material
fertig adj finished; ready; complete,
completed, done; ready-made ...; off-
the-shelf ...
Fertiganstrich m finishing coat, finish
coat
fertig bearbeiten v finish-machine, finish
fertig bearbeitet adj finish-machined
Fertig|bearbeitung f finishing, finishing
operation; ~erzeugnis n finished
product, end product, final product;
~fabrikat n finished product;
~fußboden m finished floor;
Oberkante ~fußboden, OKFF top
edge of finished floor, finished floor
level
Fertigkeit f skill
Fertig|meldekarte f completion card;
~schneider m (Gewindebohren)
finishing tap, bottoming tap, final tap;
~schnitt m finishing cut;
~stellungstermin m completion date;
~teil n finished part
Fertigung f production, manufacturing,
fabrication, making; output
Fertigungs|anlage f production plant,
production facility, manufacturing
facility; ~anlauf m start of production;
~auftrag m production order, shop
order, job order, manufacturing order;
~automatisierung f production
automation; ~disposition f production

planning and scheduling; **~durchlaufzeit** *f* production lead time; **~fortschritt** *m* production progress; **~freigabe** *f* production release, release for production; **~insel** *f* production island, production cell; **~kapazität** *f* production capacity; **~los** *n* production batch, production lot; **~mittel** *npl* production facilities; production resources; **~muster** *n* prototype; **~planung** *f* production planning; **~programm** *n* production program, production range, production line; **~prüfung** *f* in-process inspection, in-process testing; **~rückstand** *m* production backlog; **~steuerung** *f* production control; **~straße** *f* production line; **~stufe** *f* production stage; **~technik** *f* production engineering, production technology; **~tiefe** *f* manufacturing penetration; **~unterlagen** *fpl* production papers, production documents; **~verlauf** *m* fabrication history; **~vorbereitung** *f* process planning; **~zeichnung** *f* production drawing, manufacturing drawing, working drawing; **~zentrum** *n* (UK) production centre, (US) production center; **~zuschlag** *m* production allowance; *(für Ausschuss)* scrap factor

fest *adj* strong; solid; fixed, firm; stationary; *(beständig)* resistant; stable; *(auf Dauer)* permanent; *(sicher)* secure, tight

festfressen *v* seize

festgebremster Motor *m* stalled motor

festgeschaltet *adj (z.B. Leitung)* dedicated, permanent, permanently connected

festhalten *v* hold in place; *(arretieren)* arrest; *(Fahrkorb an den Schienen)* maintain stationary (on the guides); cling; retain

festigen *v* strengthen; stabilize; compact; consolidate

Festigkeit *f* strength; stability; resistance

Festigkeits|berechnung *f* stress analysis; **~klasse** *f* strength class; **~lehre** *f* theory of the strength of materials; **~prüfung** *f* strength test

festklemmen *v* clamp, chuck; jam; stick

Festkörper *m* solid, solid body; **~elektronik** *f* solid-state electronics; **~laser** *m* solid-state laser; **~physik** *f* solid-state physics; **~schaltung** *f* solid-state circuit; **~technik** *f* solid-logic technology

Fest|lager *n* locating bearing; **~sitz** *m* interference fit; **~sitzgewinde** *n* interference thread, interference-fit thread

fest stellen *v* clamp; lock; arrest; fix in position; immobilize

Feststell|hebel *m* fixing lever, locking lever; **~mutter** *f* lock nut; **~schraube** *f* set screw, locking screw

Feststoffe *mpl* solid matter, solids

fest verdrahtet *adj* hardwired

festziehen *v (Schraube)* tighten

Fett *n* grease; **~büchse** *f* grease cup

fetten *v* grease, lubricate

Fettfüllung f grease packing, grease filling
fettgefüllt adj grease-packed, grease-filled
Fett|kammer f grease compartment; **~kanal** m grease channel, grease passage; **~nippel** m grease nipple; **~presse** f grease gun; **~spritze** f grease gun
feucht adj humid; moist; damp
Feuchte f humidity; moisture
Feuchtigkeit f humidity; moisture
Feuchtigkeits|aufnahme f moisture pick-up; **~empfindlichkeit** f moisture sensitivity
feuerbeständig adj fire-resistant, fireproof; **~e Tür** f fire door
Feuer|beständigkeit f fire resistance; **~gefahr** f fire hazard, fire risk
feuerhemmend adj fire-retardant
Feuer|löscher m fire extinguisher; **~meldeanlage** f fire alarm system, fire alarm installation; **~melder** m fire alarm; **~schutzabschluss** m fire barrier; **~schutzwand** f fire protection wall, fire wall; **~schweißen** n forge welding;
feuerverzinken v hot-dip galvanize
Feuerverzinkung f hot-dip galvanizing
feuerverzinnen v hot-tin
Feuerverzinnung f hot tinning
Feuerwehr f fire department, fire brigade, fire service
Feuerwehr|aufzug m fire lift, fire fighting lift, FFL, fireman's lift; **~betrieb** m fire fighters' service; **~ebene** f fire service(s) level; **~schacht** m fire-fighting shaft; **~schalter** m fireman's switch, fire lift switch, fire-fighting lift switch; **~schlüsselschalter** m fireman's key switch; **~steuerung** f fireman's control; **~zugangsebene** f fire services access level
Feuerwiderstandsklasse f (z.B. F90) fire resistance rating, fire rating
Filter n filter; (Sieb) strainer; **~einsatz** m filter cartridge, filter element; **~patrone** f filter cartridge
firmeneigen adj proprietary
Fittings plt fittings
Fixierstift m locating pin
flach adj flat; plane; level; even
Flach|bandleitung f ribbon cable; **~baugruppe** f integrated circuit board; **~bildschirm** m flat screen, flat-square screen; **~dichtung** f flat gasket, flat packing
Fläche f area; surface; plane; array
Flacheisen n flat iron, flats; (Stab) flat bar
Flächen|fräsen n surface milling; **~ladungsdichte** f surface density of charge; **~portalroboter** m portal robot; **~pressung** f surface pressure; **~schleifer** m surface grinder; **~schleifmaschine** f flat grinding machine, surface grinding machine; **~schliff** m surface grinding; **~schnitt** m surface cutting; **~trägheitsmoment** n planar moment of inertia; **~transistor** m junction transistor
Flach|feder f flat spring; **~feile** f flat file
flachgängiges Gewinde n flat-pitch thread
Flach|gewinde n flat thread, square

Flachkabel / **fluchtend**

thread; **~kabel** n ribbon cable, flat cable; **~keil** m flat key; **~klemme** f strip terminal, flat screw terminal; **~klemmenleiste** f screw terminal block; **~kopfschraube** f mit Schlitz slotted pan-head screw; **~riemen** m flat belt; **~rundschraube** f mushroom-head bolt; **~schleifmaschine** f flat grinding machine; **~sicherung** f blade-type fuse; **~stab** m flat bar; **~stahl** m flat steel, flat steel bar, flat bar; **~stecker** m flat-pin plug, flat connector; **~strehler** m (Gewindestrehlen) blade chaser; **~zange** f flat-nose pliers plt

flackern v flicker; flash
flammbeständig adj flame-resistant
Flammenausbreitung f flame propagation
Flammenausbreitungsgeschwindigkeit f flame spread rating, flame spreading speed
Flamm|härten n flame hardening; **~punkt** m flash point
flammwidrig adj flame-retardant, flame-inhibiting
Flammwidrigkeit f non-propagation of flame
Flanke f flank; side; (Impuls) edge
Flanken|durchmesser m (Gewinde) pitch diameter, effective diameter; **~spiel** n (Zahnrad) backlash; (Gewinde) flank clearance; **~winkel** m (Gewinde) thread angle, included angle
Flansch m flange; **angegossener ~** integrally cast flange; **angeschmiedeter ~** integrally forged flange; **gekröpfter ~** cranked flange

Flanschbefestigung f flange mounting
flanschen v flange, flange-mount
Flansch|lager n flange-mounted bearing, flanged bearing; **~motor** m flange-mounted motor; **~verbindung** f flange joint; **~welle** f flanged shaft
Flaschenzug m block and tackle, pulley block, chain block, rope block
Flechtdraht m braid wire
flechten v braid
Fleck m spot; stain
flexibles Fertigungssystem n flexible manufacturing system
fliegend adj floating; overhung; outboard; on-the-fly ...; patrol; **~ angeordnet** overhung; **~er Werkzeugwechsel** m on-the-fly tool change; **~ gelagertes Ritzel** n overhung-mounted pinion
Fliehgewicht n flyweight
Fliehkraft f centrifugal force; **~bremse** f centrifugal brake; **~regler** m centrifugal governor; **~schalter** m centrifugally operated switch
Fließband n conveyor line; (Montage) assembly line
fließen v flow
Fließ|grenze f yield point; **~span** m continuous chip
flimmerfrei adj flickerless, flicker-free
flimmern v flicker
flink adj quick, fast; **~e Sicherung** f quick-acting fuse, quick-response fuse
Flucht f alignment
fluchten v be in alignment, be in line
fluchtend adj aligned, in alignment, in line

fluchtgerecht *adj* truly aligned
flüchtig *adj* volatile
Fluchtung *f* alignment
Fluchtungsfehler *m* misalignment, alignment error
Fluchtweg *m* escape route; **~beleuchtung** *f* escape lighting
Flügel *m* wing; vane; blade; **~mutter** *f* wing nut, thumb nut, butterfly nut; **~pumpe** *f* vane pump; **~rad** *n* vane wheel, impeller; **~schraube** *f* thumb screw; wing bolt, wing screw; **~tür** *f* side-hung door; **~zellenpumpe** *f* vane pump
Flug | gastbrücke *f* jetway, airport passenger boarding bridge; **~staub** *m* air-borne dust
Fluidik *f* fluidics
Flurförderfahrzeug *n* industrial truck
Fluss *m* flow; flux
Flussdichte *f* flux density
flüssig *adj* liquid; fluid; *(geschmolzen)* molten
Flüssigkeit *f* liquid; fluid
Flüssigkeits | dämpfer *m* viscous damper; **~laser** *m* liquid laser
Flüssig | kristallanzeige *f* liquid crystal display, LCD; **~kupplung** *f* hydraulic clutch
Fluss | mittel *n* *(Löten/Schweißen)* flux; **~stahl** *m* low-carbon steel, mild steel, soft steel
Folge | achse *f* following axis; **~steuerung** *f* sequence control, sequential control
Folie *f* foil; film

Folientaster *m* membrane button
Förder | anlage *f* conveyor equipment; conveyor plant; **~band** *n* belt conveyor, conveyor belt; **~druck** *m* delivery pressure; **~einheit** *f* carrying unit; **~gut** *n* material; **~höhe** *f* delivery head; lift travel, travel, car travel, vertical rise, hoisting height, lifting height; **auf halber ~höhe** at mid-travel; **~hub** *m* delivery stroke; **~leistung** *f* handling capacity; conveying capacity; *(Pumpe)* delivery rate, pump output; **~mittel** *n* handling device
fördern *v* convey; handle; transfer; deliver; transport; hoist; promote; enhance
Förder | technik *f* material(s) handling, material(s) handling technology; **leichte ~technik** light-duty material(s) handling; **~technikeinrichtungen** *fpl* material(s) handling equipment; **~- und Lagertechnik** *f* handling and warehousing
Form *f* form, shape; style; *(Gießen)* mould; **~arbeit** *f* profiling, shaping; **~beständigkeit** *f* dimensional stability
Formel *f* formula (*pl* formulae, formulas)
formen *v* form, shape; mould; generate; develop
Formenbau *m* mould making, die and mould making
Form | fräser *m* form cutter; **~fräsmaschine** *f* profile miller, contour miller; **~gebung** *f* forming, shaping; styling; **~gestaltung** *f* design, styling; **~schluss** *m* positive engagement

formschlüssig *adj* positive, non-slip ...; form-fit

Form|stahl *m* structural steel, sectional steel; **~stück** *n* fitting; **~zahl** *f* **einer Schnecke** diametral quotient of a worm

Forscher *m* researcher, research worker

Forschung *f* research; **~ und Entwicklung, FuE** research and development, R&D

Fortbewegung *f* progress

fortpflanzen *v* propagate

Fortpflanzung *f* propagation

fortschreiten *v* advance

fortschreitend *adj* progressive

Fortschritt *m* progress

Fortschrittskontrolle *f* progress control

Foto|diode *f* photo diode; **~zelle** *f* photocell, photoelectric cell

Fräs|automat *m* automatic milling machine, automatic miller; **~bahn** *f* cutter path; **~bild** *n* milling pattern, cutting pattern; **~dorn** *m* (UK) cutter arbour, (US) cutter arbor, (UK) milling arbour, (US) milling arbor

fräsen *v* mill

Fräser *m* (Person) milling-machine operator; (Werkzeug) mill, cutter, milling cutter; (Wälzfräsen) hob, hobbing cutter, gear hob, gear hobbing cutter; **~dorn** *m* (UK) arbour, (US) arbor; **~dornlager** *n* (UK) arbour bearing, (US) arbor bearing; **~radiuskorrektur** *f* cutter compensation, cutter radius compensation, cutter radius offset; **~schneide** *f* cutting edge

Fräs|kopf *m* milling head, cutter head; **~lager** *n* cutter spindle bearing; **~maschine** *f* milling machine; **~schlitten** *m* cutter slide, spindle slide, milling saddle; **~spindel** *f* milling spindle, cutter spindle; **~tiefe** *f* cutting depth; **~tisch** *m* milling machine table; **~- und Bohrmaschine** *f* milling, drilling and boring machine

frei *adj* free; vacant; unassigned; open; clear; **~er Fall** *m* free fall

Freifall|höhe *f* height of free fall; **~weg** *m* gravity stopping distance

Freigabe *f* release; authorization; enabling; approval; clearance; **~signal** *n* enable signal, enabling signal

freigeben *v* release; authorize; enable; clear; approve

freigelegt *adj* exposed

freigeschaltet *adj* enabled, activated

freigestellt *adj* optional

Freiheitsgrad *m* degree of freedom

Freilauf... free-wheeling ...;

Freilauf|diode *f* free-wheeling diode; **~einrichtung** *f* free-wheeling device; **~kupplung** *f* free-wheeling clutch; **~sperre** *f* freewheel lock

Frei|leitung *f* overhead line, open-wire line; **~raum** *m* clearance

freischalten *v* activate; disconnect

freischneiden *v* relieve

Frei|sprechen *n* hands-free operation; **~sprechstelle** *f* hands-free extension

freitragend *adj* self-supporting, unsupported

Freiwinkel *m* clearance angle

Fremd | belüftung f forced ventilation; **~bezug** m outside supply, outsourcing
fremderregt adj separately excited
Fremd | erregung f separate excitation; **~geräusch** n background noise; **~körper** m foreign matter, foreign body, foreign particle; **~kühlung** f separate cooling, forced-air cooling; **~licht** n (Nebenlicht) light from external source; ambient light; (künstliches Licht) artificial light; **~lüfter** m separately driven fan; **~lüftung** f separate ventilation
Frequenz f frequency; **Frequenzen verteilen** allot frequencies; **Frequenzen zuteilen** assign frequencies; **Frequenzen zuweisen** allocate frequencies
Frequenz | abweichung f frequency deviation; **~bereich** m frequency range; **~gang** m frequency response
frequenz | geregelt adj variable-frequency ...; **~gestellt** adj variable-frequency ...
Frequenz | hub m frequency swing; **~modulation** f frequency modulation; **~multiplex** n frequency multiplex; **~regler** m frequency controller; **~sprung** m frequency hopping; **~teiler** m frequency divider; **~umrichter** m frequency converter, frequency inverter; **~verlauf** m frequency reponse; **~vervielfacher** m frequency multiplier; **~verzerrung** f frequency distortion; **~wandler** m frequency converter
fressen v (mechanisch) seize; (chemisch) fret, corrode

Front | drehmaschine f frontal lathe, front-operated lathe; **~platte** f front panel; **~seite** f front, front side
Fuge f groove; (Stoß) joint; (Spalt) gap; clearance; crevice
Fugendichtungsmasse f joint sealing compound
Fühler m feeler, sensor; detector; tracer
fühlergesteuert adj tracer-controlled
Fühlerlehre f (UK) feeler gauge, (US) feeler gage
führen v guide; lead; direct; conduct; carry; manage; **nach außen ~** carry to outside
Führer m (Maschine) operator; (Kran) driver; (Aufzug) attendant; **~steuerung** f (Aufzug) attendant control
Führung f guide, guideway, slideway; track; (Steuerung) control; (Leitung/Verwaltung) management
Führungs | bahn f guideway; **~bügel** m guide bracket, guide-rail bracket; **~bügelabstand** m guide bracket span; **~bügelbefestigung** f guide bracket fixing; **~fläche** f guide surface; **~größe** f reference variable, command variable; **~kante** f guide edge; **~leiste** f (Türführung) guide gib; **~rolle** f guide roller, guide pulley; contact roller; **bereifte ~rolle** tyred guide roller; **~schiene** f (Laufschiene der Fahrkorbtür) track; (Fahrkorb und Gegengewicht) guide, guide rail (car and counterweight); **~schienenspurweite** f guide rail gauge; **~schienenstützen** fpl

Füll|betrieb *m* loading operation; **~faktor** *m* population factor; **~masse** *f* filler; **~stand** *m* level; *(Flüssigkeit)* liquid level; *(Öl)* oil level; **~standanzeigegerät** *n* fill level indicator, oil level indicator; **~standmesser** *m* level indicator, (UK) level gauge, (US) level gage; **~stoff** *m* filler; **~verkehr** *m* population traffic; **~zeit** *f* population time

Fundament *n* foundation, base; **~bolzen** *m* foundation bolt, anchor bolt; **~platte** *f* foundation slab; baseplate; **~schraube** *f* anchor bolt, foundation bolt

Fünfeck *n* pentagon

Funk *m* radio, wireless

Funke *m* spark

Funk|entstörfilter *n* radio interference suppression filter; **~entstörgrad** *m* radio interference suppression level; **~entstörung** *f* interference suppression; **~steuerung** *f* radio control; **~störgrad** *m* radio interference level; **~störung** *f* radio interference

Funktion *f* function, operation, performance

funktionieren *v* function, work, operate

funktionsbereit *adj* ready to operate, ready for operation, available

Funktions|beschreibung *f* functional description, description of operation; **~diagramm** *n* function diagram, function chart, action chart

funktionsfähig *adj* operative, operational

Funktions|kontrolle *f* functional test, performance test; **~prinzip** *n* operating principle; **~prüfung** *f* operation check, operation test, functional test, performance check; **~störung** *f* malfunction

funktions|tüchtig *adj* operational, reliable, serviceable; viable; **~übergreifend** *adj* cross-functional

Funktions|überwachung *f* watchdog; **~umfang** *m* range of functions

funktionsunfähig *adj* inoperative

Funk|uhr *f* radio clock; **~verbindung** *f* radio link; **~verkehr** *m* radiocommunication

fußbetätigt *adj* pedal-operated

Fuß|bodenplatte *f* floor slab; **~brett** *n* toe board; **~flanke** *f* dedendum flank; **~hebel** *m* *(Pedal)* pedal, foot lever; **~höhe** *f* *(Zahnrad)* dedendum; **~kreis** *m* *(Zahnrad)* root circle; **~kreisdurchmesser** *m* *(Zahnrad)* root diameter, root circle diameter; **~leiste** *f* toe board, skirting, skirting board, toe guard; **~schalter** *m* foot switch, pedal switch

fusselfrei *adj* lint-free

Futter *n* *(Festspannen)* chuck; *(Auskleidung)* lining; **~drehmaschine** *f* chucking lathe; **~körper** *m* chuck body; **~schlüssel** *m* chuck wrench

Fuzzy-Logik-Gruppensteuerung *f* fuzzy logic group control

G

Gabel f fork
gabelförmig adj bifurcated
Gabel | gelenk n fork link; **~hebel** m fork lever; **~schlüssel** m open-end spanner, open-end wrench; **verstellbarer ~schlüssel** m open-end adjustable wrench; **~stapler** m fork-lift truck, fork truck
Gabelung f bifurcation
Galerie f gallery; platform
Gallkette f Galle-type chain
galvanisch | e Behandlung f electroplating; **~e Trennung** f metallic isolation, electrical isolation, isolation; **~er Überzug** m electroplated coating, electrodeposit
galvanisch getrennt adj metallically separated, isolated
galvanisieren v electroplate, electrodeposit
Galvanoformung f electroforming
Gammadurchstrahlung f gamma-ray testing, gamma-ray radiography
Gang m gangway; (Gasse) aisle, alley, alleyway; passage, passageway; cycle; (z.B. Frequenz) response; gear; speed; operation; (Gewinde) pitch
Gänge mpl, **~ je Zoll** (Gewinde) threads per inch
Gang | höhe f (Gewinde) lead; **~richtung** f (Gewinde) hand of thread, thread direction; **~steigung** f pitch; **veränderliche ~steigung** f variable pitch; **~zahl** f (Gewinde) number of starts

ganze Zahl f integer, integral number
Ganz | glastür f all-glass door; **~metallgehäuse** n all-metal housing; **~stahl-Reibgetriebe** n all-steel friction drive
Garnitur f kit, set, assortment
Gas | abscheider m gas separator; **~schmelzschweißen** n autogenous welding; **~schneiden** n autogenous cutting, gas cutting
Gatterlaufzeit f gate propagation delay time
gealtert adj aged
Gebäude n/npl building; **gemischt genutztes ~** composite building; **hohe ~** high-rise buildings; **niedrige und mittlere ~** low and medium-rise buildings, low and mid-rise buildings
Gebäude | belegung f building occupancy, building population; **~leitsystem** n building management system, BMS, building control system; **~leittechnik** f building services management system; **~nutzung** f building use; **~setzung** f building settlement; **~technik** f building services, building technology
Geber m detector, encoder, transmitter; pickup; dispenser
Gebläse n blower; (Lüfter/Ventilator) fan; (zur Kühlung) cooler
gebogen adj bent; curved
Gebrauchs | anweisung f instructions for use, directions for use, operating

instructions; **~tauglichkeit** f fitness for use

gedämpft fangen operate with buffered effect

gedruckte Schaltung f printed circuit

geerdet adj (UK) earthed; (US) grounded

Gefahr f danger, hazard, peril, risk

Gefälle n slope, inclination, downward gradient; downgrade; pitch

gefast adj chamfered

gefedert adj spring-cushioned

geforderte Toleranz f specified tolerance

Gefrierschutzmittel n anti-freeze, anti-freeze agent, anti-freeze solution

Gefüge n structure, texture, grain texture; **~bild** n micrograph

geführte Bewegung f guided motion

Gegen... counter...; anti...; reverse ...; mating ...; companion ...; opposite ...; opposing ...; contra-...

Gegen|drehen n reverse rotation; **~druck** m counter pressure; back pressure

gegeneinander schalten v connect back to back

gegenelektromotorische Kraft f back electromotive force, back e.m.f.

Gegen|feld n opposing field; **~flanke** f mating flank; **~flankenspiel** n anti-backlash; **~flansch** m counter-flange, mating flange, companion flange; **~gewicht** n counterweight

Gegengewichts|einlagen fpl counterweight fillers; **~rahmen** m counterweight frame; **~-Schutzgitter** n counterweight screen; **~-Seilrolle** f counterweight sheave; **~verkleidung** f counterweight enclosure; **~zuganker** m counterweight tie rod

Gegen|gewinde n mating thread; **~halter** m outer bearing; **~kopplung** f negative feedback; **~lager** n outer bearing; **~lauffräsen** n conventional milling, up-cut milling, up-milling; **~lauffräsmaschine** f conventional milling machine; **~laufsicherung** f anti-rotation device; **~mutter** f lock nut, check nut

gegenphasig adj oppositely phased, inversely phased, in phase opposition

Gegen|probe f contrasting sample; **~profil** n mating profile; **~rad** n mating gear; **~ritzel** n mating pinion; **~rolle** f (Niederhaltung/Aufzugstür) kicking roller; (bei doppelter Umschlingung) double-wrap sheave; **~schnecke** f mating worm; **~sprechanlage** f two-way intercom system, two-way means of communication; **~sprechverkehr** m two-way voice communication; **~taktgleichrichter** m push-pull rectifier

gegen unbefugte Eingriffe gesichert tamper-proof

gegossen adj cast

gegurtet adj (elektronische Bauteile) taped

Gehänge n suspension; hanger

gehärtet adj hardened

Gehäuse n housing, casing, case; enclosure; frame, package; box

Gehäusebauform f enclosed assembly

Gehbehinderter m person with a walking impediment, person handicapped in walking

Gehbereiche mpl circulating areas
Gehörschutz m hearing protectors
Gehrung f (UK) mitre, (US) miter
Gehrungs|schnitt m (UK) mitre cut, (US) miter cut; **~stoß m** (UK) mitre joint, (US) miter joint; **~winkel m** (UK) mitre angle, (US) miter angle; *(Messzeug)* (UK) mitre square, (US) miter square
Gehweg m pavement; (US) sidewalk
gekapselt adj metal-clad, enclosed, encapsulated; sealed
gekröpft adj cranked
gekrümmt adj curved
geladen adj charged; **negativ ~** negatively charged; **positiv ~** positively charged
Geländer n rail, hand rail, railing, guardrails; balustrade
geläppt adj lapped
Gelenk n joint, hinge, articulated joint, hinged joint; link
Gelenk|arm m articulated arm, jointed arm; **~armroboter m** jointed-arm robot; **~bolzen m** joint bolt; **~hebel m** swivel arm; **~kette f** plate link chain; **~stange f** articulated rod; **~stück n** universal joint; **~teil n** link; **~welle f** articulated shaft, cardan shaft, universal joint shaft; **~zapfen m** pivot pin
Geltungsbereich m *(Norm, Vorschrift)* scope
gemauerter Sturz m brick lintel
gemeinsam genutzt adj shared
gemeldete Stelle f *(EMV-Empfehlung)* notified body

gemischter Betrieb m mixed operation
gemittelt adj averaged
genau adj accurate; precise; exact; true, correct; **~ gearbeitet adj** accurately machined
Genauigkeit f accuracy; precision; exactness; trueness; **auf ~ prüfen** check for accuracy
genehmigen v grant; license; approve; authorize
Genehmigung f grant; licence, license; approval; authorization
genehmigungspflichtige Abwandlungen fpl variations requiring approval
Genehmigungs|verfahren n approval procedure; **~zeichnung f** drawing for approval, approval drawing, approved drawing
geneigt adj inclined
Generator m generator, electric generator; **~aggregat n** generating set, generator set; **~anker m** generator armature
generatorisch|e Bremsung f *(ins Netz)* regenerative braking; *(mit Widerstand)* dynamic braking; **~e Energie f** regenerative energy
genormt adj standardized, standard
gepanzert adj (UK) armoured, (US) armored, (UK) armour-plated, (US) armor-plated
Gerade f straight, straight line
gerade Spannut f straight flute
gerad|linig adj straight-lined; **~verzahntes Stirnrad n** spur gear
Gerad|stirnrad n spur gear; **~verzahnung f** straight teeth

geradzahlig *adj* even-numbered

Geradzahn-Kegelrad *n* straight bevel gear

Geradzahnrad *n* straight-tooth gear

gerändelt *adj* knurled

Gerät *n* device, unit, set, apparatus, piece of equipment, appliance, instrument

Geräusch *n* noise; sound

Geräuschabstand *m* signal-to-noise ratio

geräusch|arm *adj* low-noise ..., silent, quiet; **~dämpfend** *adj* sound-absorbing, silencing, deadening

Geräusch|dämpfer *m* silencer, noise damper; **~entwicklung** *f* noise generation; **~kulisse** *f* noise floor

geräuschlos *adj* noiseless, quiet, silent

Geräusch|pegel *m* noise level; **~schwelle** *f* noise threshold; **~verhalten** *n* noise pattern

geräuschvoll *adj* noisy

geregelt *adj* controlled; regulated; variable-speed ...; closed loop ...

gerieft *adj* fluted

geriffelt *adj* corrugated

gerillt *adj* grooved

gerippt *adj* ribbed

gerufene Haltestelle *f* called landing

Gerüst *n* scaffold; framework; supporting structure; **~belag** *m* working platform; **~boden** *m* scaffold platform

gerüstlose Montage *f (Aufzug)* erection without scaffolding, installation without scaffolding

Gesamt|abmessung *f* overall dimension; **~abweichung** *f* total composite error, total composite deviation; **~anordnung** *f* general arrangement, general arrangement drawing; **~ansicht** *f* full view, overall view, general view, full-view illustration; **~breite** *f* overall width; **~drehmoment** *n* total torque; **~durchmesser** *m* overall diameter, total diameter; **~entwurf** *m* overall design; **~höhe** *f* overall height; **~klirrfaktor** *m* total harmonic distortion; **~länge** *f* overall length; **~menge** *f* overall quantity; **~toleranz** *f* composite tolerance; **~verschleiß** *m* total wear; **~wirkungsgrad** *m* overall efficiency

gesättigt *adj* saturated

geschabt *adj (Zahnrad)* shaved

geschirmt *adj* (UK) screened, (US) shielded

geschliffen *adj* ground

geschlitzt *adj* slotted; split

geschlossen *adj* closed; shut; endless; **~er Kreislauf** *m* closed cycle, closed circuit; **~er Stromkreis** *m* closed circuit

geschmiedet *adj* forged

geschraubt *adj (ohne Mutter)* screwed; *(mit Mutter)* bolted

geschruppt *adj* rough-machined

geschweißt *adj* welded

Geschwindigkeit *f* speed; velocity; rate; tempo

Geschwindigkeits|-Aufholzeit *f* speed catchup time; **~begrenzer** *m* overspeed governor; **~begrenzer mit offenen Fliehgewichten** fly-ball type overspeed governor; **in zwei**

Richtungen wirkender ~begrenzer bidirectional governor; **~kennlinie** *f* speed characteristic, speed curve; **ideale ~kennlinie** ideal speed curve; ~verlauf *m* speed pattern

Gesenk *n* die; **~fräser** *m* die-sinking cutter; **~presse** *f* die-stamping press; **~schmieden** *n* drop forging; **~schmiedestück** *n* drop forging

gesichert *adj (mechanisch)* locked; *(durch elektrische Sicherung)* fused; *(Schutz)* protected; secured

gesintert *adj* sintered

gesperrt *adj* blocked; locked; closed; inhibited; disabled; unserviceable; inaccessible; **~e Haltestelle** *f* unserviceable landing

gespreizt *adj (Spreizschwert)* expanded, widened (skate, vane)

Gestalt *f* shape, form, design; style; contour

gestalten *v* design; style

Gestaltung *f* design; styling; configuration; layout

Gestänge *n* linkage, link mechanism, linking mechanism; links; rods

gestanzt *adj* punched

gestapelt *adj* racked

Gestell *n* frame, stand; rack; base

gestört *adj* faulty, disturbed, out of order

gestrichelt *adj (Linie)* dashed, broken; *(punktiert)* dotted

geteilt *adj* divided; split; two-piece; two-part; segmented; **~er Heber** *m* split jack, two-piece jack, three-piece jack, multiple-piece jack; **~es Ringlager** *n* split sleeve bearing

Getriebe *n* gear, gears, gearing, gearbox, transmission; ... **mit ~** geared ...; **~ mit Übersetzung ins Langsame** speed-reducing gear; **~ mit Übersetzung ins Schnelle** speed-increasing gear

Getriebekasten *m* gearbox

getriebelose Maschine *f* gearless machine, GL machine

Getriebe|**motor** *m* geared motor; **~öl** *n* gear oil; **~rad** *n* gear; **~übersetzung** *f* gear ratio; **~untersetzung** *f* gear reduction; **~welle** *f* gear shaft; **~wirkungsgrad** *m* gear efficiency; **~zug** *m* gear train

gewellt *adj* corrugated

Gewichtseinlage *f* filler weight; **~kraft** *f* force due to weight; gravity

Gewichtung *f* weighting

gewickelt *adj* wound; **~er Läufer** *m* wound rotor

Gewinde *n* thread, screw thread; **~ herstellen** thread; **metrisches ~** metric thread; **mit ~** threaded; **Whitworth-~** Whitworth thread; **Zollgewinde** inch thread

Gewinde|**achse** *f* thread axis; **~anfang** *m* thread start; **~anschluss** *m* threaded port; **~auslauf** *m* thread runout; **~ausschusslehre** *f* (UK) no-go thread gauge, (US) no-go thread gage; **~bezeichnung** *f* thread designation; **~bohren** *n* tapping, thread tapping; **~bohrer** *m* tap, thread-cutting tap; **~bohrerauszieher** *m* tap extractor; **~bohrersatz** *m* set of taps, tap set; **~bohrfutter** *n* tapping chuck;

~bohrkopf *m* tapping head; ~bohrung *f* tapped hole; ~bolzen *m* threaded bolt; ~buchse *f* threaded bush; ~drehen *n* thread turning, lathe threading; ~drehmaschine *f* threading lathe; ~drehmeißel *m* thread-cutting tool; ~drücken *n* (*Gewindeherstellung*) thread pressing; ~einsatz *m* thread insert; ~flanke *f* thread flank, flank; ~**form** *f* thread form; ~**fräsen** *n* thread milling; ~**fräser** *m* thread mill, thread-milling cutter; ~**freistich** *m* thread undercut; ~**gang** *m* thread; ~**grenzlehre** *f* (UK) thread limit gauge, (US) thread limit gage, (UK) limit thread gauge, (US) limit thread gage; ~**grund** *m* thread root; ~**gutlehre** *f* (UK) go thread gauge, (US) go thread gage, (UK) thread acceptance gauge, (US) thread acceptance gage; ~**herstellung** *f* threading, thread production, thread cutting, thread manufacturing; ~**hülse** *f* threaded sleeve; ~**kern** *m* thread core; ~**lehrdorn** *m* (UK) thread plug gauge, (US) thread plug gage; ~**loch** *n* tapped hole

gewindelos *adj* (*ohne Gewinde*) unthreaded

Gewinde | **passung** *f* thread fit; ~**profil** *n* thread profile; ~**rachenlehre** *f* (UK) thread snap gauge, (US) thread snap gage; ~**räumen** *n* thread broaching; ~**reibmoment** *n* thread friction torque; ~~**Rillenfräser** *m* multiple thread milling cutter; ~**rollkopf** *m* thread rolling head, thread rolling attachment; ~~**Scheibenfräser** *m* single thread milling cutter; ~**schleifen** *n* thread grinding; ~**schneidautomatik** *f* automatic thread cutting device; ~**schneiden** *n* (*Außengewinde*) thread cutting; (*Innengewinde*) tapping; ~**schneider** *m* thread cutter; ~**schneidplatte** *f* threading insert; ~**schneidschraube** *f* (*selbstschneidende Schraube*) thread-cutting screw, tapping screw, self-tapping screw; ~**spitze** *f* thread crest, thread top; ~**steg** *m* land; ~**steigung** *f* pitch of thread; ~**stift** *m* setscrew, grub screw, headless screw, threaded pin; ~**stopfen** *m* screw plug; ~**strehlen** *n* thread chasing; ~**strehler** *m* thread chaser, thread-cutting chaser; ~**stutzen** *m* threaded connector; ~**teilung** *f* pitch; ~**tiefe** *f* thread height; ~**uhr** *f* (*Anzeiger*) threading dial; ~**walzen** *n* thread rolling; ~**wälzfräsen** *n* thread hobbing; ~**werkzeug** *n* threading tool; ~**zahn** *m* thread ridge

Gewinn *m* (*Verstärkung*) gain, amplification

gewölbt *adj* domed; curved; convex

gezahnt *adj* toothed

gezielt *adj* selective

gießen *v* cast; pour

Gießerei *f* foundry

Gieß | **form** *f* mould; ~**harz** *n* cast resin; ~**ling** *m* casting

Gitter *n* grid; screen; grate, grating; grille; lattice; ~**box** *f* meshed container; ~**rost** *m* grille; grid; gridiron

Glanz *m* gloss

glanz | los *adj* dull; **~verchromt** *adj* bright chromium-plated

Glas *n* glass; **~ mit Drahteinlage** wire-mesh glass

Glasfaserkabel *n* (UK) fibre optic cable, (US) fiber optic cable, (UK) glass-fibre cable, (US) glass-fiber cable

glasfaserverstärkter Kunststoff *m* (UK) glass-fibre reinforced plastic, (US) glass-fiber reinforced plastic

glatt *adj* smooth; **~e Oberfläche** *f* smooth surface

Glättungsfaktor *m* smoothing factor

gleichachsig *adj* coaxial

gleichgerichtet *adj* rectified

Gleich | gewicht *n* equilibrium, balance; **~lauffräsen** *n* down milling, down-cut milling, climb milling, climb-cut milling; **~lauffräsmaschine** *f* down milling machine, downfeed milling machine; **~laufmotor** *m* synchronous motor; **~laufteleskopheber** *m* synchro telescopic jack

gleichphasig *adj* in phase

gleichrichten *v* rectify

Gleichrichter *m* rectifier

Gleichrichtung *f* rectification

Gleichschlag *m* (Seil) Lang lay, Lang's lay; **~seil** *n* Lang's lay rope

gleichsetzen *v* equate

Gleich | spannung *f* direct current voltage, d.c. voltage, DC voltage; **~strom** *m* direct current, d.c., DC; **~strommaschine** *f* direct-current machine, DC machine; **~strommotor** *m* direct-current motor, DC motor; **~takt** *m* common mode; **~taktunterdrückung** *f* common-mode rejection

Gleichung *f* equation

gleich | wertig *adj* equivalent; **~zeitig** *adj* simultaneous; concurrent

Gleis *n* track; rail; line

Gleit | backe *f* sliding shoe; **~bahn** *f* slideway; **~bewegung** *f* sliding motion; **~buchse** *f* slide bush

gleiten *v* slide

gleitende Reibung *f* sliding friction

Gleit | fläche *f* sliding surface; **~führungsschuhe** *mpl* sliding guide shoes; **~gelenk** *n* slip joint; **~kontakt** *m* sliding contact; **~lager** *n* plain bearing, journal bearing; **~mittel** *n* anti-seize, lubricant; **~mutter** *f* slide nut; **~passung** *f* sliding fit; **~pratze** *f* sliding claw; **~reibung** *f* sliding friction; **~reibungszahl** *f* coefficient of sliding friction; **~schalung** *f* sliding shuttering; **~schiene** *f* sliding rail; **~schutz** *m* non-skid device, anti-skid device

gleitsicher *adj* non-slip ...; skid-proof

Glied *n* joint; (Kette) link; member; element; (math.) term

Glieder | kette *f* link chain; **~welle** *f* articulated shaft

glimmen *v* glow

Glimmentladung *f* glow discharge

Glimmer *m* mica

Glüh | behandlung *f* annealing; **~birne** *f* bulb

glühen *v* glow; (Wärmebehandlung von Stahl) anneal

glühend *adj* glowing; red hot

Glüh|farbe *f* annealing colour; **~lampe** *f* incandescent lamp, bulb; **~temperatur** *f* *(Wärmebehandlung von Stahl)* annealing temperature

Goliathgewinde *n* Goliath Edison screw thread

Gong *m* gong, chime; door chime

Graben *m* *(Kabel/Leitungen)* trench

Grad *m* degree; *(Gleichung)* order; ~ **Celsius** degree Centigrade, ~ **Fahrenheit** degree Fahrenheit

grafikfähig *adj* with graphics capability

Granulat *n* granular powder

Grat *m* burr; *(Schweißen)* flash

gratfrei *adj* without burrs

Grauguss *m* (UK) grey cast iron, (US) gray cast iron

gravieren *v* engrave

Gravur *f* engraving

Greifarm *m* picker arm

greifen *v* grip; grab; grasp; pick

Greifer *m* gripper; grab; claw

Greif|kraft *f* grasping force; **~ring** *m* grip ring; **~vorrichtung** *f* gripping device; **~werkzeug** *n* gripping device

Grenz|beanspruchung *f* limit stress; **~drehmoment** *n* limit torque, limiting torque; **~drehzahl** *f* limit speed

Grenze *f* limit; boundary; border

Grenz|fall *m* borderline case; **~frequenz** *f* limiting frequency; cut-off frequency; **~last** *f* limiting load; **~lehre** *f* (UK) limit gauge, (US) limit gage, (UK) go-no-go gauge, (US) go-no-go gage; **~rachenlehre** *f* (UK) limit snap gauge, (US) limit snap gage; **~schicht** *f* boundary layer; barrier; **~taster** *m* limit switch, position switch; **~temperatur** *f* limit temperature; **~wert** *m* limiting value; **~werte** *mpl* limits

Griff *m* handle; grip; ~ **in die Kiste** *(Roboter)* bin picking

Griffbereich *m*, **im ~** within arm's reach, within reach

Griff|gelenk *n* *(Roboter)* wrist; **~kreuz** *n* star handle; **~mulde** *f* handle recess, recessed grip; **~muschel** *f* shell-type handle

grob *adj* coarse; rough

Grob|bearbeitung *f* rough machining; **~einstellung** *f* coarse adjustment; **~gewinde** *n* coarse thread

grobkörnig *adj* coarse-grained

grobschleifen *v* rough-grind

Grobsitz *m* loose fit, coarse fit

groß *adj* large; big; great

Größe *f* size; amount; magnitude; variable; quantity

Großflächentaster *m* large-area button

Großintegration *f* large-scale integration, LSI

großtechnisch *adj* large-scale ...

Grübchenbildung *f* pitting

Grube *f* pit; mine

Gruben|aufzug *m* mine lift; **~element** *n* pit element; **~sohle** *f* pit bottom, pit floor

grundiert *adj* primed

Grund|anstrich *m* prime coat; **~ausstattung** *f* basic equipment; **~einstellung** *f* basic setting, standard adjustment, default setting; ~**fläche** f floor area, floor space; ~**frequenz** f fundamental frequency; ~**kreis** m root circle, base circle; ~**kreisdurchmesser** m base circle diameter, base diameter; ~**last** f base load; ~**linie** f base line; ~**metall** n base metal, parent metal; ~**platte** f baseplate, bedplate; mounting plate; motherboard; ~**riss** m plan, plan view, layout; ~**schaltung** f basic circuit; ~**schrägungswinkel** m base helix angle; ~**schwingung** f fundamental; ~**steigungswinkel** m base lead angle; ~**stellung** f basic position, initial position, original position, home position; ~**takt** m basic clock rate, basic pulse rate; ~**teilung** f base pitch

Gründung f foundation

Grund | **welle** f fundamental wave; ~**werkstoff** m base metal, parent metal, base material; ~**zylinderteilung** f base cylinder pitch

Gruppe f group, bank; gang; ~ **mit gemeinsamer Steuerung** (Aufzüge) interconnected group

gruppenfähig adj capable of grouping; **voll** ~ capable of full group operation, full group capability

Gruppen | **rechner** m group control computer; ~**sammelsteuerung** f group collective control, multiple collective automatic operation; ~**steuerung** f group control, group supervisory control

gruppieren v group

Gummi | **dichtung** f rubber seal; ~**puffer** m rubber buffer; ~**schlauch** m rubber hose; ~**tülle** f rubber sleeve, rubber grommet

Gurt m boom; belt; ~**bandförderer** m flat-belt conveyor; ~**förderer** m belt conveyor; ~**spanner** m belt tightener

Guss m casting; ~**eisen** n cast iron; ~**form** f mould; ~**gehäuse** n cast-iron housing; ~**kern** m core; ~**legierung** f cast alloy; ~**stück** n casting

Güte f quality

Güteraufzug m goods lift, freight elevator

Gut | **lehre** f (UK) go-gauge, (US) go-gage, (UK) pass gauge, (US) pass gage; ~-/**Schlecht-Entscheidung** f go/no-go decision, pass/fail decision; ~**seite** f go side, go end

Haarriss *m* hair crack, hairline crack, micro crack
haften *v* adhere, stick; **~ an** stick to, adhere to
Haft | fähigkeit *f* adhesiveness; **~festigkeit** *f* adhesive strength; bond strength; **~magnet** *m* magnetic clamp; **~reibung** *f* static friction; **~vermögen** *n* adhesive force; peel strength
Hahn *m* tap, faucet, cock; valve
Haken *m* hook; peg
Haken | flasche *f* hook block; **~kopfschraube** *f* T-headed bolt; **~riegel** *m* hook bolt; **~schlüssel** *m* hook spanner, hook wrench, sickle spanner; **verstellbarer ~schlüssel** *m* adjustable hook wrench; **~schraube** *f* hook bolt; T-head bolt
Halbautomat *m* semi-automatic machine
halbautomatisch *adj* semi-automatic; **~fertig** *adj* semi-finished
halbieren *v* halve; bisect; *(teilen)* split
Halb | kreis *m* semicircle; **~kugel** *f* half-sphere; **~last** *f* half load, 50 % load
Halbleiter *m* semiconductor; **~bauelement** *n* semiconductor device; **~diode** *f* semiconductor diode; **~elektronik** *f* semiconductor electronics; **~fertigung** *f* semiconductor manufacture; **~kristall** *n* semiconductor crystal; **~laser** *m* semiconductor laser, **~plättchen** *n* semiconductor wafer; **~schaltung** *f* semiconductor circuit; **~scheibe** *f* semiconductor slice; **~verstärker** *m* semiconductor amplifier; **~widerstand** *m* semiconductor resistor
Halbmesser *m* radius
halbrunde Rillen *fpl* semicircular grooves, U-grooves
Halb | rundschraube *f* round-head screw; **~welle** *f* half-wave; **~zeug** *n* semi-finished product, semi-finished goods
Halfen | eisen *n* hollow slotted rail, insert; **~schiene** *f* hollow slotted rail, insert
Halogen-Einbaustrahler *m* built-in halogen lamp
Hals *m* neck; collar
Halsmutter *f* round-neck nut
haltbar *adj* durable
Haltbarkeit *f* durability; shelf life, storage life; package stability
Halte | bremse *f* holding brake; **~bügel** *m* fixing bracket, retaining bracket; clip; **~feder** *f* retaining spring; **~frequenz pro Stunde** *f* stops per hour; **~genauigkeit** *f* stopping accuracy; *(Aufzug)* levelling accuracy, landing accuracy; **~griff** *m* grip; handle; **~klammer** *f* clip, retaining bracket; **~kontakt** *m* locking contact, holding contact; **~kraft** *f* retention force; **~moment** *n* holding torque
halten *v* hold; carry; retain; sustain
Halte | nase *f* retaining lug; **~punkt** *m* stop point, break point
Halter *m* holder; support; bracket; fastener; retainer

Haltering *m* retaining ring, support ring

Halterung *f* bracket; mount; support; carrier; clamping fixture, holding fixture

Halte|schalter *m* stop switch; **~schalter in der Schachtgrube** pit stop switch; **~schraube** *f* retaining screw, fixing screw; **~spannung** *f* holding voltage; **~stelle** *f* *(Aufzug)* landing, floor; **~stellenebene** *f* landing level; **~stellenniveau** *n* landing level; **~ungenauigkeit** *f* landing error; **~vorrichtung** *f* holding fixture; stopping device; **~weg** *m* stopping distance; **~winkel** *m* fixing bracket, retaining angle

Hammer *m* hammer; striker; *(Gummi, Holz)* mallet

hämmerbar *adj (warm)* forgeable; *(kalt)* malleable

Hammer|kopfnut *f* T-slot, T-head slot; **~kopfschraube** *f* hammer head screw; **~schlag** *m* hammer blow, hammer stroke; **~schlaglackierung** *f* hammer finish; **~schraube** *f* insert bolt, T-head bolt; **~schweißung** *f* forge welding

Hand *f* hand; *(Greifer)* grabber; **von ~** by hand, manual; **Eingriff von ~** manual intervention

Hand|ablassventil *n* manual lowering valve; **~antrieb** *m* hand-actuated drive; **~antriebsrad** *n* hand winding wheel; **nicht durchbrochenes ~antriebsrad** smooth wheel; **~antriebsvorrichtung** *f* hand winding equipment; **~auslösetaste** *f* manual release button; **~-Automatik-Umschalter** *m* manual-automatic selector, manual-automatic selector switch; **~bediengerät** *n* hand-held controller

handbedient *adj* hand-held

Handbedienung *f* manual operation, manual control

handbetätigt *adj* manually operated, operated by hand, hand-operated

Hand|betätigung *f* manual operation, manual control, operation by hand; **~betrieb** *m* manual operation, manual mode; hand winding; **~bohrmaschine** *f* hand drill; **~buch** *n* manual, handbook; **~crimpzange** *f* hand crimping tool; **~drehvorrichtung** *f* hand winding mechanism, manual emergency operating device; **~eingriff** *m* manual intervention; manual override

handelsüblich *adj* commercial; off-the-shelf ...; customary; standard

handgeführt *adj* hand-held

Handgriff *m* handle, grip

handhaben *v* handle, manipulate

Handhabung *f* handling, manipulation

Handhabungs|gerät *n* manipulator; **~roboter** *m* material-handling robot; **~technik** *f* handling technology

Hand|kreuz *n* spider, star wheel; **~kurbel** *f* hand crank; **~lampe** *f* portable lamp, hand lamp; **~lauf** *m* handrail, grip rail; **~leuchte** *f* inspection lamp; **~pumpe** *f* hand pump; **~rad** *n* hand wheel, hand winding wheel; **~schleifer** *m* hand-tool grinder; **~spindelpresse** *f* hand screw press; **~stellteil** *n* hand control, hand control element; **~teilung** *f* hand indexing, manual indexing; **~verstellung** *f* manual adjustment; **~vorschub** *m* manual feed, hand feed; **~werk** *n* trade; craft; **~werker** *m* craftsman; tradesman

handwerkliche Ausführung *f* workmanship

Hand | werkzeug *n* hand tool; **~winde** *f* hand winch; **~zange** *f (Crimpen)* crimping tool; **~zeichen** *n* hand signal

Hänge | bahn *f* overhead trolley, suspension railroad; **~bügel** *m* hanger; **~decke** *f (abgehängte Decke)* suspended ceiling; **~druckknopftafel** *f* pendant control station, pendant pushbutton station; **~förderer** *m* monorail conveyor; **~kabel** *n* suspension cable; *(Aufzug)* travelling cable, travel cable, trailing cable, trail cable; **bewegliches ~kabel** flexible travelling cable; **~kabelbefestigung** *f* travelling cable attachment; **~leuchte** *f* pendant luminaire

hängen bleiben *v* stick, get stuck; adhere; seize

hängend *adj* suspended, overhead

Hänge | schiene *f* overhead rail; **~tafel** *f* pendant control panel; **~winkel** *m* hanger bracket

Harmonische *f (Oberwelle)* harmonic

harmonisierte Norm *f* harmonized standard

Harmonisierungs | dokument *n* harmonization document; **~kennzeichen** *n* harmonized code designation

hart *adj* hard; stiff; *(starr)* rigid; *(streng/strikt)* severe, stringent

Hart | auftragschweißung *f* hard surfacing; **~chrom** *n* hard chrome, hard chromium

härtbar *adj* hardenable

Härte *f* hardness

härten *v* harden; **an der Luft ~** air-harden

Härte | prüfer *m* hardness tester; **~prüfung** *f* hardness test; **~prüfung nach Brinell** Brinell hardness test; **~prüfung nach Rockwell** Rockwell hardness test; **~prüfung nach Vickers** Vickers hardness test

Härterei *f* hardening shop

Härte | riss *m* hardening crack, heat treatment crack; **~schicht** *f* hardened case; **~spannung** *f* hardening stress, hardening strain; **~tiefe** *f (Einsatzhärten von Stahl)* case depth; *(Wärmebehandlung)* depth of hardening zone; **~verzug** *m* hardening distortion; **~zahl** *f* hardness number

Hart | guss *m* chilled cast iron; **~lot** *n* hard solder, brazing solder, spelter

hartlöten *v* braze, hard-solder

Hartmetall *n* hard metal, cemented carbide, carbide metal

hartmetallbestücktes Werkzeug *n* carbide-tipped tool

Hartmetall | bestückung *f* carbide tipping; **~einsatz** *m* cemented insert, carbide insert; **~schneide** *f* carbide-tipped

cutting edge; **~werkzeug** n carbide-tipped tool
Hartstahl m high-carbon steel
Härtungsmittel n hardener, hardening agent
hartverchromt adj hard-chromium plated
Hartverchromung f hard-chromium plating, hard chrome plating
Harz n resin
Haspel f reel; coiler
Haube f hood; cover; canopy; *(Lüfter)* cowl, shroud
Haupt|abmessungen fpl main dimensions, overall dimensions; **~abschalter** m main disconnect switch; **~antrieb** m main drive; **~erregermaschine** f main exciter; **~fehler** m major defect, major non-conformance; **~haltestelle** f main landing, main floor; **~klemme** f main terminal; **~leistungsschalter** m main circuit-breaker; **~schalter** m main switch, master switch; **~schlüssel** m master key; **~seil** n main rope; **~sicherung** f main fuse, line fuse; **~spindel** f main spindle, workspindle, headstock spindle; **~stromkreis** m main circuit; **~takt** m master clock; **~- und Nebenkanäle** mpl main and branch ductwork; **~welle** f main shaft; **~wicklung** f main winding, primary winding; **~zeit** f machining time, productioning time; **~zugangsseite** f main entrance side
Hausinstallation f interior installation, house wiring
hausinterne Überwachung f in-house monitoring
Haus|leittechnik f building services management system; **~meister** m caretaker, custodian, janitor; **~notrufeinrichtung** f in-house emergency alarm device, house emergency alarm device; **~technik** f building services, building services station; domestic engineering, domestic services
Haut f skin; membrane
Hebe|auge n eyebolt; **~bock** m lifting jack; **~bühne** f lifting platform, platform hoist, rising floor
Hebel m lever; **~arm** m lever arm; **~armverhältnis** n leverage ratio; **~schalter** m lever switch; **~spannfutter** n lever-operated chuck; **~steuerung** f lever control; **~übersetzung** f lever ratio, leverage; **~wirkung** f leverage
Hebemagnet m lifting magnet
heben v lift; raise; elevate; hoist; wind
Hebeöse f eyebolt, lifting lug
Heber m jack
Hebe|schlitten m lifting slide; **~vorrichtung** f lifting means, lifting device; **~winde** f jack; **~zeug** n lifting tackle, hoist; **~zylinder** m lifting cylinder
Heften n **mit Klammern** staple fastening
Heft|nieten n tack riveting; **~schweißen** n tack welding
Heim|aufzug m home lift; **~werker** m do-it-yourselfer

heiß laufen v run hot; overheat
Heißleiter m thermistor, NTC resistor, negative temperature coefficient thermistor
Heiz│faden m filament; **~stromkreis** m heating circuit; **~wendel** f heating coil; **~widerstand** m heating resistor
hell adj bright; light
Helligkeit f brightness; lightness
Helligkeitsregler m brightness control; dimmer, dimmer switch
hemmen v retard; obstruct; inhibit; hinder
Hemmung f retardation; obstruction; inhibition
herablassen v lower, descend
heranführen v approach, bring close to
heraus│führen v bring out, carry out, take out; **~ragen** v protrude; **~schrauben** v unscrew; **~ziehen** v extract, pull out; *(zurückziehen)* retract
Herausspringen n **bei schlaff werdenden Tragmitteln** suspension ropes leaving their grooves if slack, suspension ropes jumping off their grooves if slack
herausziehbare Leiter f retractable ladders
herstellen v manufacture, make, produce, fabricate; **Kontakt ~** make contact
Hersteller m manufacturer, maker
herstellerspezifisch adj proprietary
Herstelltoleranz f manufacturing tolerance
Hertz, Hz Hertz, cycles per second, Hz, cps
herunter│fahren v decelerate; ramp down; **~schalten** v step down

hervorheben v highlight, emphasize
hervorstehen v project; protrude
hexagonal adj hexagonal
Hilfe f help, aid, support, assistance; **~text** m *(EDV, PC)* help text
Hilfs│aggregat n stand-by generator set; **~stromquelle** f auxiliary power supply
hindern v impede; hamper; obstruct; inhibit
Hindernis n obstacle, obstruction; **~erkennungseinrichtung** f obstruction detector
hinterdrehen v relief-turn
hinterdreht adj relieved
hintereinander│angeordnet adj arranged in tandem; **~ geschaltet** adj connected in series, series-connected
hintereinander schalten v connect in series; *(Kaskade)* cascade
Hinterflanke f *(Impuls)* trailing edge
hinter│fräsen v relief-mill; **~füllen** v back-up, back-fill
Hinterfüllung f backfill
hinterfüttern v back
Hintergrund m background
hinter│lastig adj tail-heavy; **~leuchtet** adj backlit
hinterschleifen v relief-grind
Hinterschleifwinkel m relief angle
hinterschneiden v undercut, relief-cut
hin- und herbewegen v reciprocate
Hin- und Herbewegung f reciprocating movement
Hin- und Herbiegeversuch m reverse bending test
Hitzeschock m thermal shock

Hobel *m* plane
Hobelmaschine *f* planing machine, planer
hobeln *v* plane
Hobelstahl *m* planing tool
Hobel- und Fräsmaschine *f* combined planing and milling machine
Hochbahn *f* elevated railway
hochbocken *v* jack up
Hochdruck *m* high pressure
hochfahren *v* accelerate, run up, run up to speed; ramp up
Hochfahrkorb *m* high car
hochfester Stahl *m* high-tensile steel, high-strength steel
Hochfrequenz *f* high frequency, radio frequency; **~leistung** *f* high-frequency power; **~schaltung** *f* radio-frequency circuit; **~schweißen** *n* high-frequency welding; **~verhalten** *n* high-frequency response; **~verstärker** *m* high-frequency amplifier
hochgekohlter Stahl *m* high-carbon steel
Hochgenauigkeitslager *n* high-precision bearing
Hochgeschwindigkeitsstahl *m* high-speed steel
hochkant *adj* on edge, edgewise
hochlegierter Stahl *m* high-alloy steel
Hochleistungs... high-power ...; heavy-duty ...; high-duty ...; high-speed ...; high-performance ...; high-capacity ...
Hochleistungs | anlage *f* heavy-duty installation; **~maschine** *f* high-duty machine; **~motor** *m* high-power motor, high-power engine; **~steuerung** *f* high-power control

Hoch-Niedrig-Prüfung *f* high-low check, hi-lo check
Hochofen *m* blast furnace
hochohmig *adj* high-resistance ..., high-impedance ...
Hochpassfilter *n* high-pass filter
hochpolige Wicklung *f* low-speed winding
Hoch | rechnung *f* interpolation; projection; **~regallager** *n* high bay
hochrüsten *v* upgrade
Hochspannung *f* high voltage, high tension
Hochspannungs | generator *m* high-voltage generator; **~gleichrichter** *m* high-voltage rectifier; **~isolator** *m* high-voltage insulator; **~kabel** *n* high-voltage cable; **~leiter** *m* high-tension conductor; **~leitung** *f* high-voltage line, high-tension line; **~netz** *n* high-voltage system, high-voltage network; **~-Netzgerät** *n* high-tension power pack; **~schalter** *m* high-voltage circuit breaker; **~sicherung** *f* high-voltage fuse; **~stromkreis** *m* high-voltage circuit; **~transformator** *m* high-voltage transformer; **~versorgung** *f* high-voltage power supply
Höchst | grenze *f* ceiling; **~last** *f* maximum load, limit load; **~leistung** *f* peak performance; **~wert** *m* maximum value, peak value, crest value; **~werteinstellung** *f* maximum setting
höchstzulässig *adj* maximum permissible, maximum allowable, ceiling ...
hoch | tourig *adj* high-speed ...;

~verschleißfest *adj* highly wear-resistant; **~wertig** *adj* high-grade ..., high-quality ...

Höhe *f* height, altitude; *(z.B. Druck)* head; *(Ebene, Niveau)* level; **~ x Breite x Tiefe** height x width x depth

Höheneinstellung *f* vertical adjustment, height adjustment

höhenverstellbar *adj* vertically adjustable, height-adjustable, adjustable in height

Höhen|verstellung *f* vertical adjustment, height adjustment; **~vorschub** *m* vertical feed

hohl *adj* hollow

Hohl|fräser *m* concave cutter; **~griff** *m* recessed handle; **~kehle** *f* flute; **~keil** *m* saddle key; **~kolben** *m* hollow ram, hollow piston, tubular piston; **~körper** *m* hollow body; **~leiter** *m* hollow conductor; waveguide; **~nadel** *f* hollow needle; **~naht** *f (Schweißen)* coved seam; **~niet** *m/n* hollow rivet; **~profil** *n* hollow section; **~raum** *m* void; cavity; hollow space; pocket; **~spiegel** *m* concave mirror; **~welle** *f* hollow shaft, tubular shaft; **~zylinder** *m* hollow cylinder

Holm *m (waagerecht)* transom, top transom, top rail; *(senkrecht)* upright

Honahle *f* honing tool

honen *v* hone

Honmaschine *f* honing machine

hörbar *adj* audible

Hörfrequenz *f* audio frequency, audible frequency

Horizontal-Fräsmaschine *f* horizontal milling machine

Hub *m* stroke; lift; rise; travel; *(Spannung)* swing; **verkürzter ~** reduced stroke

Hub|einrichtung *f* lifting device; **~gabel** *f* lifting fork; **~geschwindigkeit** *f* lifting speed, hoisting speed; stroke rate; **~höhe** *f* lifting height, rise; **~kette** *f* hoisting chain; **~kraft** *f* lifting force, lifting power, hoisting power; **~länge** *f* stroke length; **~leistung** *f* lifting power; **~magnet** *m* lifting magnet, solenoid, solenoid actuator, tractive solenoid; **~maschine** *f* hoist machine; **~moment** *n* lifting torque; **~motor** *m* lifting motor, hoisting motor, hoist motor; **~schrauberlandefläche** *f* heliport (emergency heliport on a roof top of a tower); **~seil** *n* hoisting rope, hoist cable, hoist rope; **~spindel** *f* jackscrew; **~stange** *f* lifting rod; **~tisch** *m* lifting table, elevating platform; **~ventil** *n* lift valve, globe valve; **~wagen** *m* lift truck, lifting truck, industrial truck; **~weg** *m* travel; **~werk** *n* lifting gear, hoisting gear; **~winde** *f* lifting winch; **~zylinder** *m* lifting cylinder

Hülle *f* sheath; jacket; shell; enclosure; envelope

Hülse *f* sleeve; bush; tube

Hundertprozentprüfung *f* one-hundred-percent inspection

Hupe *f* horn; hooter

Hut|mutter *f* acorn nut, cap nut; **~schiene** *f (DIN EN 50022-35)* top-hat rail, DIN rail; **~schraube** *f* cap bolt

Hybrid│rechner *m* hybrid computer; **~schaltung** *f* hybrid circuit; **~technik** *f* hybrid technology

Hydraulik *f* hydraulics; *(Gerät)* hydraulic equipment, hydraulic unit

Hydraulik│aggregat *n* power pack, hydraulic unit, pump and motor unit; **~auslegung** *f* design of hydraulic equipment; **~flüssigkeit** *f* hydraulic fluid, hydraulic medium; **~leitung** *f* hydraulic line, hydraulic tube, hydraulic pipe; **~motor** *m* hydraulic motor; **~pumpe** *f* hydraulic pump; **~zylinder** *m* hydraulic cylinder

hydraulisch│e Abstellvorrichtung *f* hydraulic shutoff device; **~er Antrieb** *m* hydraulic drive; **~er Aufzug** hydraulic lift; **direkt angetriebener ~er Aufzug** *m* direct acting hydraulic lift; **indirekt angetriebener ~er Aufzug** *m* indirect acting hydraulic lift; **~er Hebebock** *m* hydraulic lifting jack; **~e Presse** *f* hydraulic press; **~er Wirkungsgrad** *m* hydraulic efficiency; **~e Ziehpresse** *f* hydraulic drawing press

Hypoid│getriebe *n* hypoid gearing; **~rad** *n* hypoid gear

Hysterese *f* hysteresis; **~schleife** *f* hysteresis loop; **~verlust** *m* hysteresis loss

IC *(integrierte Schaltung)* IC, integrated circuit

im Gegenuhrzeigersinn counterclockwise, CCW, anti-clockwise

Impedanz *f* impedance

implodieren *v* implode

Impuls *m* pulse; *(seltener)* impulse; **~abfallzeit** *f* pulse fall time; **~abstand** *m* pulse spacing; **~amplitude** *f* pulse amplitude; **~anstiegszeit** *f* pulse rise time; **~breite** *f* pulse width; **~dach** *n* pulse top; **~dauer** *f* pulse duration; **~diagramm** *n* pulse timing diagram; **~-Echo-Verfahren** *n* pulse-echo method; **~flanke** *f* pulse edge; **~folge** *f* pulse train, pulse string; **~form** *f* pulse shape; **~formgebung** *f* pulse shaping; **~gabe** *f* pulsing; **~gang** *m* pulse response; **~geber** *m* pulse generator, pulser; **~generator** *m* pulse generator; **~länge** *f* pulse length; **~modulation** *f* pulse modulation; **~pause** *f* interpulse period; **~reihe** *f* pulse train; **~relais** *n* time pulse relay; **~steuerung** *f* pulse control; **~taktgeber** *m* clock-pulse generator; **~teiler** *m* pulse divider; **~teilung** *f* pulse division; **~übertragung** *f* pulse transmission; **~verhalten** *n* pulse response; **~verhältnis** *n* pulse ratio; **~verschleifen** *n* pulse rounding; **~verstärker** *m* pulse amplifier; **~verteiler** *m* pulse discriminator; **~wandler** *m* pulse converter; **~welligkeit** *f* pulse ripple; **~zähler** *m* pulse counter

im Uhrzeigersinn clockwise

in Betrieb in operation, in service; **~ nehmen** put into service, put into operation, commission; **~ setzen** put into service, put into operation, commission

Inbetriebnahme *f* startup, commission, putting into operation, starting service; **~anleitung** *f* commissioning instructions, startup instructions, startup manual; **~prüfung** *f* commissioning test

Inbus|schlüssel *m* *(Innensechskantschlüssel)* (UK) hexagon socket spanner, (US) hexagon socket wrench, hexagon-socket screw key; Allen wrench; **~schraube** *f* hexagon-socket-head cap screw

Index *m* index (pl indices); *(tiefgestellt)* subscript

Indikatordiagramm *n* indicator diagram

indirekt | angetriebener hydraulischer Aufzug *m* indirect acting hydraulic lift, suspended hydraulic lift; **~ wirkender Heber** *m* indirect acting jack; **~ wirkender Kolben** *m* indirect acting piston, indirect acting ram

Induktion *f* induction

induktionsfrei *adj* non-inductive

Induktions|gesetz *n* law of induction; **~härten** *n* induction hardening;

Induktionsmaschine / **Innensechskantschlüssel**

~maschine f induction machine; ~motor m induction motor; ~regler m induction regulator; ~schweißen n induction welding; ~spannung f induction voltage, induced voltage; ~spule f induction coil; ~-Stockwerksfahne f induction vane

induktiv adj inductive

Industrie | norm f industry standard, industrial standard; ~roboter m industrial robot, IR

induzieren v induce

ineinander greifen v mesh, intermesh; mate; engage

Ineinandergreifen n **der Türblätter in Schließlage bei Teleskoptüren** hooking the panels in the closed position in the case of telescopic doors

ineinander schieben v telescope; **sich ~ lassen** v telescope

infrarot adj infrared

Infrarot | abtaster m infrared scanner; ~bereich m infrared range; ~detektor m infrared detector; ~empfänger m infrared sensor; ~fernbedienung f infrared remote control; ~-Handsender m infrared hand transmitter; ~licht n infrared light; ~schranke f infrared barrier, infrared beam interruption detector; ~spektrum n infrared spectrum; ~strahlen mpl infrared rays; ~strahlung f infrared radiation

Infraschall m infrasound

Initiator m initiator

inkompatibel adj incompatible

Inkompatibilität f incompatibility

Inkrementgeber m incremental encoder

Innen | ansicht f interior view; ~anzeige f car indicator; ~ausbau m interior finish, interior finishing; ~ausstattung f interior finish, interior design; ~bearbeitung f internal machining; ~beleuchtung f interior lighting; ~drehen n turning internal surfaces, boring, ~druck m internal pressure; ~durchmesser m inside diameter, internal diameter, ID; ~fläche f interior surface, inner surface; ~fräsen n internal milling; ~fräser m internal milling cutter; ~futter n lining; ~gewinde n internal thread, female thread; ~kabel n indoor cable; ~knopfkasten m car pushbutton box; ~kommando n (Fahrkorbbefehl) car call, car dispatch call, car button call; ~kontur f inside contour, ~konus m inside taper; ~läufer m internal rotor; ~laufring m (Lager) inner bearing ring, inner raceway; ~lüfter m internal fan; ~mantel m (Kabel) inner sheath; ~maß n inside dimension, ~profil n internal profile; ~rad n internal gear; ~radiustoleranz f tolerance of inside radius, TIR; ~räummaschine f internal broaching machine; ~rundschleifen n internal cylindrical grinding

innen sammeln car collective

Innen | schleifen n internal grinding; ~sechskantschlüssel m (UK) hexagon socket head spanner, (US) hexagon socket head wrench, Allen wrench;

~sechskantschraube f hexagon socket screw, Allen screw; **~spannfutter** n internal chuck; **~spannhülse** f inner clamping sleeve; **~standanzeige** f car position indicator; **~taster** m inside calipers; **~verkleidung** f interior lining, lining; **~verzahnung** f internal gearing, internal toothing; **~widerstand** m internal resistance; **~winkel** m internal angle; **~zahnkranz** m internal ring gear; **~zahnrad** n internal gear

inner | es Kräftesystem n system of inner forces; **~e Reibung** f internal friction

inniger Kontakt m intimate contact

Inspektions | endschalter m inspection limit switch; **~fahrt** f inspection operation; **~klappe** f inspection trap; **~schalter** m inspection switch; **~steuerung f auf dem Fahrkorbdach** inspection control device on the car roof, top of car inspection control station, car top control station, mechanic's control station; **~tür** f inspection door, servicing door

instabil adj unstable

Installateur m fitter, plumber

Installations | plan m installation drawing; architectural diagram; **~programm** n installation program, set-up program; **~rohr** n wiring conduit; **~schalter** m installation switch; **~technik** f domestic engineering

installieren v install, wire

instand halten v maintain

Instandhaltung f maintenance, servicing

instand setzen v repair; restore to service; recondition

Instandsetzung f repair, repair work

Instrument n instrument, tool, device

Instrumentenausstattung f instrumentation

Integralanteil m integral component, I component, integral action component

Integral-Differential-Regler m integral-derivative controller, ID controller

integraler Anteil m integral component, I component, integral action component

Integral | geber m integral-action encoder; **~regler** m integral controller, I controller, integral action controller

integrierte Schaltung f integrated circuit, IC

interkristallin adj intergranular, intercrystalline; **~e Korrosion** f intergranular corrosion, intercrystalline corrosion

Internationales Einheitensystem n International System of Units, SI

Inverkehrbringen n putting into operation, putting into service

Ion n ion

Ionenaustausch m ion exchange

Ionisierungsenergie f ionization energy

I-Profil n I-section

Isolation f (z.B. elektr./thermisch/akustisch) insulation; (Trennung) isolation; **~ zwischen den Windungen** interturn insulation

Isolations | bemessung f insulation rating; **~festigkeit** f insulating strength; **~klasse** f insulaton class; **~prüfer** m

insulation tester, megger; ~**prüfung** f insulation test; ~**widerstand** m insulation resistance
Isolator m insulator; *(Trennung)* isolator
Isolierband n insulating tape, insulation tape
isolieren v insulate; *(trennen)* isolate
Isolier|klasse f insulation class; ~**mantel** m insulating sheath; ~**matte** f insulating mat; ~**mittel** n insulating material, insulating compound; ~**scheibe** f insulating washer; ~**stoff** m insulating material, insulating compound

isolierter Leiter m insulated conductor, insulated wire
Isolierung f insulation
Ist|abmaß n actual deviation, deviation from actual size; ~**drehzahl** f actual speed; ~**maß** n actual size, actual dimension; ~**profil** n actual profile; ~**spannung** f actual voltage; ~-**Stand** m current status; ~**stellung** f actual position; ~-**Teilung** f actual pitch; ~**wert** m actual value; ~**wertaufnehmer** m actual-value sensor

Joch *n* yoke
justierbar *adj* adjustable
justieren *v* adjust; re-adjust; trim; align; set
Justier|fahrt *f* adjusting run; **~fehler** *m* maladjustment, adjustment fault; **~knopf** *m* adjusting knob; **~mutter** *f* adjusting nut; **~potentiometer** *n* trimming potentiometer; **~ring** *m* adjusting ring; **~schraube** *f* adjusting screw, adjustment screw, setting screw
Justierung *f* adjustment
Justierwiderstand *m* trimming resistor

K

Kabel n cable, insulated cable; *(Drahtseil)* wire rope; **~abgang** m cable outlet; **~abschluss** m cable termination; **~abstand** m cable spacing; **~abwickelgerät** n cable dereeler; **~ader** f cable core, cable conductor; **~anschluss** m cable terminal, cable connection; **~anschlusskasten** m cable terminal box; **~armierung** f (UK) cable armour, (US) cable armor; **~aufhängung** f cable suspension; **~band** n cable strap; **~baum** m cable harness; **~bewehrung** f (UK) cable armour, (US) cable armor; **~binder** m cable binder, cable tie; **~bruch** m cable break; cable rupture; **~durchführung** f cable gland, cable bushing; **~einführung** f cable entry; **~ende** n cable end; **~führung** f cable routing; **~garnitur** f cable fittings; **~gestell** n cable rack; **~kanal** m cable duct; **~klemme** f cable clip; **~kupplung** f cable coupler; **~litze** f cable strand; **~mantel** m cable sheath, cable jacket; **~messer** n cable stripping knife; **~panzerung** f (UK) cable armour, (US) cable armor; **~querschnitt** m cable cross-sectional area; **~rohr** n conduit; **~rohrleitung** f cable conduit; **~rolle** f cable reel; **~salat** m spaghetti of cables; **~schacht** m cable runway; **~schelle** f cable clamp, cable clip; **~spleißstelle** f cable splice; **~träger** m cable support, cable tray; **~trasse** f cable route; **~trommel** f cable drum, cable reel; **~umwicklung** f cable wrapping; **~verbinder** m cable connector; **~verlegung** f cable laying, cable installation; **~verschraubung** f cable gland; **~wanne** f cable tray; **~winde** f cable winch; **~ziehstrumpf** m cable grip; **~zug** m cable pull

Käfig m cage; **~ankermotor** m squirrel-cage motor; **~läufer** m *(Kurzschlussläufer)* squirrel-cage rotor; **~läufermotor** m squirrel-cage motor

käfiglos adj *(Lager)* cageless

Käfigwicklung f cage winding

kalibrieren v calibrate

Kalibrierung f calibration

Kalotte f spherical cap

kalt | bearbeiten v cold-work; **~ biegen** v cold-bend

Kalt | biegeversuch m cold bend test; **~leiter** m PTC resistor (PTC = Positive Temperature Coefficient)

kalt | walzen v cold-roll; **~ ziehen** v cold-draw

kämmen v *(Schnecken)* engage, intermesh (screws)

Kämpfer m *(Tür)* lintel, header; abutment

Kanal m channel; duct; conduit; port; passage

Kanalabstand m channel spacing

Kante f edge; *(Ecke)* corner; *(Umrandung/Begrenzung)* border; **Kanten brechen** chamfer edges; **abgeschrägte ~** bevelled edge, chamfered edge

kanten v edge; cant; *(kippen)* tilt

Kanthölzer npl squared timber pieces

kapseln v encapsulate, enclose; *(vergießen)* pot

Kapselung f encapsulation, enclosure; potting

Karte f card; chart; map; *(gedruckte Schaltung)* board; *(Mikrofilm)* fiche; ticket

Kaskade f cascade

Kaskaden|schaltung f cascade connection, cascade circuit; **~-Spannungswandler** m cascade voltage transformer

Kassettendecke f coffered ceiling, waffle slab ceiling

Kasten m box; case; bin; **~ mit verglaster Vorderseite** glass-fronted box (for firelift switch)

Kasten|konstruktion f box-type construction, box-frame construction; **~ständer** m *(Werkzeugmaschine)* box-type column

Kathode f cathode

Kathodenstrahlröhre f cathode-ray tube, CRT

Kausche f *(Seil)* thimble; grommet

Keder m weatherstrip

Kegel m cone; taper; **~durchmesser** m cone diameter; **~feder** f conical spring; **~fläche** f conical surface; **~fräser** m bevelled cutter; **~getriebe** n bevel gearing; **~gewinde** n taper thread, tapered thread; **~griff** m tapered machine handle; **~hülse** f taper bush, taper sleeve

kegelig adj conical; tapered

Kegel|loch n tapered hole; **~rad** n bevel gear; **~radantrieb** m bevel gear drive; **~radgetriebe** n bevel gearing; **~ritzel** n bevel pinion; **~rollenlager** n tapered roller bearing; **~schaft** m taper shank; **~sitz** m conical seat; **~stift** m taper pin; **~stumpf** m truncated cone

Kehlnaht f *(Schweißen)* fillet weld, fillet joint

Kehrwert m reciprocal

Keil m wedge; key; spline; vee, V; **~bahn** f keyway; **~fangvorrichtung** f wedge-type safety, wedge safety

keilförmig adj tapered; conical; wedge-shaped

Keil|nut f keyway, V-groove; **~nutenfräser** m key-seating cutter, keyway cutter; **~riemen** m vee belt, V-belt; **~riemenantrieb** m vee-pulley drive; **~riemenscheibe** f vee belt pulley; **~rille** f vee groove, V-groove; **~rippenriemen** m V-ribbed belt; **~rippenscheibe** f V-ribbed belt pulley; **~verzahnung** f splining, splines; **~welle** f spline shaft, splined shaft; **~wellenfräsen** n spline milling

Kenn|daten plt characteristics, characteristic data; rating; specifications; **~größe** f characteristic value, parameter; **~größen** fpl technical data, technical specifications; **~linie** f characteristic, characteristic curve, curve; **~wert** m characteristic value, parameter; **~wort** n password, keyword; **~zeichen** n identification; mark

kennzeichnen v mark, identify; designate; characterize

Kennzeichnung f marking, identification, labelling; **lesbare und dauerhafte ~** legible and durable marking

Kerb | biegeversuch m notch bend test

Kerbe f notch; groove; slot

kerben v notch; groove; slot

Kerb | nagel m grooved nail; **~schlagarbeit** f notched bar impact work; **~schlagbiegeprüfung** f notched-bar impact bending test; **~schlagfestigkeit** f notch impact strength; **~schlagprüfung** f notched-bar impact test; **~schlagzähigkeit** f notched impact strength, impact strength; **~stift** m grooved pin; **~zahnwelle** f serrated shaft; **~zugfestigkeit** f notched-bar tensile strength; **~zugprüfung** f notched-bar tensile test

Kern m (Magnet, Eisenkern) core; (z.B. Atom) nucleus (pl nuclei); (Software) kernel; (Kabel) (UK) centre, (US) center; **~durchmesser** m (Gewinde) minor diameter; inside diameter, crest diameter; (Gewinde/Lichtwellenleiter) core diameter; **~härten** n core hardening; **~loch** n tap hole, tap-drill hole

Kessel m boiler; tank

Kesselarmaturen fpl boiler fittings

Kette f chain

Ketten | aufzug m chain lift; **~flaschenzug** m chain tackle, chain pulley block; **~förderer** m chain conveyor; **~getriebe** n chain drive; **~glied** n chain link; **~kreisförderer** m circular chain conveyor; **~rad** n sprocket, chain wheel; **~schloss** n chain lock, connecting link; **~schutz** m chain guard; **~trieb** m chain drive, chain transmission; **~zug** m chain pulley block

Kinematik f kinematics

Kinetik f kinetics

kinetische Energie f kinetic energy

kippen v tip; tilt; cant

Kipp | hebel m rocking lever, rocker arm, tumbler lever; **~hebelschalter** m tumbler switch; **~schalter** m toggle switch, tumbler switch; **~schaltung** f trigger circuit

kippsicher adj non-tilting; (Elektronik) stable; (Batterie) unspillable

Klammer f clamp; clip; cramp; bracket; (Heften) staple

klammern v clamp; clip

Klappdeckel m hinged cover

Klappe f flap; lid; damper, butterfly valve; shutter

Klappenverschluss m automatic shutter

Klappsitz m tilt-up seat

Klarmeldeleuchte f all-clear signal lamp, all-ready signal lamp

Klaue f claw; jaw; dog

Klauenkupplung f jaw clutch

Klaviersaitendraht m piano wire

Klebe | band n adhesive tape; **~folie** f adhesive film; **~maschine** f gluer

kleben v glue; adhere; stick; cement; paste; bond

Kleber m adhesive, glue
Klebeschild n sticker
Klein|güteraufzug m service lift, dumbwaiter; **~reparaturen** fpl minor repairs; **~serienherstellung** f small-scale production, small-lot production; **~spannung** f extra-low voltage; **~spannungsquelle** f low-voltage source; **~teile** npl small parts, small accessories
Klemm|backe f clamping jaw; **~beschläge** mpl clamping fittings; **~bügel** m clamping bracket, clamp strap
Klemme f (mechan.) clamp; clip; (elektr.) terminal
klemmen v clamp; jam; seize
Klemmen|anschluss m terminal connection; **~anschlussplan** m terminal diagram, terminal connection diagram; **~bezeichnung** f terminal marking; **~brett** n terminal board; **~kasten** m terminal box; **~leiste** f terminal strip, terminal board, terminal block; **~paar** n terminal pair; **~schraube** f terminal screw; **~spannung** f terminal voltage
Klemm|feder f clamping spring; **~futter** n clamping chuck, chuck; **~gefahr** f risk of pinching; **~hebel** m clamping lever; **~kraft** f clamping force; pinching force; **~länge** f clamping length, length of grip; **~leiste** f (mechan.) edge clip; **~platte** f clamping plate; **~pratze** f clamping claw; **~ring** m clamping ring; **~schelle** f clamp, clamping collar; **~schraube** f clamp bolt, clamp screw; **~stück** n clamping piece; **~vorrichtung** f clamping device, clamping fixture
Klettverschluss m Velcro fastener
Klima|decke f air-handling ceiling, ventilated ceiling; **~leuchte** f air-handling luminaire, ventilated lighting fitting
Klinke f latch; (Buchse) jack; pawl; handle
Klinken|rad n ratchet wheel; **~sperre** f pawl-type lock
Klirren n harmonic distortion
Klirrfaktor m harmonic distortion factor, HDF, distortion factor
Knagge f dog
Knarre f ratchet handle, ratchet
Knarrenschlüssel m ratchet wrench
Knebelschraube f tommy screw
Kneifzange f pincers, nippers
Knick m kink; bend
Knick|armroboter m buckling-arm robot; **~beanspruchung** f buckling stress; **~belastung** f buckling load
knicken v buckle; kink; fold
Knicken n (Seil) kinking
Knick|festigkeit f buckling strength; **~kraft** f buckling force; **~länge** f buckling length; **~last** f buckling load; **~schutzfeder** f anti-kink spring; **~spannung** f buckling stress; **~stelle** f kink; **~versuch** m buckling test; **~zahl** f buckling factor
Knie n knee; elbow; bend; **~stück** n knee
Knopf m (Taster) button; (Drehknopf) knob
Knotenblech n gusset plate

koaxial adj coaxial
Koaxial|**kabel** n coaxial cable, coax cable; **~stecker** m coaxial connector
Kohle f carbon; coal; **~bürste** f carbon brush
Kohlenstoff m carbon
Kohlenwasserstoff m hydrocarbon
Kokille f ingot; mould
Kolben m piston, ram, plunger; jack; *(Glühlampe)* bulb; *(Labor)* flask; *(Löten)* bit; **ausgefahrener ~** extended ram, fully extended ram; **direkt wirkender ~** direct acting ram; **eingefahrener ~** retracted ram, fully compressed ram; **indirekt wirkender ~** indirect acting ram
Kolben|**aggregat** n ram assembly, piston unit; **~hub** m piston stroke; *(Pumpe)* plunger lift, plunger stroke, ram travel; **~kopf** m ram top; **~kraft** m ram force; **~pumpe** f plunger pump; **~verbindung** f ram joint, piston joint, plunger joint; **~weg** m piston travel, ram travel; **~zylinder** m plunger cylinder
Kollektor m commutator; collector
Kombizange f combination pliers *plt*, universal pliers *plt*
Komfortaufzug m enhanced-feature lift
Kommutierungsdrossel f commutating reactor, commutation choke
kompakt adj compact
Kompakt|**bauweise** f compact design; **~motor** m compact motor
kompatibel adj compatible
Kompatibilität f compatibility

Kondensat n condensate
Kondensator m *(elektr.)* capacitor; *(z.B. Dampf)* condenser
konfektioniert|**es Kabel** n ready-made cable; **~e Leitungen** fpl ready-made leads
Konferenzverkehr m conference traffic
Konformitäts|**bescheinigung** f certificate of conformance, certificate of compliance; **~erklärung** f declaration of conformity; **~zeichen** n mark of conformity
konisch adj conical, tapered
konkav adj concave, dished
Konsole f console; panel; knee; bracket; support
Konsol|**fräsmaschine** f knee-and-column milling machine; knee-and-column-type milling machine, column-and-knee milling machine, knee-type miller; **~tisch** m knee table, bracket table; **~träger** m console beam
Konstant|**fahrzeit** f constant speed travel time; **~halter** m stabilizer
konstruieren v design; draft; build
Konstrukteur m design engineer, designer
Konstruktion f *(Entwurf)* design; *(Bau/Ausführung)* construction; *(Aufbau)* structure; **rechnergestützte ~** computer-aided design, CAD
Konstruktions|**fehler** m faulty design; **~vorgaben** fpl design input; **~zeichnung** f design drawing, engineering drawing
Kontakt m contact
Kontakt|**abstand** m contact clearance; **~druck** m contact pressure; **~fläche** f

Kontaktgabe — **Körperschallisolierung**

contact surface, contact area; **~gabe** f contact making, contacting, contact closure; **~glied** n contact member; **~hub** m contact travel; **~leiste** f (an Türkante) sensitive edge, safety edge

kontaktlos adj non-contact ..., contactless, non-contacting; solid-state ...

Kontakt|metall n contact metal; **~prellen** n contact bounce, contact chatter; **~rolle** f contact roller; **~stelle** f contact point; **~stück** n contact member; **~träger** m contact support; **~verhalten** n contact performance, (UK) contact behaviour, (US) contact behavior; **~weg** m contact travel

Kontermutter f lock nut

kontern v lock, lock with a lock nut

kontrast|arm adj low-contrast ...; **~reich** adj high-contrast ...

Kontrollbohrung f inspection hole

Kontrolle f check, check-up, monitoring, examination, verification

kontrollieren v check, examine, monitor, verify

Kontrolllampe f signal lamp, indicating lamp, indicator lamp, pilot lamp, tell-tale lamp, check lamp

Kontur f contour; outline; **~fräsen** n contour milling; **~zeichnung** f outline drawing

Konus m cone

konvex adj convex, domed

konzentrisch adj concentric

Koordinaten|achse f coordinate axis; **~bohrmaschine** f coordinate drilling machine; **~nullpunkt** m coordinate basic origin; **~system** n coordinate system

Kopf m head; top; tip; upper end, top end

Kopf|flanke f addendum flank; **~höhe** f (Zahnrad) addendum; (Schraube) height of head; **~kreis** m tip circle, top circle; **~kreisdurchmesser** m (Schneckenrad) throat diameter; (Zahnrad) tip circle diameter, tip diameter; (Zähne) addendum diameter; **~schraube** f cap screw, head screw; **~schutzhaube** f (Schweißen) helmet; **~spiel** n clearance, bottom clearance

Kopier|drehmaschine f copying lathe, contouring lathe; **~fräsen** n copy milling; **~fräsmaschine** f copy-milling machine, contour-milling machine, profile milling machine, profiler; **~schablone** f template; **~steuerung** f copying control, tracer control

Kopierung f (Aufzug) selector, floor selector

Kopiervorlage f master template

koppeln v couple; interface

Kopplung f coupling

Kopplungsgrad m coupling coefficient

Körner m (UK) centre punch, (US) center punch

Korn|gefüge n grain structure; **~größe** f grain size; **~struktur** f grain texture, granular pattern

Körper m body

körperlich adj physical

Körperschall m structure-borne noise; **~isolierung** f insulation to prevent transmission of structure-borne noise

Korrektur f correction; *(Werkzeug)* compensation, offset; *(Vorschub)* override
korrodieren v corrode
Korrosion f corrosion
korrosions|beständig adj corrosion-resistant; **~geschützt** adj corrosion-protected; **~hemmend** adj corrosion-inhibiting
Korrosionsschutz m corrosion protection; **~mittel** n corrosion inhibitor, anti-corrosive agent
Kraft f force, power, strength; energy; **~angriff** m application of load
kraftbetätigt adj power-operated, power-actuated
Kraft|linie f line of force; **~maschine** f power engine; **~quelle** f power source
kraftschlüssige Verbindung f non-positive connection, frictional connection, power grip
Kraft|spannfutter n power-operated chuck; **~verstärker** m power amplifier; booster
Kragen m collar; shroud
Kranz m rim, gear rim
Kraterbildung f pitholing, pitting
Kratzer m scratch, mar
kratzfest adj mar-resistant, non-marring, scratch-resistant, scratch-proof
Kratzfestigkeit f scratch resistance, mar resistance
Kreis m circle; *(Schaltkreis/Stromkreis)* circuit; *(Kreislauf)* cycle; **~abschnitt** m segment; **~bahn** f circular path; **~bewegung** f rotary motion; **~bogen** m circular arc
Kreiselpumpe f centrifugal pump
kreisen v rotate; revolve; *(umlaufen)* circulate; gyrate
kreisförmig adj circular; **~er Querschnitt** m circular cross section
Kreis|lauf m circulation; **~querschnitt** m circular cross section; **~säge** f circular saw; **~sägeblatt** n circular saw-blade; **~umfang** m circumference
Kreuz n, **Schrauben über ~ anziehen** tighten bolts in diagonally opposite sequence
Kreuz|gelenk n swivel joint, universal joint; **~griff** m star handle; **~kopf** m crosshead; **~schlagseil** n ordinary lay rope; **~schlitzschraube** f recessed-head screw, Phillips screw; **~schlitzschraubendreher** m Phillips screwdriver; **~schlüssel** m four-way socket wrench
Kriech|boden m raised floor, false floor; **~gang** m creep feed, creeping feed, creeping, inching; **~strom** m leakage current
Kristall m crystal
Kristall|gitter n lattice; **~struktur** f crystal structure
Krone f crown; crest
Kronenmutter f castle nut, castellated nut
Krümmer m elbow, bend, knee
Krümmung f curvature
Kufe f *(zum Transport)* skid
Kugel f ball; sphere; globe; **~druckhärte** f ball indentation hardness; **~eindruck** m ball indentation; **~fallprobe** f falling ball test
kugelförmig adj spherical, ball-shaped, globular

Kugel|gelenk *n* ball joint, ball-and-socket joint; **~griff** *m* ball handle; **~hahn** *m* ball valve; **~käfig** *m* ball cage; **~lager** *n* ball bearing; **~pfanne** *f* ball socket, ball cup; **~raste** *f* ball catch; **~scheibe** *f* spherical washer; **~schnäpper** *m* ball catch; **~umlaufspindel** *f* recirculating ball screw; **~ventil** *n* ball valve, globe valve; **~zapfen** *m* ball journal

kühlen *v* cool; chill; refrigerate

Kühl|körper *m* heat sink; **~leistung** *f* cooling power; **~mittel** *n* coolant, cooling agent, refrigerant; **~rippe** *f* (innen) cooling rib; (außen) cooling fin; **~schlange** *f* cooling coil; **~walze** *f* chill roll

Küken *n* stopcock

kundenspezifisch *adj* custom-design ..., custom ..., customized; custom-made

künstlich *adj* artificial, synthetic

Kunststoff *m* plastic, plastic material, synthetic material

Kunststoff|gehäuse *n* plastic casing; **~kabel** *n* plastic cable

Kupfer *n* copper

Kupfer|blech *n* copper sheet; **~draht** *m* copper wire; **~leiter** *m* copper conductor; **~litze** *f* copper strand; **~plättchen** *n* copper wafer; **~rohr** *n* copper pipe, copper tubing

kuppeln *v* couple, connect

Kupplung *f* (ausrückbar/Schaltkupplung) clutch; (Verbindungskupplung) coupling

Kurbel *f* crank

Kurbel|antrieb *m* crank drive; **~presse** *f* crank press; **~trieb** *m* crank drive; **~triebmechanik** *f* crank drive mechanical system

Kurve *f* (Nocken) cam; (Kennlinie) characteristic, curve, bend; (Grafik) plot; graph; **~ und Rolle** *f* cam and follower

Kurven|bahn *f* cam path, cam track; **~fräsmaschine** *f* cam milling machine

kurvengesteuert *adj* cam-controlled

Kurven|hub *m* cam throw; **~profil** *n* cam profile, cam contour; **~schablone** *f* cam template, master cam; **~schaltung** *f* cam control; **~schar** *f* family of curves, set of curves; **~scheibe** *f* cam; **~schreiber** *m* plotter; **~steuerung** *f* cam control

Kurz|fahrt *f* short run; **~fahrtverhalten** *n* short run performance

kurzgeschlossen *adj* shorted

Kurz|gewinde *n* short thread, short-length thread; **~hobelmaschine** *f* shaping machine

kurzhobeln *v* shape

Kurzhubtaster *m* short-stroke button

kurzschließen *v* short-circuit, short

Kurzschluss *m* short circuit; **~kennlinie** *f* short-circuit characteristic; **~läufer** *m* (Käfigläufer) squirrel-cage rotor; **~läufermotor** *m* squirrel-cage motor; **~strom** *m* short-circuit current

Kurz|versuch *m* accelerated test; **~welle** *f* short wave

L

Labor *n* laboratory, lab; **~aufbau** *m* laboratory setup; **~geräte** *npl* laboratory equipment; **~prüfung** *f* laboratory test

Labyrinth *n* labyrinth; **~dichtung** *f* labyrinth seal, labyrinth packing, labyrinth gland; **~ring** *m* labyrinth seal; **~spalt** *m* labyrinth joint

Lack *m* (*Anstrichfarbe*) paint; (*Deckanstrich*) finish; (*Emaille*) enamel; varnish; shellac; lacquer; **~draht** *m* enamel wire

Lackiererei *f* paint shop

Lade|aggregat *n* charging set, battery charger; **~betrieb** *m* charging mode; **~gerät** *n* charging set, charging unit, charger; **~portal** *n* (*Werkzeugmaschine*) loading gantry; **~strom** *m* charging current

laden *v* load; fill; (*elektr.*) charge

Ladung *f* load, loading; (*elektr.*) charge, charging; (*Gütertransport*) cargo; **elektrische ~** electric charge

Ladungsträger *m* charge carrier

Läutwerk *n* ringing bell

Lage *f* position; location; situation; spot; site; topology; (*Ausrichtung*) orientation; (*Schicht*) layer; ply; (*Anstrich*) coat

Lage|bestimmung *f* orientation; **~einstellung** *f* positioning; **~fehler** *m* position error; **~genauigkeit** *f* positional accuracy, accuracy of position

Lagen|abstand *m* layer-to-layer spacing; **~zahl** *f* number of layers

Lageplan *m* layout, layout plan, general layout

Lager *n* bearing; pedestal; support; (*Waren*) store, storeroom, warehouse, depot; **~abnutzung** *f* bearing wear; **~abstand** *m* distance between bearings, spacing between bearings; **~Abziehwerkzeug** *n* bearing extractor, bearing puller; **~auskleidung** *f* bearing lining; **~belastung** *f* bearing load; **~bock** *m* bearing block, pillow block, bearing pedestal; **~bronze** *f* gun metal, bearing bronze; **~buchse** *f* bearing shell, bearing bush; **~deckel** *m* bearing end plate; **~dichtung** *f* bearing seal, bearing gland; **~flansch** *m* bearing flange; **~gehäuse** *n* bearing housing, bearing casing, bearing case; **~gleitfläche** *f* bearing surface; **~hals** *m* bearing neck; **~hülse** *f* bearing sleeve; **~käfig** *m* bearing cage; **~kegel** *m* bearing cone; **~kranz** *m* bearing ring; **~lauffläche** *f* bearing surface; **~metall** *n* bearing metal, white metal; **~nabe** *f* bearing hub; **~reibung** *f* bearing friction; **~schaden** *m* bearing damage; **~schale** *f* bearing shell, bearing bush; **~sitz** *m* bearing seat; **~spiel** *n* bearing clearance; (*unerwünscht*) bearing play; (*axial*) axial clearance; (*radial*) radial clearance; **~werkstoff** *m* bearing material

Lageschalter *m* position switch
Lamellenkupplung *f* multiple-disc clutch
Lampe *f* lamp, luminaire, light fixture; *(Birne)* bulb; *(Licht)* light
Lampen|fassung *f* lamp socket; **~feld** *n* lamp panel
Länge *f* length; **~ über alles** overall length
längen *v* lengthen; *(ablängen)* cut to length; *(strecken/dehnen)* stretch, extend, elongate
Längen|inkrement *n* length increment; **~korrektur** *f* length compensation; **~maß** *n* linear size
Lang|gewinde *n* long thread, long-length thread; **~loch** *n* elongated hole, oblong hole, long hole, slot
längs *adv* longitudinal, lengthwise
langsam *adj* slow; *(schwerfällig)* sluggish; **~ laufend** *adj* low-speed ...
Längs|anschlag *m* longitudinal stop; **~bearbeitung** *f* longitudinal machining; **~fräsen** *n* horizontal milling; **~hub** *m* longitudinal travel, longitudinal traverse; **~lager** *n* axial bearing; **~schnitt** *m* longitudinal section; **~spiel** *n* axial play, longitudinal play, end play; **~vorschub** *m* longitudinal feed
Längung *f* elongation
Lappen *m* *(Putzen)* rag, textile rag, cloth, piece of cloth
läppen *v* lap
Läppen *n* lapping
Läpp|maschine *f* lapping machine; **~scheibe** *f* lapping wheel; **~werkzeug** *n* lapping tool

Lärm *m* noise; **~bekämpfung** *f* noise control, noise abatement; **~dämpfung** *f* noise attenuation; **~pegel** *m* noise level; **~schutz** *m* noise protection
Lasche *f* strap, butt; fish-plate
Laschen|nietung *f* butt riveted joint; **~schraube** *f* fish bolt
Laser *m* laser (light amplification by stimulated emission of radiation); **~leistung** *f* laser power; **~lichtquelle** *f* laser light source; **~schneiden** *n* laser cutting, laser-beam cutting; **~schweißen** *n* laser welding; **~strahl** *m* laser beam; **~strahlschweißen** *n* laser beam welding; **~strahlung** *f* laser radiation; **~technologie** *f* laser technology
Last *f* load; burden; weight; **unter ~** under load, on load
Last|angriff *m* load application; **~annahme** *f* design load; **~aufnahmemittel** *n* load carrying unit; **~aufschaltung** *f* connection of load; **~ausgleich** *m* load equalization; **~drehmoment** *n* load torque; **~drehzahl** *f* on-load speed
Lasten|aufzug *m* goods lift, freight elevator, cargo lift; **~heft** *n* specifications, tender specifications
Last|fahrt *f* load run; **~faktor** *m* load factor; **~fall** *m* loading case; **~haken** *m* hoisting hook, lifting hook; **~kennlinie** *f* load characteristic; **~klemme** *f* load terminal; **~leistung** *f* load power

lastlos *adj* at no load

Last | management *n* load management; **~messeinrichtung** *f* load-weighing device; **~messung** *f* load weighing; **~messzelle** *f* load cell; **~moment** *n* load torque; **~öse** *f* hoisting ring; **~richtungswechsel** *m* load reversal; **~schwankung** *f* load fluctuation, load variation; **~spiel** *n* duty cycle (... starts per hour); *(Prüfung)* stress cycle; load cycle; **~spitze** *f* peak load; **~umschalter** *m* load transfer switch; **~verteilung** *f* load distribution; load sharing; **~wechsel** *m (Prüfung)* stress reversal; load cycle; **~zustand** *m* load condition

Latte *f* batten; strip

Lauf *m* operation, movement, motion, running, service; **~bahn** *f (Lager)* raceway; runway; track; **~buchse** *f* bush, liner; **~eigenschaften** *fpl* running properties; riding quality

laufen *v* run, operate, work, move, be in motion, be in operation, be in progress

Läufer *m (elektr.)* rotor

Läufer | anlasser *m* rotor starter; **~käfig** *m* rotor cage; **~welle** *f* rotor shaft; **~wicklung** *f* rotor winding

Lauf | fläche *f* running surface; *(Lager)* bearing surface; rubbing surface; **~kontakt** *m* moving contact, movable contact; **~rad** *n* impeller; running wheel; **~richtung** *f* direction of motion, direction of travel; *(Drehrichtung)* direction of rotation, sense of rotation; **~rille** *f (Kugellager)* track; **~ring** *m (Kugellager)* raceway, race; **~rolle** *f* roller; idler; castor; **~ruhe** *f* smooth running performance, smooth running, quiet running, noiseless running; running smoothness; **~schiene** *f* running rail, guide rail; *(Aufzugstür)* track; **~sitz** *m* running fit; **~unruhe** *f* uneven running; **~verhalten** *n* running performance; **~zeit** *f* lead time; cycle; running time; operating time; transit time; **~zeitüberwachung** *f* watchdog timer

laut *adj* loud; *(geräuschvoll)* noisy

läuten *v* ring

Lautstärke *f* loudness, intensity, volume; **~pegel** *m* loudness level; **~regelung** *f* volume control, intensity control

Lebens | dauer *f* life, useful life, service life, working life, lifetime; **~dauerprüfung** *f* life test; **~erwartung** *f* life expectancy, expected life

Leck *n* leak

lecken *v* leak

Leck | leistung *f* leakage power; **~ölleitung** *f* oil leakage pipe, leakage oil tube; **~rate** *f* leakage rate

lecksicher *adj* leakproof

Leck | stelle *f* leak, leakage; **~strom** *m* leakage current; **~suchgerät** *n* leakage detector

LED *(Leuchtdiode)* light-emitting diode, LED; **~-Anzeige** *f* LED display

leer *adj* empty; blank; idle; *(Batterie)* run down; *(entladen)* discharged; vacant; void

Leer | anlauf *m* no-load starting, starting at no load; **~durchlauf** *m* idle run, idle pass; *(Werkzeugmaschine)* non-cutting pass; **~fahrt** f run at no load, empty run; **~last ab/auf** no load down/up; **~lastanlauf** m no-load starting, starting at no load

Leerlauf m idle running, idling, running at no load, no-load operation, operation at no load; **~drehzahl** f no-load speed; **~moment** n idling torque, no-load torque; **~stellung** f idle position; **~zyklus** m idling cycle

Leer | verkehr m unloaded traffic; **~zeit** f idle time

Legende f *(Bild/Zeichnung)* legend

legieren v alloy

legierter Stahl m alloyed steel

Legierung f alloy

Lehrdorn m plug gauge

Lehre f *(Messinstrument)* (UK) gauge, (US) gage; *(Vorrichtung)* jig; *(Wissensgebiet)* theory; science; *(Ausbildung)* apprenticeship

Lehren fpl jigs; **~ und Vorrichtungen** jigs and fixtures

Lehren | bohren n jig boring; **~bohrmaschine** f jig boring machine; **~bohrwerk** n jig boring machine

Leibung f *(Aufzugstür)* reveal

leicht adj *(Gewicht)* light, light-weight, light in weight; *(nicht schwierig)* easy; *(schwach)* weak; *(einfach/unkompliziert)* simple

Leicht | bau m light-weight construction; **~baustoff** m light-weight material; **~bauwand** f dry wall

leichtgängig adj smooth-running, easy-running

Leichtgängigkeit f easy movement, smooth running; **auf ~ prüfen** check for easy movement

Leichtmetall n light metal; **~legierung** f light-metal alloy

leise adj silent; noiseless

Leiste f strip; ledge; edge

Leistung f performance; *(wirtschaftliche Ausführung)* efficiency; power; *(Leistungsabgabe)* output; *(Leistungsaufnahme)* input; *(Ergebnis)* result; *(Ertrag/Ausbeute)* yield; *(Verkehrsleistung/Förderleistung)* handling capacity; *(Pumpe)* delivery rate; **aufgenommene ~** power input, absorbed power, input

Leistungs | abfall m degradation; **~abgabe** f power output; **~abschlag** m derating; **~analyse** f performance analysis; **~aufnahme** f power input, input power, input, power consumption; **~bedarf** m power demand; **~begrenzer** m power limiter; **~bereich** m power range; **~daten** plt performance data, performance characteristics; **~elektronik** f power electronics

leistungsfähig adj efficient, productive

Leistungs | faktor m power factor; **~gleichrichterdiode** f power rectifier diode; **~größe** f rating; **~halbleiter** m power semiconductor; **~herabsetzung** f derating; **~kennlinie** f performance curve; power

Leistungsklasse characteristic; **~klasse** f rating class; **~kondensator** m power capacitor; **~merkmale** npl performance characteristics; **~norm** f performance standard; **~regelung** f power control; **~schaltdiode** f power switching diode; **~schalter** m circuit breaker; **~schild** n rating plate, nameplate; **~schütz** m power contactor; **~spektrum** n power spectrum

leistungsstark adj powerful

Leistungs|stromkreis m power circuit; **~stufe** f power stage; rating class; **~teil** m power section; **~test** m performance test; **~transformator** m power transformer; **~transistor** m power transistor; **~verbrauch** m power consumption; **~verhältnis** n efficiency ratio; **~verlust** m power loss; **~verminderung** f derating; **~verstärker** m power amplifier, power booster; **~verzeichnis** n specifications

Leitblech n guide plate; baffle plate

leiten v *(Strom)* conduct; direct; guide; route; control; lead

leitend adj conducting, conductive; **elektrisch ~** electrically conducting

Leiter m *(elektr.)* conductor; *(Sprossenleiter)* ladders

Leiter|abstand m conductor spacing; **~anschluss** m terminal; **~bahn** f track; **~bild** n conductive pattern; **~platte** f printed circuit board; **~platten-bestückung** f component insertion; **~querschnitt** m cross-sectional area of conductor, conductor cross-section

leitfähig adj conductive

Leitfähigkeit f conductivity

Leit|größe f command variable; **~lineal** n guide bar; **~rad** n idler; **~schiene** f guide bar; guide rail; **~spindel** f *(Drehbank)* leadscrew; **~spindel-Gewindebohren** n leadscrew tapping; **~stand** m (UK) control centre, (US) control center, control station; **~stelle** f (UK) control centre, (US) control center, control station

Leitung f line; circuit; guidance; conduit; *(Rohrleitung)* pipe, tube; piping, tubing; conduction; duct; passage

Leitungs|abschluss m line termination; **~einführung** f conduit entry, cable entry; **~kanal** m duct; **~prüfer** m *(Isolation)* insulation tester; *(Durchgang)* line tester, continuity tester; **~querschnitt** m conductor cross section, wire cross section; **~rohr** n conduit; **~schnur** f cord; **~schutzschalter** m automatic cutout, miniature circuit breaker; **~störung** f line fault

Leit|warte f supervisory console; control desk; control room; **~wert** m conductance

Lenkrolle f guide roller, guiding roller, steering roller, idler

Lernfahrt f teach-in run

Leucht|balken m luminous bar; **~decke** f illuminated ceiling; **~dichte** f luminance; **~diode** f light-emitting diode, LED

Leuchte f luminaire, lighting fitting, lighting fixture, lamp

leuchten v light
Leucht|faden m filament; **~gitterrost** m (Decke) egg crate diffuser; **~körper** m luminous element; **~leiste** f batten luminaire; **~signal** n illuminated signal; **~stofflampe** f fluorescent lamp, gas discharge lamp; **~stoffröhre** f fluorescent tube; **~taster** m illuminated button, illuminated pushbutton
licht adj clear; **~e Höhe** f clear height
Licht n light; **~bogen** m electric arc; **~bogenschweißen** n arc welding; **~einfall** m light incidence; **~gitter** n light-grille barrier; **~kopierung** f (Aufzug) light selector; **~leiter** m light guide; **~quelle** f light source; **~schranke** f photoelectric device, light ray unit, light ray system, light barrier, photoelectric light barrier; **~stärke** f light intensity; **~strecke** f light path; **~technik** f lighting engineering; **~vorhang** m light-beam curtain, light curtain; **~verstärkung** f light amplification; **~wellenleiterkabel** n (UK) fibre optic cable, (US) optical fiber cable, optical waveguide cable
liegen v lie; (ruhen) rest; (angeordnet) be located, be situated, be arranged
Lineal n ruler
Linear|induktionsmotor m linear induction motor, LIM; **~kugellager** n linear ball bearing; **~motor** m linear motor
Linie f line
links adv left, left-hand; on the left; (Drehung) counter-clockwise, anti-clockwise; **nach ~** to the left
Linksanschlag m (z.B. Potentiometer) fully anti-clockwise, fully counter-clockwise, full anti-clockwise setting, full counter-clockwise setting (e.g. to set potentiometer to CCW/full CCW setting)
links|drehend adj counter-clockwise, anti-clockwise, left-turning; **~gängig** adj left-hand
Links|gewinde n left-hand thread; **~lauf** m counter-clockwise rotation, anti-clockwise rotation; **~schlag** m (Seil) left-hand lay; **~spiralnut** f left-hand flute; **~wicklung** f left-hand winding
Linse f lens
Linsenschraube f (UK) filister head screw, (US) fillister head screw, oval-head screw; (mit Schlitz) (UK) slotted filister head screw, (US) slotted fillister head screw
Lippendichtung f lip sealing
Litze f (Seil) strand, stranded wire
Litzen|draht m stranded wire; **~leiter** m stranded conductor
Loch n hole; bore; aperture; perforation; **~blech** n perforated sheet, perforated plate
lochen v punch, perforate
Loch|fraß m pitting; **~korrosion** f pitting corrosion; **~scheibe** f perforated disk
Lochung f punching, perforation
locker adj loose; (schlaff) slack; **~ werden** work loose; become slack
lockern v loosen; (z.B. Seil) slacken; **sich ~** work loose; become slack

Los n *(Fertigung)* lot, batch
losbinden v untie
löschen v delete; *(Ruf)* cancel; *(Feuer/Licht)* extinguish
Löschwasseranschluss m fire service inlet
lösen v *(Verbindung trennen)* undo, unscrew, unbolt; disconnect; detach; separate; unfasten; *(lockern)* loosen, slacken; release; unclamp; unlatch; untie; *(auflösen)* dissolve
Lösen n *(der Fangvorrichtung nach dem Fang)* release (of the safety gear)
Loslager n floating bearing
löslich adj soluble
losschrauben v unscrew, unbolt, undo
Lösung f solution
Lösungsmittel n solvent
Lötdraht m solder wire, soldering wire
Lot n *(Bleilot)* plumb bob, plummet, bob; *(Löten)* solder
Lotabweichung f plumb-line deviation, deviation from the vertical
loten v *(z.B. Echolotung)* sound
löten v solder; *(Hartlöten)* braze
Löt|fahne f soldering tag; **~kolben** m soldering iron, soldering bit; **~mittel** n solder; **~pistole** f soldering gun

lotrecht adj truly vertical, perpendicular, truly plumbed; **~ ausrichten** align vertically, align perpendicularly
Lot|rechte f truly plumbed line; **~schnur** f plumb line
Löt|stützpunkt m soldering terminal; **~verbindung** f soldered connection, soldering joint; **~zinn** m soldering tin
Lücke f gap; space
Luft f air; *(unerwünschtes Spiel)* play; **~dämpfer** m air dashpot
lüften v ventilate, air; *(Bremse lösen)* release (brake)
Lüfter m fan; *(Gebläse)* blower
Luft|kabel n overhead cable, aerial cable; **~leitblech** n baffle; **~schall** m air-borne noise; **~schlitz** m louvre
Lüftung f ventilation, venting; air cooling; air handling
Lüftungs|öffnungen fpl ventilation apertures; **~schlitz** m ventilation slot
Luke f hatch
Lunker m shrink hole
Lüsterklemme f lamp-wire connector, lamp-wire terminal
Lux n lux

M

Madenschraube f headless screw, grub screw
Magazin n magazine; hopper
Magnet m magnet, solenoid; **~anker** m armature; **~bremse** f magnetic brake; **~feld** n magnetic field; **~fluss** m magnetic flux; **~futter** n magnetic chuck
magnetisch | e Abstoßung f magnetic repulsion; **~e Anziehung** f magnetic attraction; **~e Auslösung** f magnetic tripping; **~ betätigt** solenoid-operated, solenoid-actuated; **~e Feldstärke** f magnetic field strength
magnetisierbar adj magnetizable
magnetisieren v magnetize
Magnetisierung f magnetization
Magnetisierungskurve f magnetization curve
Magnet | kern m magnetic core; **~kraft** f magnetic force; **~pol** m magnetic pole; **~pulverprüfung** f magnetic particle test, magnetic powder test; **~schalter** m solenoid-operated switch, magnetic switch, solenoid switch; **~schütz** m magnetic contactor; **~spannfutter** n magnetic chuck; **~spule** f magnet coil, solenoid; **~stab** m magnetic bar; **~ventil** n solenoid valve; **~verschluss** m magnetic lock
mahlen v mill; *(grob)* crush; *(fein)* grind; *(feinst)* pulverize, powder
Mainmetall n *(selbstschmierendes spezielles Lagermetall)* self-lubricating special bearing metal
Makro | prüfung f macro-examination; **~schliffbild** n macro-section, macrograph
makroskopische Prüfung f macroscopic test
Makrostruktur f macrostructure
Mangan n manganese
Mangel m *(Fehler)* defect; deficiency; *(Fehlen)* lack; *(Knappheit)* shortage
Mängelbeheben v remedy defects; correct deficiencies; remedy faults
Mängelbericht m defect report, non-conformance report
mangelhaft adj defective, imperfect, faulty
Manipulator m manipulator
Manometer n *(UK)* pressure gauge, *(US)* pressure gage, manometer
Manschette f *(Dichtung)* packing, cup seal; collar; *(für Seildurchführungen)* ferrule, curb; protective cover
Mantel m jacket; *(Kabel)* sheath; shell; case, casing; **~flächenbearbeitung** f peripheral surface machining
manuell adj manual, by hand; **~er Betrieb** m manual mode, manual mode of operation; **~er Eingriff** m manual intervention; **~e Übersteuerung** f manual override
Masche f mesh
Maschendrahtumwehrung f mesh enclosure

Maschine f machine; *(Werkzeugmaschine)* machine tool; engine

maschinell adj by machine, mechanical; **~ bearbeiten** machine; **~ bearbeitetes Teil** n machined part; **~e Bearbeitung** f machining

Maschinen|anlage f machinery, machine installation, plant; engine plant; **~ausfall** m machine breakdown

Maschinenbau m mechanical engineering; **~er** m mechanical engineer; **~ingenieur** m mechanical engineer; **~stahl** m engineering steel

Maschinen|belegung f machine load, machine loading; **~einstellung** f machine adjustment, machine setting; **~führer** m machine operator; **~fundament** n machine foundation, machine bed; **~gestell** n machine base, machine frame; **~gewindebohrer** m machine tap; **~hammer** m power hammer; **~kapazität** f machine capacity; **~konstrukteur** m machine designer, machinery designer; **~nullpunkt** m machine reference point; **~nutzung** f machine utilization; **~park** m machinery; **~raum** m machine room; engine room; machinery space; power room; **~säge** f power saw; **~schneideisen** n machine die; **~schraubstock** m (UK) machine vice, (US) machine vise; **~ständer** m machine column; **~stillstandszeit** f machine idle time; **~störung** f machine breakdown; **~unterbau** m machine base

Maser m maser (**m**icrowave **a**mplification by **s**timulated **e**mission of **r**adiation)

Maß n dimension, size; measure; (UK) gauge, (US) gage; *(Maßstab/Richtschnur)* standard

Maß|abweichung f dimensional deviation; **~beständigkeit** f dimensional stability; **~bild** n dimension drawing; **~blatt** n dimension sheet

Masse f mass; weight; bulk; *(elektr.)* ground, chassis ground, earth; frame; **an ~ legen** connect to earth, connect to ground, connect to frame

Masseanschluss m earth connection, connection to frame

Maßeinheit f unit of measurement

Masse|kabel n (UK) earth cable, (US) ground cable; **~leitung** f (UK) earth wire, (US) ground wire

Massen|trägheitsmoment n mass moment of inertia; **~transport** m mass transport, mass transportation

Masseschluss m (UK) earth contact, (US) ground contact; body contact; short to earth, short to ground, short to frame

maß|gefertigt adj tailor-made, custom-built; **~genau** adj accurate to size

Maßgenauigkeit f dimensional accuracy

maßhaltig adj dimensionally stable

Maßhaltigkeit f dimensional stability

massiv adj solid

Maß|kontrolle f dimension check; **~prüfung** f dimensional check, dimensional inspection; **~stab** m scale

maßstabgerecht *adj* true to scale

maßstäblich *adj* to scale, true to scale; **~e Darstellung** *f* true-to-scale representation; **~ gezeichnet** drawn to scale; **nicht ~** not to scale, out of scale; **~ zeichnen** draw to scale

Maß | toleranz *f* dimensional tolerance; **~zeichnung** *f* dimension drawing, dimensioned drawing; **~zugabe** *f* dimensional allowance, size allowance

Mast *m* pole, mast; tower; pylon; column; post

Material *n* material; matter; stock; substance; **~abnahme** *f* stock removal; **~ermüdung** *f* fatigue of material; **~fehler** *m* defect of material; **~prüfung** *f* material testing, materials testing, materials inspection; **~vorschub** *m* stock feed; **~wirtschaft** *f* material control, material management, materials management; **~zugabe** *f* stock allowance, machining allowance

matt *adj* mat; dull

Mattglas *n* frosted glass

Mauer | anker *m* tie-bolt; **~öffnung** *f* rough opening; **~werk** *n* masonry, brickwork

Maulschlüssel *m* open-end spanner, open-end wrench

Mechanik *f* mechanics; mechanical system

Mechaniker *m* mechanic, fitter

Mega | hertz, MHz *n* megahertz, MHz (megacycles per second); **~ohm** *n* megohm

mehradriges Kabel *n* multi-core cable

Mehr | armroboter *m* multi-arm robot; **~aufwand** *m* extra expenditure; **~fachanlage** *f (Aufzüge)* multiple lifts, multiple installation; **~fachstecker** *m* multi-contact plug

mehrgängiges Gewinde *n* multi-start thread, multiple-start thread

Mehrleiterkabel *n* multiple-conductor cable

mehrprofilige Schleifscheibe *f* multi-ribbed grinding wheel

Mehrspindel | automat *m* multiple-spindle automatic machine; **~maschine** *f* multiple-spindle machine, multi-spindle machine

mehrstufig *adj* multi-stage ..., multi-level ...; **~es Getriebe** *n* multi-stage gear

Mehrzweck... multi-purpose ...

Mehrzweck | fett *n* multi-purpose grease; **~maschine** *f* multi-purpose machine

Meißel *m* chisel; tool; cutting tool; **~halter** *m* tool holder; tool post

Melde | einrichtung *f* signalling device; annunciator; **~lampe** *f* signal lamp, indicating lamp, indicator lamp, pilot lamp

melden *v* signal; report; indicate; **sich ~** answer

meldepflichtig *adj* notifiable, reportable

Melderlinie *f (Brandmeldeanlage)* detection zone, detector zone

Meldung *f* message

Membran *f* diaphragm; membrane; **~pumpe** *f* diaphragm pump; **~ventil** *n* diaphragm valve

Menge *f* quantity; amount; batch; volume; set

Mengen|messer *m* flowmeter; **~regler** *m* volume control; *(Durchfluss)* flow control; rate regulator

Merk|blatt *n* code of practice, guidance note; **~mal** *n* feature; characteristic

Mess|anordnung *f* measurement setup; **~aufnehmer** *m* sensor

messbar *adj* measurable

Mess|bereich *m* measuring range; **~bereichsschalter** *m* range selector; **~buchse** *f* test socket; **~einrichtung** *f* measuring device

messen *v* measure, gauge

Messergebnis *n* measured result, measurement result, measuring result, test result; reading; *(Prüfung)* findings

Messer|kopf *m* *(Fräsen)* inserted-tooth cutter, inserted-tooth face milling cutter, inserted-blade milling cutter; **~leiste** *f* male multipoint connector

Mess|fehler *m* measurement error; **~fühler** *m* sensing element, sensor; **~genauigkeit** *f* measuring accuracy; **~gerät** *n* measuring instrument, measuring device; meter; **~geräteausrüstung** *f* instrumentation; **~größe** *f* measured quantity, measured variable, measurand

Messing *n* brass

Mess|instrument *n* measuring instrument; **~kabel** *n* instrument cable; **~kette** *f* measuring chain; **~koffer** *m* portable test set; **~objekt** *n* device under test; **~potentiometer** *n* measurement potentiometer; **~punkt** *m* test point, measuring point; **~reihe** *f* series of measurements; **~stelle** *f* measuring point, test point; **~-, Steuerungs- und Regelungstechnik** *f* measuring and control technology, instrumentation and control engineering; **~technik** *f* measurement, metrology, measuring practice; **~uhr** *f* dial gauge, dial indicator; **~- und Prüfeinrichtungen** *fpl* measuring and test equipment

Messung *f* measurement, metering

Mess|unsicherheit *f* uncertainty of measurement; **~verfahren** *n* method of measurement, measurement technique; **~werkzeug** *n* measuring tool; **~wert** *m* *(gemessener Wert)* measured value; *(in Messung befindlich)* measuring value; *(zu messender Wert)* measurand, value to be measured; **~zeug** *n* measuring tool

Metall|bau *m* metalwork; **~bearbeitung** *f* metal working; **~bewehrung** *f* (UK) metallic armour, (US) metallic armor; **~effektlack** *m* metallic effect paint; **~säge** *f* hacksaw; **~tastplatte** *f* metal touchplate; **~verarbeitung** *f* metal working; **~waren** *fpl* hardware

metrisch|es Feingewinde *n* metric fine thread; **~es Gewinde** *n* metric thread, metric screw-thread; **~es ISO-Gewinde** *n* metric ISO thread; **~er Kegel** *m* metric taper; **~es Maßsystem** *n* metric system of measurement; **auf das ~e System** *n* **umstellen** go metric

Mietleitung *f* leased line, leased circuit

Mikro|elektronik f microelectronics; ~**gefüge** n microtexture, microstructure; ~**härte** f microhardness; ~**meterschraube** f micrometer caliper, micrometer screw; ~**prozessor** m microprocessor; ~**prozessor-Steuerung** f microprocessor-based control, microprocessor control; ~**riss** m microcrack; ~**rissbildung** f microcracking; ~**schalter** m micro switch, miniature switch; ~**schaltung** f micro-circuit; ~**schliffbild** n microsection, micrograph; ~**skop** n microscope; **Elektronenmikroskop** n electron microscope

mikroskopische Prüfung f microscopic inspection

Mikro|struktur f microstructure, ~**welle** f microwave

minderwertig adj low-quality, low-grade

Mindestanforderung f minimum requirement

Mindest-Anlauf-/Anhalt-Weg m minimum start-to-stop distance

Mindest-Bruchkraft f (der Seile) minimum breaking load (of lifting ropes)

Miniaturgewinde n miniature screw-thread

miniaturisieren v miniaturize

Miniaturisierung f miniaturization

Miniaturschalter m miniature switch, micro-switch

Minus|ladung f negative charge; ~**leiter** m negative conductor; ~**pol** m negative pole

mischen v mix; blend; merge

Mischung f mix, mixture; blend

missbräuchlich adj abusive

missbrauchsicher adj tamper-proof

Missbrauchverhinderung f tamper prevention, anti-nuisance protection, anti-nuisance feature

mitdrehen v co-rotate

miteinander verbinden v interconnect

mitführen v carry along

mitgeführter Schutzleiter m protective conductor incorporated in cable

mitgeltend|e Norm f reference standard; ~**e Unterlagen** fpl related documents

mitlaufende Körnerspitze f (UK) live centre, (US) live center

mitnehmen v couple

Mitnehmer m coupler; driver; carrier; dog; follower

Mitnehmer|klinke f pawl; ~**lineal** n (Aufzug) vane, skate, coupler; ~**scheibe** f driving plate, dog plate; ~**schwert** n vane, skate, coupler; ~**stift** m follower pin

Mitte f (UK) centre, (US) center; middle

Mittel n (math.) mean, average; (Medium) medium; (Wirkstoff) agent

Mittel npl means; resources

Mittel|abgriff m (UK) centre tap, (US) center tap; ~**leiter** m neutral wire, neutral conductor; ~**linie** f (UK) centre line, (US) center line; axis (pl axes)

mitteln v average

Mittel|punkt m (UK) centre, (US) center, (UK) centre point, (US) center point, central point, mid-point; ~**schneider** m

(Gewinde) plug tap, second tap; **~stellung** f central position, (UK) centre position, (US) center position, mid-position, neutral position; **~wert** m mean, mean value, average, average value; **~wertbildung** f averaging

Mitten | abstand m (UK) centre-to-centre spacing, (US) center-to-center spacing, (UK) centre-to-centre distance, (US) center-to-center distance; **~frequenz** f mid-frequency; **~kreisdurchmesser** m reference diameter (of a worm); **~kreishalbmesser** m radius of reference circle (of wormwheel); **~schrägungswinkel** m reference helix angle; **~steigungswinkel** m reference lead angle; **~zylinder-Lückenbreite** f *(einer Schnecke)* reference cylinder spacewidth (of a worm); **~zylinder-Zahndickensehne** f reference cylinder chordal thickness, reference cylinder chordal tooth thickness

mittig eingebaut *adj* centrally mounted

mittler | e Drehzahl f mean speed, average speed; **~e Lebensdauer** f mean life; **~e Leistung** f mean power

Modell n model; type; pattern

Modem n modem

modernisieren v modernize, refurbish, revamp

Modernisierung f *(Aufzug)* modernization, refurbishing, revamping

Modernisierungs | arbeiten fpl modernization work; **~auftrag** m refurbishment contract; **~geschäft** n modernization business; **~paket** n modernization package

Modul m *(Zahnrad)* module (reciprocal of diametral pitch); *(math.)* modulus

Modul n *(Baugruppe)* module, building block

Modularbauweise f modular design

Modulation f modulation

Modulationsfrequenz f modulation frequency

Modulator m modulator

Modulbauweise f modular design

Modus m mode

Molekül n molecule

Molybdän n molybdenum

Moment m instant, moment

Moment n *(Drehmoment)* torque

Momentenregelung f torque control

Momentschalter m quick break switch

monostabil *adj* monostable

Montage f assembly; mounting; installation; erection; fitting; **~anweisung** f assembly instructions; fitting instructions; installation instructions, erection instructions; **~band** n assembly line; **~band-Fertigung** f line production; **~boden** m erection platform, mounting platform; **~bühne** f assembly platform; **~fahrt** f *(Aufzug)* mechanic/maintenance operation

montage | fertig *adj* ready to assembly; **~freundlich** *adj* easy to install; for ease of assembly

Montage | hilfsmittel npl assembly aids; installation aids; **~hinweis** m assembly instructions; **~roboter** *m* assembly robot; **~satz** *m* installation kit, mounting kit; **~träger** *m* lifting beam; **~- und Bedienungsanleitung** *f* installation and operating instructions; **~vorrichtung** *f* mounting device, fitting device; **~wagen** *m* assembly trolley; **~werkzeug** *n* assembly tool; **~winkel** *m* mounting bracket; **~zeichnung** *f* assembly drawing, as-installed drawing

Monteur *m* installer, fitter, mechanic; erector

Monteur-Bedienungstafel *f (Aufzug)* mechanic's control station

Montierdorn *m* assembly mandrel

montieren *v* assemble; mount; install; erect; fit

Montierwerkzeug *n* mounting tool

Morsekegel *m* Morse taper

MOS-Transistor *m* MOS transistor (Metal Oxide Semiconductor)

Motor *m (elektr.)* motor; *(kraftstoffbetrieben)* engine; **~ für Sonderzwecke** special-purpose motor

Motor... power ...

Motor|antrieb *m* motor drive; **~drehmoment** *n* motor torque; **~drehzahl** *f* motor speed; **~größe** *f* motor size; **~leistung** *f* engine power, engine performance; motor output, motor rating; **~regler** *m* motor governor; **~säge** *f* power saw; **~schalter** *m* motor switch; **~schutzschalter** *m* motor protection switch, protective motor switch; **~stromkreis** *m* motor circuit

Muffe *f* sleeve; bush

Multiplexer *m* multiplexer

Muschelgriff *m* recessed grip

Muster *n* sample, specimen; model; prototype; pattern

Mutter *f* nut; **~anzugsmoment** *n* nut torque; **~gewinde** *n* nut thread, female thread; **~gewindebohrer** *m* nut tap; **~platine** *f* motherboard

N

Nabe f hub; boss; *(elektr.)* spider
Nachabgleich m readjustment
Nacharbeit f rework, retouching work
nacharbeiten v re-work; re-machine; re-finish
Nachbearbeitung f re-machining
nachbehandeln v after-treat, post-treat, retreat
Nachbehandlung f after-treatment, post-treatment, retreatment
nachbessern v retouch, rework
nacheilen v lag, lag behind
nacheilend *adj* lagging
Nacheilung f lag
Nachfolgemodell n successor model
Nachform|drehen n copy turning; **~fräsen** n copy milling
nachführen v follow up; track; correct
Nachführ|genauigkeit f tracking precision; **~geschwindigkeit** f tracking speed
Nachführung f follow-up; correction; tracking
nachfüllen v refill; top up
nachgeordnet *adj* downstream
nachgeschaltet *adj* downstream; series-connected, connected in series; on the output side
nachgiebig *adj* flexible; compliant
nachhärten v post-harden; after-cure
nachjustieren v readjust
nachladen v reload
nachlaufen v run on

Nachlauf|schaltung f tracking circuit; **~steuerung** f follow-up control
nachmessen v re-measure
nachregulieren v adjust, readjust; *(Aufzug)* re-level
Nachregulierung f adjustment, readjustment; *(Aufzug)* re-levelling
Nachrichtentechnik f telecommunications technology
nachrüsten v retrofit, add on
Nachrüstsatz m add-on kit, expansion kit, retrofit assembly
nachschalten v connect in series
nachschleifen v regrind
nachschmieren v relubricate, regrease
nachschneiden v re-cut
nachspannen v *(Werkstück)* reclamp; *(z.B. Riemen)* retension, retighten
nachstellbar *adj* adjustable, readjustable
Nachstellbewegung f corrective motion
nachstellen v readjust; *(Aufzug)* re-level
Nachstell|geschwindigkeit f *(Aufzug)* re-levelling speed; **~mutter** f adjusting nut, readjustable nut; **~schraube** f adjusting screw
Nachstellung f adjustment; *(Vorgang bei Aufzügen)* re-levelling, inching; *(Einrichtung bei Aufzügen)* re-levelling device
Nachstellvorrichtung f adjusting device
Nachweis m verification, proof; *(Erkennen/Feststellung)* detection, identification; demonstration
Nachwirkzeit f hangover time
nachziehen v *(z.B. Schrauben)* retighten

Nadel f needle; *(Nadeldrucker)* stylus, pin; *(Räumen)* broach; *(Zeiger)* pointer; ~**lager** n needle bearing, needle roller bearing; ~-**Schrägkugellager** n angular needle ball bearing; ~**ventil** n needle valve

Nagel m nail

Nahansicht f close-up view

Näherung f approximation

Näherungs|initiator m proximity switch, sensor; ~**schalter** m proximity switch, sensor; ~**wert** m approximate value

Naht f seam; weld; joint

nahtlos *adj* seamless

Naht|schweißen n seam welding; ~**stelle** f interface; ~**wurzel** f weld root

Nanosekunde f nanosecond

Narbe f *(Oberflächenfehler)* pit; scar

Nase f lug, nose

Nasenkeil m gib-head key

nass *adj* wet; humid; moist

Natrium n sodium

natürliche Größe f *(Prüfmuster)* full size

NC-Programmierer m NC programmer

neben *präp* neighbouring; adjacent; next to; near; close to; alongside

Nebenachse f secondary axis, minor axis

nebeneinander *adv* side by side; ~ **schalten** connect in parallel

nebenschließen v shunt

Neben|schluss m shunt; bypass; ~**schlussgenerator** m shunt generator; ~**sprechen** n crosstalk; ~**station** f slave station; ~**widerstand** m shunt; ~**wirkung** f side effect; ~**zeit** f down time, non-productive time; idle time

negativ geladen negatively charged

neigen v incline; slope

Neigung f inclination; slope; gradient

Neigungswinkel m angle of inclination, slope angle, tilt angle

NE-Metall n (Nichteisenmetall) non-ferrous metal

Nenn-... rated ..., nominal ...

Nenn|abmaß n nominal allowance, nominal deviation; ~**bereich** m nominal range; ~**beschleunigung** f rated acceleration; ~**betrieb** m rating; ~**bruchkraft** f rated breaking strength; ~**drehmoment** n rated torque, rated-load torque, full-load torque; ~**drehzahl** f rated speed, nominal speed; ~**druck** m nominal pressure; ~**durchfluss** m rated flow; ~**durchmesser** m nominal diameter; ~**frequenz** f nominal frequency, rated frequeny; ~**geschwindigkeit** f rated speed; ~**größe** f rated value, nominal value; nominal size; ~**hub** m nominal stroke; ~**kennlinie** f nominal characteristic; ~**kraft** f nominal force; ~**last** f rated load, nominal load; **1,25-fache ~last** rated load plus 25 %; **1,5-fache ~last** rated load plus 50 %; **bei 110 % ~last** at rated load plus 10 %; ~**lastmoment** n rated load torque; ~**lebensdauer** f rated life; ~**leistung** f nominal power, rated output, nominal output, rated power, rating; **... hat eine ~leistung von ...** ... is rated at ...; ~**maß** n nominal size, nominal dimension; ~**moment** n rated torque; ~**querschnitt** m nominal cross-sectional area, rated cross-sectional area; ~**spannung** f rated voltage, nominal voltage; ~**strom** *m* rated current, nominal current; ~**weite** *f (Rohr)* nominal size, nominal pipe size; nominal diameter; nominal width; ~**wert** *m* nominal value, rated value

Neon|leuchte *f* neon lamp; ~**röhre** *f* neon tube

Netz *n* network; mains; web; system; supply; grid

Netz|anschluss *m* mains supply, connection to power supply; ~**anschlusskabel** *n* power cable, mains cable; ~**ausfall** *m* power failure; **bei ~ausfall** in the event of power failure

netzausfallsicher *adj* power-failure-proof

netzbetrieben *adj* mains-operated

Netz|drossel *f* line choke; ~**einschub** *m* power-supply module; ~**ersatzaggregat** *n* standby generating set; ~**ersatzbetrieb** *m* standby operation; ~**ersatzschiene** *f* standby bus; ~**führung** *f* power system management; ~**gerät** *n* power pack, power supply unit; ~**kabel** *n* power cable, mains cable; ~**klemme** *f* mains terminal, line terminal; ~**rückwirkung** *f* system perturbation; ~**schalter** *m* mains switch, power switch, line switch; ~**schütz** *m* line contactor; ~**seite** *f* line side, supply side, supply end; ~**sicherung** *f* power fuse, mains fuse; ~**spannung** *f* mains voltage, supply voltage, line voltage; ~**spannungsabfall** *m* system voltage drop, line drop; ~**steckdose** *f* mains socket, mains socket-outlet; power outlet; ~**stecker** *m* mains plug, power plug; ~**störung** *f* system disturbance, line fault; ~**strom** *m* line current, mains current; ~**stromversorgung** *f* mains supply; ~**teil** *n* power pack, power supply, power unit; *(Einschub)* power rack; power stage; ~**transformator** *m* mains transformer, line transformer, power transformer; ~**verträglichkeit** *f* power system compatibility; ~**wechselrichter** *m* power inverter

Neuanlage *f (Aufzug)* new lift, new installation, newly installed equipment

Neuerung *f* innovation

Neunsegmentanzeige *f* nine-segment display

Neutralleiter *m* neutral conductor

N-Halbleiter *m* n-type semiconductor

Nichteisenmetall *n* non-ferrous metal

nicht | fluchtend *adj* misaligned; ~ leitend *adj* non-conducting

Nichtleiter *m* non-conductor, insulator

nicht | rostend *adj* stainless; ~ rutschend *adj* non-skid ...; ~ verlierbar *adj (z.B. Schraube)* captive

Nickel *n* nickel; ~-**Cadmium-Akkumulator** *m* cadmium-nickel storage battery; ~**legierung** *f* nickel-base alloy

Nieder|druck *m* low pressure; ~**frequenz** *f* low frequency, audio frequency; ~**halter** *m* holding-down device; ~**haltung** *f* holding-down device

niederohmig *adj* low-resistance ...

niederpolige Wicklung *f* high-speed winding

Niederspannung *f* low voltage

Niederspannungsanlage f low-voltage installation

niedertourig adj low-speed ...

niedrige Leerlaufdrehzahl f low idle speed

niedriggekohlter Stahl m low-carbon steel, mild steel

niedrigste Volllastdrehzahl f minimum full-load speed

Niet m rivet

nieten v rivet

Nietverbindung f riveted joint

Nippel m nipple

Nische f recess; extension; niche

Niveau n level

nivellieren v level

n-leitend adj n-conducting

Nocke f cam; dog

Nocken m cam; dog

Nocken|form f cam contour, cam profile; **~schalter** m cam-operated switch; **~steuerung** f cam control

Nonius m vernier

Norm f standard, standard specification

Normal n measurement standard, standard; **~ausführung** f standard design; **~betrieb** m normal operation; **~fahrt** f normal running; **~gewinde** n standard thread; **~teilung** f normal pitch; **~toleranz** f standard tolerance

Norm|aufzug m standard lift, standardized lift; **~blatt** n standard specification; **~entwurf** m draft standard

normgerecht adj to standard(s), conforming to standards, in conformance with standards; **nicht ~** not to standard(s), non-standard

normieren v standardize

Norm|motor m standard motor, standard-dimensioned motor; **~teil** n standard component

Normung f standardization

Normvorschrift f standard specification

Not|ablass m (Aufzug) emergency lowering; **~ablassventil** n manual lowering valve; **~abschaltung** f emergency stop, emergency shutdown; **~abstellung** f emergency shutoff; **~aggregat** n standby unit; **~ausschalter** m emergency stop, emergency cutout; **~ausstiegsklappe** f emergency trap door; **~-Aus-Taster** m emergency stop button, panic button; **~beleuchtung** f emergency lighting; **~betrieb** m emergency operation, emergency mode; **~bremsschalter** m stop switch, emergency stop switch; **~bremsschalter in der Fahrschachtgrube** pit stop switch; **~endschalter** m final limit switch; **~entriegelung** f (Vorgang) emergency unlocking; (Einrichtung) emergency unlocking device; **~entriegelungsdreikant** m triangular-type emergency release key; **~entriegelungsschlüssel** m emergency unlocking key; **~gerät** n standby unit; **~haltknopf** m emergency stop button; **~halttaster** m emergency stop button; **~leuchte** f emergency lamp, emergency luminaire; **~ruf** m emergency call; alarm; **~rufeinrichtung** f alarm device; emergency alarm device, emergency signal device; ~rufglocke f alarm bell; ~rufhupe f alarm horn; ~rufübertragung f alarm transmission; ~rufzentrale f central emergency alarm station; ~schalter m emergency switch; ~stromaggregat n standby generating set, emergency generator set, standby power unit; ~stromgenerator m standby generator; ~stromgeneratorbetrieb m mit Startautomatik automatic start emergency generator service; ~stromnetz n standby supply; ~stromversorgung f standby power supply, standby electrical supply, emergency power supply; ~überstiegstür f side emergency trap door, side emergency exit; ~zugänge mpl zum Fahrschacht emergency doors to the well; ~zugangstür f emergency door

Null f zero; ~abgleich m zero balance; ~achse f zero axis; ~anzeiger m zero indicator; ~durchgang m zero passage; ~einstellung f zero setting, zero adjustment; ~lage f zero position; ~last f no-load; ~lastdrehzahl f idle speed; ~leistung f zero power, zero power output; ~leiter m neutral conductor, ~punkt m zero point, zero, datum; ~punktabweichung f zero deviation; ~punkteinstellung f zero setting, zero adjustment; ~punktkorrektur f zero offset; ~serie f pilot lot; ~spannung f zero potential; ~wert m zero value; ~zustand m zero state

numerisch | gesteuertes Bearbeitungszentrum n (UK) NC machining centre, (US) NC machining center; ~ gesteuerte Maschine f numerically controlled machine, NC machine; ~e Steuerung f numerical control, NC

Nur- | Empfang m receive-only; ~Lastenaufzug m goods-only lift

Nuss f *(Einsatz für Steckschlüssel)* socket, socket wrench

Nut f groove; keyway; slot; **mit ~ und Feder versehen** be tongued and grooved

nuten v groove

Nuten | fräser m keyway cutter, slot cutter, T-slot cutter; ~keil m slot wedge; ~stoßmaschine f keyway slotter; ~welle f splineshaft

Nut | mutter f slotted nut; ~ring m grooved ring, channel ring; ~scheibe f slotted washer

Nut- und Feder | -Schienenstoß m tongue-in-groove rail joint; ~-Verbindung f *(z.B. Klebeverbindung)* tongue and groove joint

nutzbar *adj* useful; effective; usable

Nutz | fläche f available area; ~last f live load; payload; imposed load; maximum payload; available load; *(Aufzug: Tragfähigkeit minus Gewicht der Anschlag- und Lastaufnahmemittel)* useful load (safe working load minus weight of the sling and load carrying attachment); ~leistung f effective power, useful power; service output

Nutzungsdauer f service life, working life, useful life

O

obenliegend adj (z.B. Welle) overhead (shaft); top; upper

Ober|arm m (z.B. Roboter) upper arm; **~bau** m superstructure

obere Führungstraverse f cross-head

oberes Abmaß n upper deviation

Oberfläche f surface

Oberflächen|beanspruchung f surface stress; **~-Bearbeitungszeichen** n surface finish symbol, finish mark; **~behandlung** f surface treatment; surface finishing; **~beschaffenheit** f surface condition, surface quality; **~bestückung** f surface mounting; **~fehler** m surface imperfection, surface defect; **~güte** f surface quality; surface finish; **~härte** f surface hardness; **~montagetechnik** f surface mounting technology, SMT

oberflächenmontiertes Gerät n surface-mounted device, SMD

Oberflächen|rauheit f surface roughness; **~rautiefe** f peak-to-valley height; **~reibung** f surface friction, skin friction; **~riss** m surface crack; **~rissprüfung** f surface crack test; **~spannung** f surface tension, surface stress; **~technik** f surface treatment technology; **~zustand** m finish

Ober|grenze f upper limit; ceiling; **~gurt** m top boom; **~holm** m top transom; **~kante** f top edge, upper edge; **~kante Fertigfußboden (OKFF)** top edge of finished floor; **~kopfpuffer** m upper buffer; **~leitung** f overhead line; **~licht** n rooflight, skylight; **~schlitten** m top slide; **~schwingung** f harmonic; **~schwingungsgehalt** m total harmonic distortion, THD; **~schwingungsspannung** f harmonic voltage; **~welle** f harmonic; **~wellenanteil** m harmonic content; **~wellenstrom** m harmonic current

obligatorisch adj mandatory

Ofen m furnace; stove; oven; kiln

offene Leitungen fpl exposed wires

öffnen v open; (Kontakt) break; unlock; disconnect; interrupt

Öffnen n **während des Einfahrens** (Aufzugstür) running-open operation

Öffner m (Kontakt) normally closed contact, NC contact, break contact

Öffnung f opening; aperture; orifice; port

Öffnungs|kontakt m break contact; **~weg** m (Aufzugstür) travel, opening travel

Ohm n Ohm

Ohmmeter n ohmmeter

Ohmscher Widerstand m ohmic resistance

ohne|Maschinenraum (Aufzug) machine-room-less, MRL; **~ Triebwerksraum** machine-room-less, MRL

Ohrenstopfen m earplug

Oktav|band n octave band; **~bandmittenfrequenz** f midfrequency of octave band

Öl|abdichtung f oil seal; ~abfluss m oil drain; ~ablassschraube f oil drain plug; ~ablassventil n oil drain valve; ~abscheider m oil separator; ~abstreifer m oil wiper; ~auffangschale f drip tray; ~auffangwanne f oil sump; oil collecting trough; ~behälter m oil reservoir, oil container; ~dämpfer m oil dashpot

öldicht adj oil-proof, oil-tight

Öl|dichtring m oil sealing ring; ~dichtung f oil seal; ~druckschalter m oil-pressure switch

Öler m oiler, lubricator

Öl|fangschale f oil pan, oil collecting tray; ~filter n oil filter; ~füllung f oil filling; ~kabel n oil-filled cable; ~lager n oil-lubricated bearing; ~leitblech n oil baffle; ~messstab m dipstick; ~nebel m oil mist, oil spray; ~puffer m oil buffer; ~pumpe f oil pump, lubricating pump; ~rückstand m residual oil; ~schauglas n oil sight glass, oil-level sight glass, oil gauge; ~schlamm m oil sludge; ~spritzschmierung f oil-splash lubrication; ~stand m oil level; ~standsanzeiger m oil-level indicator; ~stutzen m oil filler; ~sumpf m oil sump; ~umlauf m oil circulation; ~umlaufschmierung f circulating-oil lubrication, oil circulation lubrication; ~umwälzung f oil circulation; ~viskosität f oil viscosity; ~wanne f oil tray, oil pan, oil sump

Operationsverstärker m operational amplifier

Optik f optical system; optics

optimieren v optimize

optisches Signal n visual signal

Opto|elektronik f optoelectronics; ~koppler m optocoupler, optical coupler

O-Ring m O-ring

orts|beweglich adj mobile; ~fest adj stationary, fixed; ~veränderlich adj portable, mobile

Ortung f position finding, positioning; localization

Öse f eyelet, eye, ring

Ösen|haken m eye hook; ~mutter f eye nut, lifting eye nut; ~schraube f eyebolt, eyelet bolt, ring bolt

Oszillator m oscillator

Oszillograph m oscillograph

Oszilloskop n oscilloscope

Oxid n oxide

paarweise verdrillt *adj* twisted in pairs
Palette *f* pallet
Paletten | entlader *m* depalletizer;
~**heber** *m* pallet lift; ~**hubwagen** *m* pallet truck; ~**regal** *n* pallet rack;
~**stapler** *m* palletizer
Paneel *n* panel
Panik-Drucktaster *m* panic button
Panne *f* breakdown; failure
Pannendienst *m* breakdown service
Panorama | aufzug *m* panorama lift, wall climbing lift, wall climber, scenic lift, transparent lift; ~**fahrkorb** *m* panoramic car, panoramic cabin, observation car
Panzerkabel *n* (UK) armoured cable, (US) armored cable
panzern *v* (UK) armour, (US) armor, (UK) armour-plate, (US) armor-plate
Panzer | platte *f* (UK) armour plate, (US) armor plate; ~**rohr** *n* (UK) armoured conduit, (US) armored conduit
Panzerung *f* (UK) armouring, (US) armoring; metal sheathing; *(Auftragschweißung)* hard surfacing
parabolisch *adj* parabolic
Parabolreflektor *m* parabolic reflector
Parallelbetrieb *m* parallel operation
parallel schalten *v* connect in parallel
Parallel | schaltung *f* parallel connection;
~**schlag** *m* (*Seil*) equal lay
Parameter *m* parameter
parametrieren *v* parameterize

Parametrierung *f* parameterization, parameter assignment, parameter entry, parameter setting
Park | etage *f* (*Aufzug*) parking floor, parking level; ~**fahrt** *f* parking run, homing; ~**haltestelle** *f* parking level, home landing, parking floor; **in eine ~haltestelle fahren** home, home the lift; ~**wartezeit** *f* parking run waiting time; ~**zone** *f* parking zone
Passarbeit *f* fitting
passen *v* fit; suit; go with
Pass | feder *f* feather key; ~**fläche** *f* mating surface; ~**fuge** *f* fitting joint; ~**scheibe** *f* shim; ~**schraube** *f* fit bolt, fitting screw; adapter screw; ~**sitz** *m* snug fit;
~**stift** *m* locating pin, fitting pin;
~**stück** *n* adapter; ~**teil** *n* fitting piece, mating part; ~**toleranz** *f* fit tolerance
Passung *f* fit
Pause *f* break, interval
Pegel *m* level; ~**abgleich** *m* level compensation; ~**anpassung** *f* level adaptation; ~**anzeiger** *m* level indicator; ~**steuerung** *f* level control
peilen *v* take a bearing
Peilgerät *n* direction finder
Peilung *f* direction finding
Peine-Profil *n* (*Doppel-T-Profil*) Peine section (I-beam section)
Pendel | aufhängung *f* mounting cradle, suspension cradle; ~**aufzug** *m* shuttle lift; ~**betrieb** *m* shuttle service; ~**karte** *f* traveller; ~**kugellager** *n* self-aligning

ball bearing; **~lager** *n* self-aligning bearing; **~leuchte** *f* pendant luminaire, suspended luminaire

pendeln *v (regelmäßige Auf- und Abfahrt des Fahrkorbs)* shuttle; *(leichte Hin- und Herbewegung des Fahrkorbs)* float, oscillate, sway; reciprocate; *(Pendelbewegung des Hängekabels)* swing

Pendel | rollenlager *n* self-aligning roller bearing; **~schlagversuch** *m* pendulum impact test; **~schlagwerk** *n* pendulum impact machine; **~system** *n* shuttle system; **~tisch** *m* reciprocating table; **~verkehr** *m* shuttle service; **~werkzeug** *n* floating tool

perforieren *v* perforate, punch

Periode *f* period; cycle

Perioden | dauer *f* cycle duration; **~zahl** *f* number of cycles

Personen | aufzug *m* (UK) passenger lift, passenger carrying lift, (US) passenger elevator; **~beförderung** *f* passenger transport, transport of passengers; **~- Pendelbeförderungsanlage** *f* people shuttle transportation system; **~seilaufzug** *m* passenger traction lift, traction drive passenger lift; **~- und Lastenaufzug** *m* passenger/goods lift, passenger/freight elevator; **~verkehr** *m* passenger traffic

perspektivische Ansicht *f* perspective view

Pfahl *m* pile, post; pole

Pfeifton *m* beep

Pfeiler *m* pier; pillar; column

Pfeilrad *n* herringbone gear, double-helical gear

pfeilverzahntes Zahnrad *n* herringbone gear

Pfeil | verzahnung *f* herringbone teeth, double-helical teeth, herringbone gearing, double-helical gearing; **~zahnrad** *n* herringbone gear; **~zahnstirnrad** *n* herringbone-tooth spur gear

Pflege *f* attendance; care; maintenance; service

Pflichtenheft *n* specification; system requirements

P-Halbleiter *m* p-type semiconductor

Phantom-Stückliste *f* phantom bill of material

Phase *f* phase; **in ~ nacheilen** lag in phase; **in ~ sein** be in phase; **in ~ voreilen** lead in phase

Phasen | abgleich *m* phase adjustment; **~abweichung** *f* phase deviation; **~anschnittsteuerung** *f* phase-angle control; **~ausfall** *m* phase failure; **~beziehung** *f* phase relation; **~drehung** *f* phase angle rotation; **~einstellung** *f* phase adjustment; **~fehler** *m* phase defect; **~folge** *f* phase sequence; **~gang** *m* phase response; **~geber** *m* phase sensor; **~hub** *m* phase deviation, phase swing; **~lage** *f* phase position; **~leiter** *m* phase conductor; **~nacheilung** *f* phase lag, phase retardation; **~schwund** *m* phase fading; **~teiler** *m* phase divider, phase splitter; **~umformer** *m* phase converter;

Phasenumkehr

~umkehr f phase reversal;
~vergleich m phase comparison;
~verschiebung f phase shift, phase displacement

phasenverschoben adj out of phase

Phasen|verzerrung f phase distortion; **~verzögerung** f phase delay; **~voreilung** f phase lead; **~winkel** m phase angle; **~zahl** f number of phases

pH-Wert m pH value

physikalische Größe f physical quantity

physikalisch-mechanische Prüfung f physico-mechanical testing

physisch adj physical, material

Piepton m beep

Piezo-Effekt m piezoelectric effect

piezoelektrisch adj piezoelectric

Piezo-Taster m piezoelectric pushbutton

Pilgerschrittschweißen n step-back welding

Pilot|projekt n pilot project; **~studie** f pilot study

Pilzdrucktaster m mushroom-head pushbutton

Pinole f spindle sleeve, sleeve, quill; *(Drehbank)* tailstock sleeve; *(Reitstock)* (UK) centre sleeve, (US) center sleeve

plan adj plane; flat; level

Plan m plan; drawing; layout; outline; schedule

plandrehen v face

planen v plan; project; schedule; design

Planeten|getriebe n planetary gears; **~gewindefräsen** n planetary thread-milling; **~rad** n planet gear, planet wheel; **~winde** f planetary gear winch

pneumatisch betätigt

Plan|fräsen n face milling, facing milling; **~fräser** m face milling cutter; **~hobel** m surface planing

planieren v level; plane

Plan|scheibe f *(Drehbank)* faceplate; **~schleifen** n surface grinding; **~schleifmaschine** f surface grinding machine; **~schlitten** m cross-slide; slide rest; **~schnitt** m facing cut

Planung f planning; projection; design

Plasma|-Schneiden n plasma cutting; **~-Schweißen** n plasma welding

Platin n platinum

Platine f plate; sheet; *(Leiterplatte)* board, card

Platinkontakt m platinum contact

Plättchen n *(elektron.)* chip; *(Werkzeug)* tip; wafer

Platte f plate; sheet; slab; panel; board

Plattform f platform; **~aufzug** m platform lift

plattieren v clad; plate, coat

Plattierung f cladding; plating, coating

Platz|bedarf m space required, space requirement; **~beleuchtung** f local lighting

Platz sparend adj space-saving, room-saving

p-leitend adj p-conducting

Plombe f seal, lead seal

Plombendraht m seal wire

plombieren v seal

Pluspol m positive pole

Pneumatik f pneumatics

pneumatisch betätigt adj pneumatically actuated

Podest n platform; landing
Pol m pole; **~anker** m pole armature
polarisieren v polarize
Polarität f polarity
polen v polarize, pole
polieren v polish
Polier|fläche f polishing surface; **~läppen** n buffing; **~maschine** f polishing machine; **~mittel** n polish; **~scheibe** f buffing wheel, polishing wheel; **~schleifen** n polish grinding, abrasive-belt polishing
Pol|kern m pole body; **~klemme** f pole terminal; **~paarverhältnis** n pole pair ratio; **~paarzahl** f number of pairs of poles; **~schuh** m pole shoe; **~teilung** f pole pitch; **~umkehr** f pole reversal
polumschaltbar adj two-speed ..., pole-changing ...; **~er Antrieb** m two-speed drive; **~er Motor** m pole-changing motor, change-speed motor, two-speed motor
Pol|umschalter m pole-changing switch, pole changer; **~wechselschalter** m pole-changing switch
Polyurethan-Puffer m polyurethane buffer
Polzahl f number of poles
porenfrei adj non-porous
Porengröße f pore size
porös adj porous
Portal n gantry, portal; **~bauweise** f portal design; **~fräsmaschine** f gantry-type milling machine; **~roboter** m gantry robot

Positionierbereich m positioning range
positionieren v position
Positionier|fehler m positioning error; **~geber** m position sensor; **~genauigkeit** f positioning accuracy; **~steuerung** f positioning control
positiver Pol m positive pole, positive terminal
positiv geladen adj positively charged
Potential|abfall m voltage drop, potential drop; **~ausgleich** m potential compensation
Potentiometer n potentiometer
prägen v coin; stamp; emboss; mould
Prallblech n baffle plate, deflection plate, deflector
Präzision f precision
Präzisions|gewinde n precision thread; **~instrument** n precision instrument; **~teil** n precision part, precision component; **~werkzeug** n precision tool
prellen v bounce
Prellwand f baffle
Presse f press
pressen v press; stamp; compress; squeeze
Pressen|roboter m press robot; **~stößel** m press ram
Press|luft f compressed air; **~luftwerkzeug** n air tool; **~sitz** m press fit
Pressung f pressure; compression; compaction; **spezifische ~** specific pressure
Presswerk n press shop

Primär|kreis m primary circuit;
~stromkreis m primary circuit;
~wicklung f primary winding
Prinzipschaltbild n schematic diagram, schematic
Prioritätsplanung f priority planning
Priorisierung f prioritization, priority assignment
Prismen|fräser m double-angle cutter, double-angle milling cutter; **~führung** f prismatic guide, V-guide
Probe f sample, specimen, object under test, test piece; test, trial
Probe|betrieb m test operation, test run, trial run; **~entnahme** f sampling; **~körper** m test specimen, test piece; **~lauf** m trial run, test run, trial operation; **~stab** m test bar
Produktfamilie f product family
Produktion f production; **schlanke ~** lean production; **~ auf Abruf** just-in-time production
Profil n profile; section; contour; shape; pattern; **Stahlprofile** steel sections; **~bild** n profile pattern; **~formabweichung** f profile form error, profile shape error; **~fräsen** n profile milling; **~fräser** m profile cutter, form cutter; **~fräsmaschine** f contour miller; **~-Gesamtabweichung** f total profile error; **~messung** f contour measurement; **~schleifmaschine** f contour grinder; **~stahl** m sectional steel; **~stahlträger** m für Fahrschachtgrube pit steel; **~verschiebungsfaktor** m addendum modification coefficient, profile displacement

prognosegesteuerte Disposition f forecast-based material planning
Programmiergerät n programmer
Projektierungshinweise mpl project planning instructions
Proportional|anteil, P-Anteil m proportional component, P component; **~-Differential-Verhalten** n proportional-plus-derivative action, PD action
proportional-differential wirkender Regler m proportional-plus-derivative controller, PD controller
Proportional-Integral-Differential-Verhalten n proportional-plus-integral-plus-derivative action, PID action
proportional-integral-differential wirkender Regler m proportional-plus-integral-plus-derivative controller, PID controller
Proportional|rückführung f proportional feedback; **~verstärkung** f proportional gain
Protokoll n *(Aufzeichnung/Prüfung)* record; *(Prüfung)* report; *(Verlauf)* log; *(Prozedur)* protocol; listing; *(Sitzung/Besprechung)* minutes, minutes of meeting
Prototyp m prototype
Prozess|führung f process control; **~größe** f process variable; **~leitsystem** n process control system; **~optimierung** f process optimization; **~rechner** m process control computer; **~steuerung** f process control

Prüf | aufbau *m* test set-up; **~bericht** *m* test report; **~bescheinigung** *f* inspection certificate, test certificate; **~daten** *plt* test data; **~einrichtung** *f* testing device; **~einrichtungen** *fpl* test equipment, testing facilities

prüfen *v* test, check; verify; examine; inspect; gauge; audit; investigate; scrutinize; screen; **auf Durchgang ~** test for continuity; **auf Genauigkeit ~** check for accuracy

Prüfer *m* inspector

Prüf | ergebnis *n* test result, findings; **~feld** *n* test bay, test section, test laboratory; **~folge** *f* test sequence; **~gegenstand** *m* test item; **~gerät** *n* tester, testing apparatus, analyzer; **~grundlagen** *fpl* tests based on ...; **~kennzeichen** *n* test mark; **~klemme** *f* test terminal; **~kopf** *m* probe; **~kranz** *m* test rim; **~labor** *n* testing laboratory; **~lehre** *f* (UK) inspection gauge, (US) inspection gage

Prüfling *m* test piece, test object, specimen, test specimen, part under test, object under test

Prüf | los *n* inspection lot; **~maschine** *f* testing machine; **~methode** *f* test method; **~mittel** *npl* test equipment; **~niveau** *n* inspection level; **~norm** *f* test standard; **~objekt** *n* unit under test, object under test; **~plakette** *f* inspection sticker; **~protokoll** *n* test record; **~punkt** *m* test point; **~rille** *f* test groove; **~sonde** *f* test probe; **~spannung** *f* test voltage; **~spitze** *f* test prod; **~stand** *m* test stand; **~stecker** *m* test plug; **~temperatur** *f* test temperature; **~umfang** *m* amount of inspection, scope of inspection, extent of inspection

Prüfung *f* test, check, verification, inspection; examination; gauging, audit, investigation; scrutiny, screening; **eine ~ durchführen** carry out a test, conduct a test; **~ im Beisein des Kundenvertreters** witnessed test; **~ von Stichproben** sampling test; **~ während der Fertigung** in-process testing

Prüf | verfahren *n* test method, test procedure; **~vorrichtung** *f* testing device; test fixture, test jig; **~vorschrift** *f* test regulations, test specification; **~zeichen** *n* mark of conformity, approval symbol, mark of approval; **~zeugnis** *n* test certificate

Puffer *m* buffer; cushion; **auf dem völlig zusammengedrückten ~ ruhen** rest on the fully compressed buffer, rest on the totally compressed buffer; **ganz eingefederter ~** fully compressed buffer; **~ mit verkürztem Hub** reduced stroke buffers

Puffer | anschlagplatte *f* buffer plate, buffer striker plate; **~hub** *m* buffer stroke; **~kolben** *m* buffer plunger; **~ladung** *f* trickle charge

puffern *v* buffer

Pufferschaltung *f* buffer circuit

Pulsationsdämpfer *m* pulsation damper

Pult *n* desk, console

Pumpen|aggregat *n* pump unit, pump set; **~kolben** *m* pump piston, pump plunger; **~korb** *m* pump strainer; **~leistung** *f* pump power; **~steuerung** *f* pump control

Punkt *m* point; dot; spot; **~berührung** *f* point contact

punktgeschweißt *adj* spot-welded

punktieren *v* dot

punktierte Linie *f* dotted line

Punkt|last *f* concentrated load; **~rasteranzeige** *f* dot matrix indicator

punktschweißen *v* spot-weld

Punkt|schweißen *n* spot welding; **~schweißmaschine** *f* dot welding machine; **~strahler** *m* spotlight; **~zahl** *f* score

pupinisiert *adj* coil-loaded

Pupinkabel *n* loaded cable, coil-loaded cable

Putz *m*, **unter ~ verlegt** concealed

putzen *v* clean; trim

Putz|mittel *n* cleaning material; **~wolle** *f* cotton waste

pyroelektrisch *adj* pyroelectric

Q

Quadrant *m* quadrant
Quadrantenprogrammierung *f* quadrant programming
Quadrat *n* square; **~wurzel** *f* square root
quadratisch *adj* square
Qualifizierung *f* qualification, skilling; training
Qualitäts|anforderungen *fpl* quality requirements; **~audit** *n* quality audit; **~management** *n* quality management; **~sicherung** *f* quality assurance, QA; **~stahl** *m* high-grade steel; **~technik** *f* quality engineering; **~wesen** *n* quality engineering
Quarz *n* quartz
Quarzgenerator *m* quartz generator, crystal generator
quarzgesteuert *adj* crystal-controlled, quartz-controlled
Quarz|kristall *n* quartz crystal; **~steuerung** *f* crystal control; **~taktgeber** *m* quartz timer; **~uhr** *f* quartz clock, crystal-controlled clock
Quecksilber *n* mercury; **~säule** *f* mercury column; **~schalter** *m* mercury switch
Quelle *f* source
quellen *v* swell
quer *adj* transverse, cross
Quer|achse *f* transverse axis, cross axis; **~balken** *m* cross beam; cross bar; trimmer beam; **~beanspruchung** *f* transverse strain; **~belastung** *f* lateral load, transverse load; **~bewegung** *f* transverse motion, transverse travel; **~biegeversuch** *m* transverse bending test; **~dehnung** *f* lateral expansion; **~ebene** *f* transverse plane; **~hub** *m* transverse travel; **~keil** *m* cotter; **~kraft** *f* transverse force, lateral force; **~last** *f* cross load, transverse load; **~neigung** *f* transverse slope; **~profil** *n* transverse section; **~richtung** *f* transverse direction; **~riegel** *m* transom; **~schlitten** *m* cross slide, saddle; **~schnitt** *m* cross section; *(elektrischer Leiter)* cross-sectional area; **~schnittsdarstellung** *f* sectional drawing; **~schnittsebene** *f* cross-sectional plane; **~schnittsfläche** *f* cross-sectional area, sectional area; **~schnittsform** *f* cross-sectional shape; **~schnittsverengung** *f* reduction of cross section; **~schnittszeichnung** *f* cross section drawing; **~schwingung** *f* transverse vibration; **~träger** *m* cross beam, cross bar; **~verstellung** *f* transverse adjustment, cross adjustment; **~verweis** *m* cross reference; **~vorschub** *m* transverse feed, cross feed; **~walzen** *n* transverse rolling
quetschen *v* squeeze; crush; pinch
Quetsch|gefahr *f* risk of crushing; **~grenze** *f* compressive yield point; **~hülse** *f* ferrule; **~kabelschuh** *m* crimping cable lug; **~schraube** *f* pinching screw; **~stelle** *f* squeeze point; **~verbinder** *m* crimp connector;

~**verbindung** f crimp connection, crimped connection; ~**zange** f crimping tool

quittieren v (Ruf) accept; acknowledge; receipt

Quittierung f acknowledgement; acceptance

Quittungs|anzeige f accepted indicator; ~**lampe** f accept lamp; ~**signal** n acknowledgement signal

R

Rachenlehre f (UK) snap gauge, (US) snap gage

Rad n wheel; *(Zahnrad)* gear, toothed gear, toothed wheel; *(kleines Zahnrad/Ritzel)* pinion; *(Kettenrad)* sprocket

Radachse f wheel axis, gear axis

Räder | block m gear cluster, gear bank; **~kasten** m gearbox; **~paar** n gear pair, pair of gears; **~vorgelege** n back gears

radial adj radial

Radial | abstand m radial clearance; **~bohrmaschine** f radial drilling machine; **~dichtung** f radial seal; **~gleitlager** n radial sleeve bearing; **~-Kegelrollenlager** n radial tapered roller bearing; **~kraft** f radial force; **~-Kugellager** n radial ball bearing; **~lager** n radial bearing; **~-Pendelkugellager** n self-aligning radial ball bearing; **~-Pendelrollenlager** n radial self-aligning roller bearing; **~-Rillenkugellager** n deep-groove ball bearing; **~-Schrägkugellager** n radial angular-contact ball bearing; **~schub** m radial thrust; **~spiel** n radial clearance, radial play; **~vorschub** m radial feed; **~wälzfräsen** n radial feed hobbing; **~wälzlager** n radial rolling-contact bearing, radial anti-friction bearing; **~-Zylinderrollenlager** n radial cylinder-roller bearing

Radius m radius (pl radii)

Rad | körper m gear body; **~kranz** m gear rim, wheel rim; **~nabe** f wheel hub, gear hub; **~paar** n gear pair; **~paarung** f mating gears; **~satz** m wheel set; set of gears; **~welle** f wheel shaft

Rahmen m frame; framework; chassis; *(Fang- oder Tragrahmen bei Aufzügen)* sling

Rahmenkonstruktion f frame construction

rahmenlos adj frameless

RAL-Farben fpl RAL colours

Rammschutz m guard

Rampe f platform; ramp

Rampen | fahrt f docking operation; **~funktion** f docking function; **~steuerung** f docking control

Rand m rim; border; edge; periphery; *(Papier)* margin

Rändel | mutter f knurled nut; **~ring** m knurled ring; **~schraube** f knurled screw, knurled thumb screw

Raste f catch; notch

Raster m raster; grid; grating; screen; mesh; **~decke** f louvered ceiling, louvred ceiling; **~einheit** f raster unit; **~-Elektronen-Mikroskop, REM** n scanning electron microscope, SEM; **~maße** npl grid dimensions

Rast | schalter m maintained-contact switch; **~stellung** f detent position

Ratsche f ratchet handle

Ratschenschraubendreher m ratchet screwdriver

Rattermarken fpl chatter marks

rau *adj* rough

Rauchmelder *m* smoke detector

Rauch- und Brandmeldeanlage *f* smoke detection and fire alarm system

Rauheit *f* roughness

Raum *m* room; space; compartment; chamber; *(Inhalt)* volume

räumen *v* broach

Räum│geschwindigkeit *f* broaching speed; **~hub** *m* broaching stroke; **~kopf** *m* broaching head

Raumladungsdichte *f* volume density of charge

Räum│maschine *f* broaching machine; **~nadel** *f* broach; **~schlitten** *m* broach slide

Raum sparend *adj* space-saving

Raumtemperatur *f* room temperature; **~regler** *m* thermostat

Rausch│abstand *m* signal-to-noise ratio; **~anteil** *m* noise component

rauscharm *adj* low-noise ...

Rauschbild *n* noise pattern

Rauschen *n* noise

rauschfrei *adj* noiseless

Rausch│pegel *m* noise level; **~unempfindlichkeit** *f* noise immunity; **~verhalten** *n* noise performance; **~verhältnis** *n* noise ratio; **~zahl** *f* noise figure

Raute *f* lozenge, rhombus

Rautiefe *f* peak-to-valley height, surface roughness

Reaktion *f* reaction; response

reaktionsfähig *adj* reactive; responsive

Reaktionszeit *f* response time

rechnergestützte Konstruktion *f* computer-aided design, CAD

Rechner-NC-Steuerung *f* computer numerical control, CNC

Rechteck *n* rectangle

rechteckig *adj* rectangular

Rechteck│impuls *m* square-wave pulse, rectangular pulse; **~welle** *f* square wave

rechter Winkel *m* right angle

rechts *adj* right, right-hand; **nach ~** to the right

Rechts│anschlag *m* *(z.B. Potentiometer)* fully clockwise position, full clockwise setting, full CW setting; **~drall** *m* right-hand twist

rechtsdrehend *adj* rotating clockwise

Rechts│drehung *f* right-hand rotation, clockwise rotation; **~gewinde** *n* right-hand thread; **~lauf** *m* clockwise rotation; **~schlag** *m* *(Seil)* right-hand lay; **~spiralnut** *f* right-hand flute; **~wicklung** *f* right-handed winding

rechtwinklig *adj* at right angles; right-angled

Reduktionsgetriebe *n* speed reducer, step-down gears, reducing gears

Reduzier│hülse *f* reducer, adapter sleeve, reduction sleeve; **~stück** *n* reducing adapter, reducer

Referenz│punkt *m* reference point; **~punkt-Koordinaten** *fpl* reference point coordinates; **~spannung** *f* reference voltage; **~wert** *m* reference value

Reflektor *m* reflector

Regalbediengeräte *npl*, **automatische ~** appliances with automatic caging, storage and retrieval unit for high-bay warehouse, stacking machine, automatic rack serving units

Regallager *n* high-bay racking

Regelabweichung *f* deviation

regelbar *adj* variable; controllable; adjustable; **stufenlos ~** infinitely variable; **~er Antrieb** *m* variable-speed drive; **~e Drehzahl** *f* variable speed; **~er Kondensator** *m* variable capacitor

Regel|bereich *m* control range; **~gerät** *n* controller, control unit; governor; **~getriebe** *n* variable-speed gear; **~größe** *f* controlled variable; **~kennlinie** *f* control characteristic; **~kreis** *m* control loop, automatic control loop, feedback loop, control circuit; **~motor** *m* variable-speed motor

regeln *v* control, control automatically; govern; vary

Regel|potentiometer *m* control potentiometer; **~strecke** *f* controlled system, process controlled system

Regelung *f* control, automatic control, feedback control, closed-loop control

Regelungs|system *n* feedback control system; **~technik** *f* control engineering, automatic control engineering

Regel|ventil *n* control valve; **~verhalten** *n* control response, control action; **~verstärker** *m* variable-gain amplifier, control amplifier

Regler *m* controller, automatic controller; *(z.B. für Dampf/Druck)* regulator; *(z.B. für Drehzahl)* governor; **~freigabe** *f* controller enable; **~sperre** *f* controller inhibit; **~verhalten** *n* controller response

Reib|ahle *f* reamer; **~antrieb** *m* friction drive; **~belag** *m* friction lining

reiben *v* rub; *(Kontakt)* wipe; *(bearbeiten)* ream

Reib|korrosion *f* fretting corrosion; **~kupplung** *f* friction clutch; **~moment** *n* friction torque; **~rad** *n* friction wheel; **~radgetriebe** *n* friction-gear drive; **~rost** *m* friction rust; **~schluss** *m* friction locking, friction contact, frictional engagement; **~spindelpresse** *f* friction-driven screw press

Reibung *f* friction

Reibungs|beiwert *m* friction coefficient; **~bremse** *f* friction brake; **~dämpfer** *m* friction damper; **~fläche** *f* friction surface; **~kraft** *f* friction force; **~kupplung** *f* friction clutch; **~moment** *n* friction torque; **~verlust** *m* friction loss; **~verschleiß** *m* friction wear, frictional wear; **~vorschub** *m* friction feed; **~wärme** *f* frictional heat; **~widerstand** *m* friction resistance; **~winkel** *m* friction angle; **~zahl** *f* coefficient of friction, factor of friction

Reib|wert *m* coefficient of friction; **~widerstand** *m* frictional resistance

Reichweite *f* reach; range; coverage; **in ~** within reach

Reihe *f* row, tier; array; suite; series; *(Serie/Los)* lot; **in ~ geschaltet** connected in series, series-connected; **in ~ schalten** connect in series

Reihen|bohrmaschine f gang drilling machine, gang drill; **~motor** m series-wound motor; **~parallelschaltung** f series-parallel circuit; **~schaltung** f series connection; **~schlussgenerator** m series generator; **~schlussmaschine** f series-wound machine; **~schlussmotor** m series-wound motor; **~widerstand** m series resistance

rein adj clean; pure

Reinheit f cleanliness; purity

reinigen v clean, cleanse; purify; purge

Reinigung f cleaning, cleansing; purification

Reinigungs|mittel n cleaning agent; **~öffnung** f cleaning opening, servicing opening

Reinraum m clean room

Reitstock m *(z.B. an der Drehbank)* tailstock; **~pinole** f tailstock quill, tailstock spindle sleeve

Relais n relay

Relais|auslösepunkt m relay trip point; **~prüfgerät** n relay tester; **~ventil** n relay valve

relative Luftfeuchtigkeit f relative humidity

Reparatur f repair; **~garnitur** f repair kit; **~satz** m repair kit; **~werkstatt** f repair shop

reparieren v repair

Reservationssteuerung f independent service control, exclusive operation control

Reserve|anlage f standby plant; **~batterie** f spare battery; **~betrieb** m back-up mode, stand-by mode

Resonanz f resonance

Ressourcen fpl resources

Rest m rest, remainder; residue

Rest|spannung f *(elektr.)* residual voltage; *(mechan.)* residual stress; **~zugspannung** f residual tension stress

retten v *(eingeschlossene Fahrgäste)* rescue (trapped passengers); save; recover

Rettungs|dienst m rescue service; **~weg** m escape route

Revision f inspection service

Revisions|fahrt f maintenance operation, maintenance control; **~schild** n inspection notice; **~zeichnung** f inspection drawing

Revolver|bohrmaschine f turret-type drilling machine; **~drehbank** f turret lathe; **~drehmaschine** f turret lathe; **~kopf** m turret head

Richtlinie f code of practice, directive, guideline

richtlinienkonform adj code-compliant

Richtung f direction

richtungs|abhängig adj directional; **~empfindlich** adj direction-sensitive

Richtungs|pfeil m direction arrow; **~umkehr** f reversal; **~wechsel** m reversal

Richtwert m recommended value; reference value; guidance value; standard value

Riegel m latch; bolt, locking bolt; **~bolzen** m locking bolt; **~schalter** m bolt switch

Riemen m belt; strap; **~scheibe** f pulley; **~schlupf** m belt slip; **~schutz** m belt guard; **~spanner** m belt tensioner, belt tightener; **~spannung** f belt tension; **~spannvorrichtung** f belt tightener; **~trieb** m belt drive; **~trum** n end of belt, side of belt; **~übertragung** f belt transmission

Riffelblech-Bodenbelag m chequer-plate flooring

Rille f groove; channel; **halbrunde ~** semicircular groove, U-groove; **Keilrille** f vee groove, V-groove; **unterschnittene ~** undercut groove

Rillen|abstand m groove pitch; **~kugellager** n deep-groove ball bearing; **~profil** n groove profile; **~scheibe** f grooved pulley; **~teilung** f groove pitch; **~winkel** m groove angle

Ring m ring; washer

ringförmig adj ring-shaped; annular

Ring|-Gabelschlüssel m ring fork wrench; **~mutter** f ring nut; lifting eye nut; **~nut** f ring groove, annular groove; **~öse** f eyelet; **~-Pendellager** n self-aligning ball bearing; **~-Rillenlager** n deep-groove ball bearing; **~schieberegister** n endaround shift register; **~schlüssel** m box spanner, box wrench; **~schraube** f ring bolt, eye-bolt, lifting eye-bolt; **~sicherung** f circlip; **~spalt** m annular orifice

Rippe f (innen) rib; (außen) fin

Rippenkeilriemen m ribbed V-belt

Riss m crack; fissure; tear; (Zeichnung) sectional drawing

Riss|bildung f cracking; **~festigkeit** f resistance to cracking; **~fortpflanzung** f crack propagation; **~fortpflanzungsgeschwindigkeit** f crack growth rate, crack propagation rate; **~härteprüfung** f scratch hardness test; **~korrosion** f crevice corrosion; **~längenverhältnis** n crack-to-fracture-length ratio; **~spitzenaufweitung** f crack tip opening displacement, CTOD; **~stoppwerte** mpl crack arrest values; **~wachstum** n crack growth; **~zone** f cracked zone

Ritz m scratch

Ritzel n pinion

ritzen v scratch

Roboter m robot

Roboter|achsen fpl axes of a robot; **~antrieb** m robot drive; **~arbeitsraum** m robot work zone; **~generation** f robot generation; **~programmierung** f robot programming; **~simulation** f robot simulation; **~steuerung** f robot control; **~technik** f robotics

Robotik f robotics

robust adj robust, sturdy, rugged

Rockwell|härte f Rockwell hardness; **~härteprüfung** f Rockwell hardness test

roh adj raw; crude; rough; blank; (unbearbeitet) unmachined; (unbehandelt) untreated; unfinished; unconditioned

Roh|eisen n pig iron; **~ling** m blank, unfinished part; **~maß** n rough size; **~material** n raw material

Rohr n pipe; tube; conduit; duct; **~bogen** m elbow, bend; **~bruch** m

Rohr|**einführung** f conduit entry; ~**flansch** m pipe flange; ~**gewinde** n pipe thread; ~**gewindebohrer** m pipe tap; ~**klemme** f pipe clamp; ~**knie** n elbow; ~**kolben** m tubular piston, hollow piston; ~**leitung** f piping, pipeline, tubing; ~**schelle** f pipe clamp, pipe clip, pipe bracket; ~**schlange** f coil, coiled pipe; ~**schneider** m pipe cutter; ~**schweißung** f tube welding; ~**stutzen** m pipe socket; ~**verbindung** f pipe connection; ~**verschraubung** f pipe union, pipe coupling, screwed pipe joint, screw union; ~**welle** f tubular shaft; ~**zange** f pipe wrench

Rohteil n raw part, unmachined part

Rollbahn f (Wälzlager) race, raceway

Rolle f roller; (Riemen) pulley; (Seil) sheave; (Kabel) reel; drum; (Blech) coil; (Flaschenzug) block; (Laufrolle) castor; (mitlaufende Rolle) idler

Rollen|**arm** m roller arm; ~**fangvorrichtung** f roller safety, roller-type safety gear; ~**förderer** m roller conveyor; ~**führung** f roller guide; ~**hebel** m roller lever; ~**käfig** m (Lager) roller cage; ~**kette** f roller chain; ~**lager** n roller bearing; ~**raum** m pulley room, wheel house; ~**satz** m roller set; ~**schalter** m roller-type switch; ~**sperrfangvorrichtung** f captive roller-type instantaneous safety gear; ~**stößel** m roller tappet; ~**träger** m pulley carrier; ~**zug** m pulley lifting tackle

Roll|**körper** m (Wälzlager) rolling body, rolling element

Rollladentür f roller shutter door; **zusammenschiebbare** ~ collapsible sliding shutter door, folding shutter door

Rollreibung f rolling friction

Röntgen|**aufnahme** f X-ray radiograph; ~**bild** n radiograph; ~**prüfung** f X-ray testing, X-ray examination, X-ray inspection; ~**strahl** m X-ray; ~**strahlung** f X-ray radiation; ~**untersuchung** f X-ray examination, radiographic inspection

Rosette f collar

Rost m rust; grate, grating; grille; screen; grid

Rostangriff m corrosive action, corrosive attack

rostbeständig adj rust-resistant

rosten v rust, corrode

Rostentferner m rust remover

rostfest adj rustproof; anti-corrosive, anti-rust ...

Rostfleck m rust stain

rostfreier Stahl m stainless steel

Rost|**narbe** f corrosion pit; ~**schutz** m corrosion inhibitor, rust protection; ~**schutzanstrich** m anti-rust paint, rust-protecting paint, anti-corrosive coat; ~**schutzfett** n rust-inhibiting grease; ~**schutzgrundierung** f anti-corrosion priming coat; ~**schutzmittel** n rust inhibitor; ~**stelle** f rust spot

rotierender Umformer *m* rotary motor-generator set
Rotor *m* rotor
Rotor|lager *n* rotor bearing; **~welle** *f* rotor shaft
Ruck *m* jerk
Rückansicht *f* rear view
ruckartige Bewegung *f* jerky motion
ruckendes | Gleiten *n* stick-slip; **~Gleitverhalten** *n* (UK) stick-slip behaviour, (US) stick-slip behavior
Rückfluss *m* return flow
ruckfrei *adj* jerk-free, smooth
Rückführung *f* feedback; recycling; return; recirculation
rückgängig machen *v* undo
Rückhol|einrichtung *f* (Aufzug) emergency electrical operation device, emergency electrical winding equipment; **~fahrt** *f* emergency electrical operation; **~feder** *f* return spring; **~geschwindigkeit** *f* emergency electrical operation speed; **~schalter** *m* emergency electrical operation switch; **~steuerung** *f* emergency electrical operation; **Fahrt mit ~steuerung** electrical recall operation
Rückhub *m* return stroke
Rückkopplung *f* feedback
Rücklauf *m* return, return motion, reverse movement
Rücklauf|dämpfung *f* buffered return movement; **~geschwindigkeit** *f* return speed
Rückmeldesignal *n* check-back signal
Rückmeldung *f* answer-back

rückpolen *v* restore polarity
Rucksack-Fahrkorbrahmen *m* cantilever sling, cantilevered sling
Rückschlagventil *n* non-return valve, check valve
rücksetzen *v* reset
Rückspeisung *f* recovery (of energy)
Rücksprungeinrichtung *f* (Aufzug) anti-rebound device
Rückstau *m* (Druck) back pressure
rückstellbar *adj* resettable
rückstellen *v* reset
Rückstell|feder *f* return spring; **~kraft** *f* restoring force; **~taster** *m* reset button
Rückstellung *f* resetting
Rückwand *f* rear wall, back wall
Rückwandplatine *f* backplane
Ruf *m* (Aufzug) call; **~ abgeben** giv a call; **~e stehen an** calls wait to be served; **abgearbeiteter ~** answered call; **erledigter ~** answered call; **gelöschter ~** cancelled call; **gespeicherter ~** registered call; **gesperrter ~** barred call; **quittierter ~** accepted call; **zwischengespeicherter ~** buffered call
Ruf|abarbeitung *f* call answering; **~abgabe** *f* **sperren** bar the giving of calls; **~entbindung** *f* call suspension; **~erledigung** *f* call answering; **~haltestelle** *f* calling landing; **~quittierungsanzeige** *f* call accepted indicator; **~quittung** *f* call acceptance; **~reihenfolge** *f* call sequence; **~umverteilung** *f* call re-allocation; **~zeitmessgerät** *n* call time meter; **~zeitmessprogramm** *n* call time metering program

Ruhe|kontakt *m* normally-closed contact, NC contact, break contact; **~lage** *f* rest position; **~spannung** *f* open-circuit voltage; **~stellung** *f* idle position, neutral position

ruhiger Lauf *m* smooth running, smooth operation

rund *adj* round; circular

Rund|dichtring *m* O-ring; **~fahrt** *f* round trip; **~fahrtzeit** *f* round trip time, RTT; **~feile** *f* round file; **~fräsen** *n* circular milling; **~gewinde** *n* round thread; **~heit** *f* roundness; concentricity; **~kopfschraube** *f* round-head bolt; **~lauf** *m* true running, concentric running, concentricity; **~laufabweichung** *f* radial runout; **~mutter** *f* round nut; **~rille** *f* round groove; **~schalttisch** *m* indexing rotary table; **~schleifen** *n* cylindrical grinding; **~seele** *f* (*Kabel*) rounded core; **~skala** *f* dial; **~stab** *m* round bar, rod; **~stahl** *m* round bar, round bar steel; **~stange** *f* round bar; **~strehler** *m* circular thread chaser, round thread chaser; **~teiltisch** *m* circular indexing table; **~tisch** *m* rotary table, indexing rotary table; circular table; **~tischfräsmaschine** *f* rotary table miller; **~tischschleifmaschine** *f* rotary table grinder; **~zange** *f* round-nose pliers *plt*

rüsten *v* set up, tool

Rüstzeit *f* set-up time, setting-up time, tooling time

Rutsche *f* chute

rutschen *v* slip; slide

rutschfest *adj* non-slip ..., slip-proof; non-skid ...; skid-proof; skid-resistant

Rutsch|gefahr *f* skidding risk; **~kupplung** *f* slip clutch; **~moment** *n* slip torque; **~reibung** *f* slip friction

rutschsicher *adj* non-skid ...

Rüttelfestigkeit *f* vibration strength

rütteln *v* vibrate; rock; shake

S

Sachnummer f item number

Sackbohrung f blind hole; **~loch** n blind hole; *(Grundloch)* bottom hole; pocket hole

Säge f saw

Säge|automat m automatic sawing machine; **~blatt** n sawblade; **~maschine** f sawing machine, power saw

sägen v saw

Sägengewinde n buttress thread, buttress screw thread

Sägezahn|generator m saw-tooth generator; **~impuls** m saw-tooth pulse; **~kurve** f saw-tooth curve; **~spannung** f saw-tooth voltage

sammeln v *(Rufe)* collect (calls)

Sammel|schiene f bus, busbar; **~steuerung** f *(Aufzug)* collective control, bank control; **richtungsabhängige ~steuerung** f selective collective control, directional collective control, full collective control; **richtungsempfindliche ~steuerung** f collective/selective control; **richtungsunabhängige ~steuerung** f single-button collective control; non-selective collective control; **~störmeldung** f collective fault signal

Sand|guss m sand casting; **~papier** n abrasive paper, sandpaper

sandstrahlen v sandblast

Sandstrahl|reinigung f sandblast cleaning; **~roboter** m sandblasting robot

sanft adj smooth, soft, gentle

Sanft|anlasser m soft starter; **~anlauf** m smooth start, soft start; **~anlaufgerät** n smooth starter, soft starter

sanfter Betrieb m smooth operation, smoothness of operation

Sattel|keil m saddle key; **~klemme** f saddle terminal

Satelliten|schüssel f satellite dish; **~strecke** f satellite link

satt anliegen v be tight-fitting; rest snugly against

sättigen v saturate

Sättigung f saturation

Satz m set; *(z.B. Kontakte)* bank; *(z.B. Relais)* group; *(z.B. Ventile)* block; gang; **~fräser** m gang milling cutter, gang cutter

Sauerstoff m oxygen

Saug|leitung f suction line; **~napf** m suction cup, suction pad, vacuum cup; **~seite** f *(Pumpe)* suction side, inlet side; **~ventil** n suction valve, inlet valve

Säule f column; pillar; post; pylon; stack

Säulenbohrmaschine f upright drilling machine

schaben v scrape; shave

Schaber m scraper

Schabewerkzeug n shaving tool

Schablone f template; stencil; *(z.B. Tastatur)* overlay; *(Bohren)* jig

Schablonensteuerung f template control

Schabrad n shaving cutter

Schacht m *(Leitung)* duct; *(Leitungskanal)* trunking; *(Einstiegschacht)* manhole;

(z.B. Aufzug) shaft, well, hoistway; stack; bay; slot; **~beleuchtung** *f* shaft lighting, well lighting; **fest angebrachte ~beleuchtung** *f* permanent shaft lighting; **~grube** *f* pit; **~grubenelement** *n* pit element; **~grubenleiter** *f* pit ladder; **~grubensohle** *f* pit bottom, pit floor; **~installation** *f* shaft wiring, shaft installation; **~kopf** *m* headroom; **~mitte** *f* mid-shaft; **~trenngitter** *n* shaft division screen; **~trennwand** *f* shaft division wall; **~tür** *f* landing door, hoistway door; **~umwehrung** *f* well enclosure, lift well enclosure, hoistway enclosure; **~wand** *f* manhole wall; **~zugang** *m* landing entrance

Schaden *m* damage; defect; fault

schadhaft *adj* defective; damaged; faulty; bad

Schaft *m* shank; stem; shaft

Schaft | durchmesser *m* shank diameter; **~fräser** *m* end mill, end mill cutter, shank cutter; **~schraube** *f* headless screw

Schäkel *m* clevis

Schalblech *n* steel shutter

Schale *f* shell; pan; basin, bowl; skin, skin plate

Schalenbauweise *f* skin construction

schalenförmig *adj* dished

Schall *m* sound; **~ausbreitung** *f* sound propagation; **~bekämpfung** *f* suppression of noise; **~dämmung** *f* sound insulation, sound attenuation; **~dämpfer** *m* silencer, sound absorber; **~dämpfung** *f* sound damping, sound attenuation

schalldicht *adj* sound-proof

Schall | druck *m* sound pressure; **~druckpegel** *m* sound pressure level; **~isolierung** *f* sound insulation; **~leistung** *f* sound power; **~leistungspegel** *m* sound power level; **~loch** *n* sound aperture; **~pegel** *m* sound level; **~pegelmesser** *m* sound-level meter

schallschluckend *adj* sound-absorbing

Schall | spektrum *n* sound spectrum; **~stärke** *f* sound intensity

Schalt | abstand *m* operating distance; switching interval; **~anlage** *f* switchgear, switching system; **~bild** *n* diagram, circuit diagram; **~birne** *f* pendant station, pendant pushbutton station; **~element** *n* switching element, control element

schalten *v* switch; connect; operate; actuate; control; shift; *(teilen)* index, divide; *(Getriebe)* change gear, shift gear; *(Kupplung)* engage, disengage; **gegeneinander ~** connect back to back; **hintereinander ~** connect in series; **nebeneinander ~** connect in parallel

Schalter *m* switch; circuit-breaker

Schalt | fahne *f* inductor plate; **~fläche** *f* button, pushbutton; **~folgediagramm** *n* switching sequence chart; **~gerät** *n* switching device, switchgear, control device; **~geräte** *npl* switchgear; **~häufigkeit** *f* switching frequency; **~hebel** *m* switch lever, operating lever, control lever;

~hysterese f switching hysteresis; ~impuls m switching pulse; ~kasten m switchbox, control box; ~kenngrößen fpl switching characteristics; ~kreis m circuit, electric circuit, switching circuit; *(IC)* integrated circuit; ~kreislogik f circuit logic; ~kreistechnik f circuit technology; ~kupplung f clutch; ~leistung f making and/or breaking capacity; circuit-breaking capacity; ~magnet m solenoid; ~mechanismus m *(Teilapparat)* indexing mechanism; ~netzteil n switched-mode power supply; ~nocken m operating cam, trip cam; ~organ n switching element; ~plan m circuit diagram, wiring diagram; ~pult n control desk, control console, control panel; ~punkt m operating point, switching point; ~schrank m control cabinet; ~schütz m contactor; ~schwelle f operating point; ~spiel n switching cycle; ~stück n contact member; ~tafel f switchboard, control panel; ~topf m cup wheel; ~transistor m switching transistor; ~uhr f time switch, timer

Schaltung f circuit; connection; control; switching

Schaltungen fpl circuitry

Schaltungs | aufbau m circuit arrangement, circuit configuration, circuitry; ~**entwicklung** f circuit development; ~**entwurf** m circuit design; ~**technik** f circuit engineering

Schalt | variable f switching variable; ~**verhalten** n switching performance; ~**vermögen** n switching capacity; ~**verstärker** m switching amplifier; ~**vorgang** m switching operation; ~**warte** f control room, (UK) control centre, (US) control center; ~**weg** m travel; ~**winkel** m switching angle; *(Teilen)* indexing angle; ~**zahl** f number of operations; ~**zeichen** n graphical symbol; ~**zeit** f operating time, switching time; ~**zeitpunkt** m switching instant, operating instant

Scharfeinstellung f focussing, focusing

schärfen v sharpen; whet

scharfkantig *adj* sharp-edged, sharp-cornered

Scharnier n hinge

Schatten | fuge f shadow gap; ~**nut** f weather groove

Schattierung f shading

Schau | bild n graph, diagram, plot; ~**glas** n sight glass, inspection glass; ~**öffnung** f *(z.B. in Tür/Gehäuse)* vision panel; *(Verpackung)* display window; **durchsichtige** ~**öffnung** transparent vision panel; **verglaste** ~**öffnung** vision panel

Scheibe f *(Kupplung, Bremse)* disk, plate; *(Halbleiter)* wafer; *(zum Unterlegen)* washer; *(Fensterglas)* pane; *(Bildsegment)* slice; *(Riementrieb)* pulley; *(Seiltrieb)* sheave; *(Nocken)* cam

Scheiben | bremse f disk brake; ~**feder** f Woodruff key; ~**fräser** m side-milling cutter; ~**kupplung** f disk clutch; **nicht**

durchbrochenes ~rad *n* smooth wheel; **~revolverkopf** *m* rotary-plate turret

Schein | leistung *f* apparent power; **~leitwert** *m* admittance; **~widerstand** *m* impedance

Scheitel *m* crest; peak; **~punkt** *m (Winkel)* vertex; **~wert** *m* peak value, crest value

Schelle *f* clip; clamp; cleat; bracket; saddle

Schenkel *m* leg; web

Scher | beanspruchung *f* shearing stress; **~belastung** *f* shearing load; **~bolzen** *m* shear pin

scheren *v* shear

Scherenhebebühne *f* scissor lift

Scher | festigkeit *f* shear strength, shearing strength; **~kraft** *f* shear force; **~spannung** *f* shear stress; **~stift** *m* shear pin; **~wirkung** *f* shear action

scheuern *v* chafe

Scheuerstelle *f* scuff mark

Schicht *f* layer; ply; coat; plate; film; *(Arbeit)* shift; **~dicke** *f* coating thickness; **~stoff** *m* laminate; **~stoffplatte** *f* laminate sheet; **~träger** *m* substrate; **~widerstand** *m* deposited-film resistor

schieben *v* slide; push

Schieber *m* slide, slider; valve; **~ventil** *n* gate valve

Schiebe | schalter *m* slide switch, sliding switch; **~tür** *f* sliding door

Schieblehre *f* slide caliper, vernier caliper

schief *adj* skew; sloping; inclined; oblique

Schiene *f* rail; track; beam; bar; bus, busbar; strip

Schienen | befestigung *f* rail fixing; **~befestigungsbügel** *m* rail bracket; **~fuß** *m* rail base; **~klemme** *f* rail clip; **~kopf** *m* guide blade; **~lasche** *f* fishplate; **~profil** *n (T-Profil)* rail section (T-section); **~stoß** *m* rail joint

Schiffsarmatur *f* bulkhead light fitting

Schikane *f* baffle

Schirm *m* screen, shield

Schlacke *f* slag

schlaff *adj* slack; **~ werden** go slack

Schlaff | kettensicherung *f* slack chain device; **~seilsicherung** *f* slack rope device

Schlag *m* impact; shock; *(Unrundheit)* radial runout; **elektrischer ~** electric shock

Schlag | arbeit *f* impact energy, energy of blow; **~art** *f (Seil)* type of lay; **~beanspruchung** *f* impact stress, impact load; **~biegefestigkeit** *f* impact bending strength; **~biegeversuch** *m* impact bending test; **~bohrer** *m* impact drill, hammer drill; **~bohrmaschine** *f* hammer drill; **~dauerversuch** *m* endurance impact test

schlagen *v* blow; strike; beat; knock

schlagfest *adj* impact-resistant, impact-proof, high-impact ...

Schlag | festigkeit *f* impact resistance, impact strength; **~länge** *f (Seil)* length of lay, lay; **~pendel** *n* striker; **~prüfmaschine** *f* impact testing machine; **~richtung** *f* lay of rope; **~schrauber** *m* impact screwdriver, hand impact screwdriver; **~taster** *m* panic button; **~versuch** *m* impact test

schlagwettergeschützt *adj* fire-damp-proof

Schlag|zähigkeit *f* impact strength, impact resistance; **~zugversuch** *m* notched-bar tensile test

Schlamm *m* sludge, mud

Schlange *f (Rohr)* coil

schlank *adj* slender; slim; narrow; lean; **~e Ausführung** *f* slim-line type; **~e Produktion** *f* lean production

Schlankheits|faktor *m* coefficient of slenderness; **~grad** *m* slenderness ratio

Schlauch *m* hose; tube, tubing, flexible tube; *(Toleranzschlauch)* band, tolerance band; **~leitung** *f* flexible tube; **~schelle** *f* hose clamp; **~tülle** *f* hose nipple; **~verschraubung** *f* hose fitting

schlecht|e Ausrichtung *f* misalignment; **~es Einfahrverhalten** *n* poor levelling; **~e Verbindung** *f* poor connection

Schleichdrehzahl *f* creeping speed, inching speed

schleichen *v* creep; crawl

Schleich|fahrt *f* creep, creeping; **~fahrtverhalten** *n* creeping performance; **~gang** *m* creep feed; **~vorschub** *m* inching feed; **~weg** *m* creep distance

Schleifautomat *m* automatic grinder, automatic grinding machine

Schleife *f* loop

schleifen *v* grind; *(mit Schmirgel)* sand; abrade; *(schärfen)* sharpen; *(wetzen)* whet

Schleiferei *f* grinding shop

Schleif|kontakt *m* sliding contact; **~maschine** *f* grinding machine; **~papier** *n* sandpaper; **~paste** *f* grinding compound; **~ring** *m* slip ring, collector ring; **~ringanlasser** *m* slip-ring starter; **~ringläufermotor** *m* slip-ring induction motor, slip-ring type induction motor; **~roboter** *m* grinding robot; **~scheibe** *f* grinding wheel, abrasive wheel; **~topf** *m* cup wheel; **~wirkung** *f* abrasive action; **~zugabe** *f* grinding allowance

Schleuder|guss *m* centrifugal casting; **~prüfung** *f* dynamic balance test

Schlichtaufmaß *n* finishing allowance

schlichten *v* finish, finish-machine; smooth; dress

Schlicht|gang *m* finishing cut; **~meißel** *m* finishing tool; **~schnitt** *m* finishing cut

Schließ|bewegung *f* closing motion, closing travel, shutting movement; **~druck** *m* closing pressure

schließen *v* close, shut; connect; **einen Stromkreis ~** close a circuit

Schließer *m (Kontakt)* normally-open contact, NO contact, make contact, making contact, closing contact

Schließ|falte *f (Gewindewalzen)* seam, fold; **~feder** *f* closing spring; **~funktion** *f* closing function; **~geschwindigkeit** *f* closing speed; **~gewicht** *n* closing weight; **~kante** *f* closing edge; **~kantensicherung** *f* sensitive edge protective device; **~kontakt** *m* make contact, normally open contact, NO contact; **~kopf** *m (Niet)* closing head;

~kraft f closing force; locking force; **~kraftbegrenzung** f (als Einrichtung) closing force limiter; **~lage** f closed position; **~stellung** f closed position

Schliff m grinding, grinding operation; grinding finish; **~bild** n micrograph

Schlitten m slide; saddle; carriage; carrier; (Transport) skid; **~führung** f carriage guideways, saddle slideways; **~vorschub** m carriage feed; saddle feed; headstock feed

Schlitz m slot; groove; (Leitungsinstallation) chase

schlitzen v groove; slot; slit

Schlitz│initiator m slot-type initiator, slot proximity switch; **~mutter** f slotted nut; **~säge** f slotting saw; **~schraube** f slotted-head screw

Schloss n lock; (Vorhängeschloss) padlock; (Seil) socket

Schlosser m fitter, locksmith

Schloss│kasten m (Drehmaschine) apron; **~platte** f apron; **~riegel** m lock bolt; **~zylinder** m lock cylinder

Schlupf m slip

schlupffrei adj non-slip ...

Schlüssel m key; (UK) spanner; (US) wrench; code; verstellbarer ~ adjustable spanner

schlüsselfertig adj turnkey ...

Schlüssel│schalter m key switch, key-operated switch; **~taster** m key-operated button, key-operated pushbutton; **~weite** f width across flats

schmal adj narrow, thin

Schmalbandrauschen n narrow-band noise

schmelzbar adj fusible

Schmelzeinsatz m (Sicherung) fuse link

schmelzen v fuse; melt; (Sicherung) blow

Schmelz│punkt m melting point; **~schweißen** n fusion welding; **~sicherung** f fuse

Schmied m blacksmith

schmiedbar adj forgeable; (hämmerbar) malleable

Schmiede f forge; **~hammer** m forging hammer; **~maschine** f forging machine

schmieden v forge

Schmiede│presse f forging press; **~stahl** m forged steel; **~stück** n forging

Schmier│apparat m lubricator; **~büchse** f grease cup, oil cup; (Staufferbüchse) Stauffer lubricator

schmieren v lubricate, grease, oil

Schmier│fett n grease; **~film** m lubricant film, oil film; **~gerät** n oiler; **~intervall** n lubrication interval; **~mittel** n lubricant; **~nippel** m grease nipple; **~nut** f oil groove; **~öl** n lubricating oil; **~plan** m lubrication chart, lubrication schedule; **~presse** f grease gun; **~stelle** f lubrication point; **~stoff** m lubricant; **~technik** f lubrication technology, lubrication engineering

Schmierung f lubrication

Schmier│vorrichtung f lubricator, lubricating device; **~vorschrift** f lubricating instructions, lubrication specifications; **~wirkdauer** f grease service life

Schmirgel│papier n abrasive paper, emery paper, sandpaper; **~schleifmaschine** f sander

Schmutz *m* dirt; **~ablagerung** *f* dirt deposit; **~abstreifer** *m* dirt scraper; **~fänger** *m* dirt trap

schmutzig *adj* dirty

Schnappbefestigung *f* snap-on mounting, clip-on mounting

schnappen *v* snap; catch

Schnapp | **feder** *f* catch spring; **~kontakt** *m* snap-action contact; **~schalter** *m* snap-action switch; **~verschluss** *m* catch lock, snap lock

Schnecke *f* worm; screw

Schnecken | **achse** *f* worm axis; **~antrieb** *m* worm drive; **~feder** *f* spiral spring; **~förderer** *m* worm conveyor, screw conveyor

schneckenförmig *adj* spiral; helical

Schnecken | **fräsautomat** *m* automatic worm hobbing machine; **~fräsmaschine** *f* worm milling machine; **~getriebe** *n* wormgear, worm gearing; **~getriebewinde** *f* wormgear winch; **~gewinde** *n* worm thread; **~rad** *n* worm wheel, worm gear; **~radgetriebe** *n* wormgear, worm gearing; **~radkranz** *m* wormwheel rim; **~radsatz** *m* set of worm wheels; **~trieb** *m* worm drive; **~wälzfräser** *m* worm generating hob; **~welle** *f* worm shaft; **~zahnstange** *f* worm rack

schneidbrennen *v* flame-cut

Schneid | **brenner** *m* cutting torch, flame cutter

Schneide *f* cutting edge

Schneid | **einsatz** *m* cutting insert; **~eisen** *n (Gewindeschneiden)* die, thread-cutting die, threading die; *(Schraubenherstellung)* bolt die; *(Rohre)* pipe die; **~eisenhalter** *m* die stock, hand die stock

schneiden *v* cut; *(beschneiden)* trim; *(Innengewinde)* tap; *(Außengewinde)* thread; *(sich kreuzen)* intersect

Schneider *m* cutter

Schneid | **flüssigkeit** *f* cutting fluid; **~kante** *f* cutting edge; **~platte** *f* tool tip; **~ring** *m* cutting ring; **~schraube** *f* self-tapping screw, self-cutting screw; **~tiefe** *f* cutting depth; **~werkzeug** *n* cutting tool

schnell *adj* fast, rapid, quick; speedy ..., high-speed ...; express ...

Schnell | **antrieb** *m* high-speed drive; **~arbeitsstähle** *mpl* high-speed steels, HSS; **~aufzug** *m* high-speed lift, fast lift; **~bremse** *f* quick-acting brake; **~fahrt** *f* express run; **~gang** *m* rapid traverse, rapid power traverse, fast power travel; high-speed motion; overdrive; top gear; **~schalter** *m* quick-break switch; **~spanneinrichtung** *f* quick-change clamping device, quick-action chuck; **~spannfutter** *n* quick-action collet chuck; **~spannstock** *m* (UK) quick-action vice, (US) quick-action vise; **~spannvorrichtung** *f* quick clamping device; **~stahl** *m* high-speed steel, HSS; **~vorschub** *m* rapid feed; **~wechsel-Bohrfutter** *n* quick-change drill chuck

Schnitt *m* cut; *(Querschnitt)* section, cross-section; *(Schnittzeichnung)* sectional

Schnittbahn / **schreiben**

drawing; *(Gehrschnitt)* (UK) mitre, (US) miter; *(sich kreuzen)* intersection; **~bahn** f cutting path; **~bewegung** f cutting motion; **~bild** n sectional view, section drawing; **~ebene** f cutting plane; **~geschwindigkeit** f cutting speed; **~grat** m burr; **~hub** m cutting stroke; **~kraft** f cutting force, cutting thrust; **~leistung** f cutting power; **~punkt** m point of intersection; **~richtung** f cutting direction; **~stelle** f interface; **~tiefe** f depth of cut; **~vorschub** m cutting feed; **~weg** m cutting travel, cutting distance; **~zeichnung** f sectional drawing; **~zugabe** f cutting allowance; **~zustellung** f cutting-tool infeed, machining infeed

Schnur f cord

schnurlos *adj* cordless

Schock m, **elektrischer ~** electric shock

schonen v spare; protect; safeguard; preserve; (UK) favour, (US) favor; hold off

schonend behandeln v treat gently

schraffieren v hatch

schraffiert *adj* hatched

schräg *adj* oblique; inclined; sloping; skew; *(angefast, abgeschrägt)* chamfered, bevelled

Schräg | aufzug m inclined lift; **~kugellager** n angular-contact ball bearing; **~lauf** m skew; **~rollenlager** n angular-contact roller bearing; **~stirnrad** n helical spur gear

Schrägungswinkel m helix angle

schrägverzahntes Stirnrad n helical gear

Schräg | verzahnung f helical teeth; **~zahnrad** n helical gear, spiral gear, helical-tooth gear; **~zahnstirnradgetriebe** n helical gears; **~zug** m *(Seile)* angle of deflection; fleet angle (of ropes)

Schrank m cabinet, cubicle

Schranke f barrier, entrance barrier; gate; *(Kontrolle)* turnstile

schränken v *(Säge)* set

Schraubdeckel m screw cap

Schraube f *(mit Mutter)* bolt; *(ohne Mutter)* screw; *(Schiff)* propeller; *(Ablass)* plug

schrauben v screw; bolt

Schrauben | dreher m screwdriver; **~drehereinsatz** m screwdriver bit

Schraubenfeder f helical spring, coil spring

schraubenförmig *adj* helical

Schrauben | gewinde n screw thread; **~kopf** m bolt head, screw head; **~linie** f helix (*pl* helices); **~schlüssel** m spanner, wrench; **~spindelpumpe** f screw pump; **~zieher** m screwdriver

Schraub | fassung f screwed lamp-holder; **~klemme** f screw terminal; **~kontakt** m screwed contact; **~sicherung** f *(elektr.)* screw-in-type fuse; **~stock** m (UK) vice, (US) vise; **~stopfen** m screw plug, drain plug; **~verbindung** f screwed joint, screwed connection, bolted joint; **~verschluss** m screw cap, screw plug; **~zwinge** f screw clamp, clamp

schreiben v write; type; print; record; plot

Schreiber *m* recorder, recording instrument

Schreitroboter *m* walking robot

Schritt *m* step; *(nach oben)* increment; *(nach unten)* decrement; pace

Schritt | geschwindigkeit *f* stepping rate; **~größe** *f* increment size; **~motor** *m* stepping motor, step motor; **~schaltung** *f* inching; **~vorschub** *m* incremental feed

schrittweise *adj/adv* step by step, stepwise; successive; gradual

Schrott *m* scrap; waste

schrumpfen *v* shrink; contract

Schrumpf | passung *f* shrink fit; **~sitz** *m* shrink fit; **~spannung** *f* shrink stress, contraction strain; **~verbindung** *f* shrink joint; **~versuch** *m* shrink test

schruppen *v* roughen, rough-machine, rough-cut

Schrupp | fräser *m* roughing cutter; **~hobeln** *n* rough planing; **~meißel** *m* roughing tool; **~schnitt** *m* roughing cut; **~werkzeug** *n* roughing tool

Schub *m* thrust

Schub | kraft *f* thrust force, thrust, pushing force; **~sitz** *m* push fit; **~spannung** *f* shear stress; **~stange** *f* push rod; **~vorrichtung** *f (zur Verriegelung)* lock-and-release device

Schuh *m* shoe

Schuko | steckdose *f* socket outlet with earthing contact; **~stecker** *m* plug with earthing contact

Schulter *f* shoulder; collar

Schuppe *f* scale

Schuppenbildung *f* scaling

Schürze *f* toe guard, toeguard apron, apron

Schüttelfestigkeit *f* vibration strength, resistance to vibration

schütteln *v* shake; agitate

Schutz *m* protection; safeguard; guard; shield; cover; **~ gegen unkontrollierte niedrige Geschwindigkeit des Fahrkorbs** car uncontrolled low speed protection

Schütz *m* contactor

Schutz | abdeckung *f* barrier; guard; **~art** *f (elektr.)* degree of protection, type of protection; **~automat** *m* miniature circuit-breaker; **~beschaltung** *f* suppression circuit; **~blech** *n* guard; **~brille** *f* goggles, protective goggles, safety glasses; **~dach** *n* canopy; **~einrichtung** *f* protective device, protective equipment, protective gear; sensitive protection device; **~einrichtung zur Verhinderung von Übergeschwindigkeit in Aufwärtsrichtung** ascending car overspeed protection means

schützen *v* protect; guard; screen; shield

Schutz | erde *f* (UK) protective earth, (US) protective ground; **~gasschweißen** *n* protective gas welding, shielded-arc welding; **~geländer** *n* guard rail, guard railing, safety railing; **~gitter** *n* grille; fence; guard; protective grating; **~haube** *f* hood; guard; helmet; **~kleidung** *f* protective clothing; **~kontaktsteckdose** *f (Schuko-Steckdose)* socket outlet with earthing contact; **~kontaktstecker** m *(Schuko-Stecker)* plug with earthing contact; **~korb** m *(Leuchte)* basket guard; **~kragen** m shroud; **~leiste** f guard strip; **~leiter** m protective earth conductor, PE conductor; earth-continuity conductor; **~raum** m clearance, runby; **oberer ~raum** m top clearance, top runby; **unterer ~raum** m bottom clearance, bottom runby; **~rohr** n *(Kabel)* conduit; *(Bohrloch-Schutzrohr bei Hydraulikaufzügen)* borehole liner (of hydraulic lifts); **~schalter** m circuit-breaker, overload circuit breaker; **~schicht** f protective coating; **~stromkreis** m protective circuit; **~vorhänge** mpl protective drapes, curtains; **~vorrichtung** f protective device; guard; **~widerstand** m protective resistance

Schwabbelmaschine f buffing machine

schwächen v weaken; diminish; fade; attenuate; lessen; reduce

Schwach | stelle f weak point; **~strom** m light current, weak current, low-voltage current; **~stromtechnik** f light-current engineering, weak-current engineering, communications engineering; **~- und Starkstromtechnik** f weak and power current engineering

Schwächung f weakening; attenuation; fading; reduction

Schwalbenschwanz m dovetail; **~-Führung** f dovetail guide, dovetail slideway

Schwallwasser n splash water

schwallwassergeschützt adj splash-proof

schwanken v fluctuate; vary

Schwankung f fluctuation; variation

schweben v float; be suspended

schwebend adj floating; *(unerledigt/im Gang)* pending

Schwebepartikel n/f floating particle

Schwebstoff m aerosol

Schwefel m (UK) sulphur, (US) sulfur

Schweiß | aggregat n welding set, welding unit; **~automat** m automatic welding machine; **~brenner** m welding torch; **~draht** m welding wire, welding rod, filler rod; **~elektrode** f welding electrode

schweißen v weld; *(Kunststoff)* seal

Schweißen n welding

Schweißer m welder; **geprüfter ~** certified welder

Schweißer | kennzeichen n welder identification; **~prüfung** f welder qualification

Schweiß | gas n welding gas, oxy-acetylene gas; **~grat** m flash; **~kolben** m electrode holder; **~naht** f welding seam, welded seam, weld; **~perle** f welding bead; **~punkt** m spot weld, spot; **~raupe** f welding bead; **~riss** m weld crack, fusion-zone crack; **~roboter** m welding robot, robot welder; **~schirm** m handshield; **~spritzer** m spatter; **~stab** m filler rod; **~stelle** f welding position, welding point; **~stromkreis** m welding circuit; **~technik** f welding engineering, welding practice

Schweißung *f* weld, welding

Schweiß | verbindung *f* welded connection, welded joint; **~verfahren** *n* welding process; **~wurzel** *f* root of weld; **~zange** *f* welding pliers *plt*, electrode holder; **~zusatz** *m* welding filler; **~zusatzdraht** *m* filler wire

Schwelle *f (Tür)* sill; threshold

schwellennahe Messung *f* near-threshold measurement

Schwellen | schürze *f* sill apron; **~träger** *m* sill support; **~wert** *m* threshold value

Schwenk | achse *f* swivel axis; **~arm** *m* swivel arm

schwenkbar *adj* hinged, swing-out; swivelling; pivoted

Schwenkbereich *m* pivoting range

schwenken *v* swing; swivel; slew; pan; pivot

schwer *adj* heavy, heavy-weight ...; difficult, hard; *(Fehler)* major; fatal

schwergängig *adj* sluggish

Schwer | kraft *f* gravity, force of gravity; **~metalle** *npl* heavy metals; **~punkt** *m* (UK) centre of gravity, (US) center of gravity

Schwert *n* skate, vane

schwimmen *v* swim; float; drift

Schwimmer *m* float; **~schalter** *m* float switch; **~steuerung** *f* float control; **~ventil** *n* float valve

schwinden *v* shrink; contract; fade

Schwindungsriss *m* shrinkage crack

schwingen *v* vibrate; oscillate; hunt

Schwingen *n*, **selbst erregtes ~** hunting

Schwing | hebel *m* rocker arm; **~metall** *n* rubber-bonded metal; **~metalllagerung** *f* anti-vibration mounting

Schwingung *f* vibration; oscillation

Schwingungs | aufnehmer *m* vibration pickup; **~dämpfer** *m* vibration damper, anti-vibration pads; **~isolation** *f* vibration isolation

Schwingverhalten *n* vibration response

Schwitzwasser *n* condensation water, condensate; **~korrosion** *f* corrosion by condensed water

Schwund *m* shrinkage; fading

Schwung | kraft *f* centrifugal force; **~rad** *n* flywheel; **~ring** *m* flywheel; **~scheibe** *f* flywheel

Sechseck *n* hexagon

sechseckig *adj* hexagonal

Sechskant *m* hexagon; **~mutter** *f* hexagon nut, hexagonal nut, hex nut; **~schlüssel** *m* hexagonal spanner; **~schneideisen** *n* hexagonal die, hexagon die; **~schraube** *f* hexagonal-head bolt, hex bolt; **~steckschlüssel** *m* hexagon socket wrench

sechspulsiger Stromrichter *m* six-pulse converter

Segment *n* segment

seigern *v* segregate

Seigerung *f* segregation

Seil *n* rope; cord; cable; **~ablauf** *m* pay-out; **~antrieb** *m* traction drive; **~aufhängeplatte** *f* hitch plate; **~aufhängung** *f* rope attachment, rope hitch, rope suspension, roping, roped *(z.B. 1:1)*; **~auflegen** *n* roping;

Seilaufzug / **senken**

~aufzug *m* traction lift, roped elevator; ~ausgleich *m* rope compensation; ~befestigung *f* rope termination, rope anchorage; zulässige ~belastung *f* safe working load, S.W.L.; ~bruch *m* rope fracture, rope breakage; ~bruchlast *f* breaking load of rope; ~dehnung *f* rope elongation, rope stretch; ~durchmesser *m* rope diameter; ~endverbindung *f* rope anchorage; ~führung *f* rope guide; ~gewichtsausgleicheinrichtung *f* compensator; ~haspel *f* rope reel; ~kausche *f* thimble; ~klemmbacke *f* rope gripper; ~klemme *f* rope clamp; ~längung *f* rope elongation; ~pflegemittel *n* rope preservative; ~pressklemme *f* rope clamp; ~rille *f* groove; ~rolle *f* rope pulley; rope coil; ~scheibe *f* rope sheave; ~schloss *n* socket; ~schloss mit Keil wedge socket; ~schutz *m* rope guard; ~spanngewicht *n* tension weight; ~springen *n* rope jump; ~strang *m* fall; ~trieb *m* rope drive; ~trommel *f* rope drum; ~trum *n* end of rope; ~winde *f* rope winch, cable winch; ~zug *m* (*Einrichtung*) rope block, tackle-line; (*Funktion*) rope pull, cable pull, conductor pull, rope traction; ~zugschalter *m* cable-operated switch

Seiten|**ansicht** *f* side view; ~riss *m* side elevation; ~schneider *m* side cutter, side-cutting pliers *plt*

seitlich *adj* lateral, side ...; ~ angetrieben side acting

Sektorenzuordnung *f* sectoring

Sekundär|**durchbruch** *m* secondary breakdown; ~wicklung *f* secondary winding

Selbst|**abgleich** *m* automatic balancing; ~belüftung *f* natural ventilation

selbsteinstellend *adj* self-adjusting

selbsterregt *adj* self-excited

Selbst|**erregung** *f* self-excitation; ~fahrersteuerung *f* automatic control; Tastschalter ohne ~haltung *f* constant pressure button; ~hemmung *f* self-locking device; ~mordschaltung *f* suicide circuit, suicide control; ~prüfung *f* self-test, self-check; operator inspection

selbst|**reinigend** *adj* self-cleaning, self-wiping; ~schmierend *adj* self-lubricating; ~schneidend *adj* self-cutting

Selbst|**steuerung** *f* automatic control; ~test *m* self-test

selbsttragend *adj* self-supporting

Selektivität *f* selectivity, discrimination; Spannungsmesser mit einer ~ von 0,01 V voltmeter with discrimination of 0.01 V

Sende-/Empfangsgerät *n* transceiver

senden *v* transmit, send

Sender *m* transmitter

Sendesteuerung *f* (*Aufzug*) car dispatch, dispatching means, dispatcher, dispatch control

Senke *f* depression; sink

senken *v* lower, descend; countersink, counterbore

Senker *m* countersink, counterbore
Senk|lot *n* plumb bob, plummet; **~niet** *m* countersunk rivet
senkrecht *adj* vertical; perpendicular
Senkrecht|aufzug *m* mit Plattform vertical platform lift; **~ausführung** *f* vertical design; **~bewegung** *f* vertical motion, vertical travel; **~fräsmaschine** *f* vertical spindle miller; **~schleifmaschine** *f* vertical spindle grinder; **~stoßmaschine** *f* slotting machine, slotter; **~verstellung** *f* vertical adjustment; **~zustellung** *f* vertical infeed
Senk|schraube *f* countersunk screw, countersunk bolt; **~ventil** *n* lowering valve, descent valve
Sensor *m* sensor
Sensordimmer *m* touch dimmer
Sensorik *f* sensor technology
Sensor|leiste *f* sensitive edge; **~tableau** *n* touch panel; **~taste** *f* touch control, touch control button
Serie *f* series; batch; lot
serienmäßig *adj* standard
Serienschaltung *f* series connection
Servo|steuerung *f* servo control; **~ventil** *n* servo valve
Setzstock *m (Drehbank)* steady rest
Shore-Härte *f* Shore hardness
sicher *adj* safe
Sicherheit *f* safety; security; *(Zuverlässigkeit)* reliability, dependability
Sicherheits|abschaltung *f* safety shutdown; **~abstand** *m* safety clearance; *(Aufzug)* runby, clearance; **oberer ~abstand** top runby, top clearance; **unterer ~abstand** bottom runby, bottom clearance; **~beauftragter** *m* safety officer; **~einrichtung** *f* safety device; **elektrische ~einrichtung** electric safety device; **~faktor** *m (z.B. der Seile und Ketten)* safety factor; **~geschirr** *n* safety harness; **~kreis** *m* safety circuit; **~kupplung** *f* safety clutch; **~leiste** *f (Aufzugstür)* safety edge
sicherheitsrelevant *adj* relevant to safety
Sicherheits|schalter *m* safety switch; **~schaltung** *f* safety circuit; **~seil** *n* safety rope
sicherheitstechnische Anforderungen *fpl* safety requirements
Sicherheits|ventil *n* safety valve; bypass valve; **~vorrichtung** *f* safety device; **~vorschriften** *fpl* safety codes; **~zuschlag** *m* safety allowance, safety margin
sichern *v (Schraubverbindung)* lock; secure; safeguard; immobilize; save, backup
Sicherung *f* securing; locking; *(elektr.)* fuse; **flinke ~** quick-acting fuse, quick-response fuse; **mittelträge ~** semi-delayed-action fuse; **träge ~** slow-blow fuse, delayed-action fuse
Sicherungs|automat *m* automatic circuit-breaker, miniature circuit-breaker, automatic cutout; **~blech** *n* tab washer; **~dose** *f* fuse box; **~draht** *m* locking wire; **~einsatz** *m (Schmelzsicherung)* fuse link, fusible link; **~feder** *f* retaining

Sicherungshalter — **Sockel**

spring; ~**halter** m fuse holder; ~**kasten** m fuse box; ~**klemme** f fuse terminal; ~**lack** m locking paint; ~**mutter** f lock nut, check nut; ~**ring** m retaining ring, snap ring, circlip; ~**scheibe** f locking washer, retaining washer; ~**stift** m locking pin, safety pin

sichtbar adj visible; *(frei liegend)* exposed

Sicht|fenster n inspection window; ~**flächen** fpl exposed surfaces; ~**prüfung** f visual inspection, sight check

Sieb n strainer, sieve; screen

sieben v screen, sieve, strain, sift

Siebensegmentanzeige f seven-segment display

Siedepunkt m boiling point

SI-Einheit f SI unit

Signal n signal; akustisches ~ audible signal, alarm

Signal|aufbereitung f signal conditioning; ~**auflösung** f signal resolution; ~**austausch** m signal exchange; ~**geber** m sensor, transducer; ~**generator** m signal generator; ~-**Geräuschabstand** m signal-to-noise ratio; ~**horn** n alarm horn; ~**lampe** f signal lamp, pilot lamp; ~**laufzeit** f signal propagation time; ~-**Nebensprechverhältnis** n signal-to-crosstalk ratio; ~**pegel** m signal level; ~-**Rauschabstand** m signal-to-noise ratio, S/N ratio; ~**umformer** m signal converter; ~**umsetzer** m signal converter; ~**verarbeitung** f signal processing; ~**verlust** m loss of signal; ~**verstärker** m signal amplifier, repeater; ~**verteilung** f signal distribution; ~**wandler** m signal transformer

Silber n silver

Silikon n silicone

Silizium n silicon

Silizium|chip m silicon chip; ~**gleichrichter** m silicon rectifier; ~**plättchen** n silicon chip, silicon wafer; ~**scheibe** f silicon slice, silicon wafer; ~**transistor** m silicon transistor

Simmerring m oil-seal ring

simplex adj simplex; *(Aufzug)* one-car ...

Simplexbetrieb m simplex mode

Sinter|kontaktwerkstoff m powdered-metal contact material; ~**metall** n sintered metal; ~**metallurgie** f powder metallurgy

sintern v sinter

sinusförmig adj *(z.B. Kennlinie)* sinusoidal

Sinus|kurve f sine curve; ~**schwingung** f sine-wave oscillation, sinusoidal oscillation; ~**verlauf** m sinusoidal response

Sitz m *(Passung)* fit; seat, seating

Sitzventil n seat valve

Skalen|ausschlag m scale deflection; ~**einstellung** f scale setting, scale adjustment; ~**mitte** f mid-scale; ~**nullpunkt** m zero scale mark; ~**scheibe** f graduated dial, dial; ~**teil** m division; ~**teilung** f scale marks

Skizze f sketch; draft

Sockel m base; pedestal; socket; holder; **die Puffer müssen auf einen ~ auftreffen** *(Aufzug)* the buffers shall strike against a pedestal; **~leiste** f skirt guard, skirting, base board

Soll | **bruchstelle** f rupture point, pressure-relief joint; **~leistung** f nominal output, required output; **~wert** m reference value, setpoint value; desired value; **~wertkurve** f setpoint characteristic

Sonde f probe

Sonder | **anfertigung** f custom-made unit; **~ausführung** f special design, purpose-made design; **~ausstattung** optional features, options; **~gewinde** n special-purpose thread, special thread; **~maschine** f special-purpose machine; **~zubehör** n optional equipment, optional accessories, options

Sonnenrad n sun gear

Spalt m gap

spalten v split; crack

Span m chip; **~abfuhr** f chip removal, chip disposal

spanabhebend bearbeiten v machine

spanabhebend | **e Bearbeitung** f chip removal, machining, cutting, metal cutting; **~es Werkzeug** n cutting tool

Spanbrecher m chip breaker

spanend bearbeiten v machine

spanende Bearbeitung f machining, chip removal

Span | **fläche** f cutting face; **~leistung** f cutting capacity, metal removing capacity

spanlose Bearbeitung f non-cutting

Spann | **backe** f clamping jaw, gripping jaw; **~druck** m clamping pressure

spannen v (Werkstück) clamp, chuck; (Feder) tension; (Riemen) tighten

Spann | **feder** f tension spring; **~futter** n chuck; **~gewicht** n (Aufzug) compensator; **~hebel** m tensioning lever; **~hülse** f clamp sleeve, clamp collar, collet; **~keil** m gripping wedge; **~klaue** f clamping jaw; **~kloben** m clamp dog; **~leiste** f clamping bar; **~platte** f clamping plate; **~pratze** f clamping claw, clamp; **~ring** m clamping ring, clamping collar; **~rolle** f tension pulley, tensioning pulley, tension sheave; **~schloss** n turnbuckle; **~schraube** f clamping bolt, clamping screw; tensioning bolt, tightening bolt

Spannung f (elektr.) voltage; potential; (elektr. & mechan.) tension; (mechan.) stress; load; strain; **~ anlegen an** apply voltage to; **an ~ legen** energize; **unter ~ setzen** energize; **~ gegen Erde** voltage to earth, voltage to ground

Spannungs | **abfall** m voltage drop; **~abweichung** f voltage deviation; **~anstieg** m voltage rise; **~anstieg bewirken** cause a voltage rise; **~anzeiger** m voltage indicator; **~ausfall** m voltage failure, power failure; **~begrenzer** m voltage limiter; **~bereich** m voltage range; **~einbruch** m voltage dip

spannungsfreigeglüht adj stress-relieved

spannungs | **führend** adj voltage-carrying, live, energized; under tension; **~geregelt** adj variable-voltage ...; **~geregelter, frequenzgestellter Antrieb** m

Spannungsimpuls *m* voltage pulse
spannungslos *adj* de-energized, dead; ~ **machen** de-energize, isolate, disconnect
Spannungs|messer *m (elektr.)* voltmeter; *(mechan.)* strain gauge; **~nachführung** *f* voltage correction; **~pegel** *m* voltage level; **~quelle** *f* voltage source; **~riss** *m* tension crack, stress crack; **~schwankung** *f* voltage fluctuation; **~spitze** *f* voltage peak, voltage spike; **~steller** *m* voltage controller; **~stoß** *m* voltage surge, surge; **~teiler** *m* voltage divider; **~verhalten** *n* voltage response; **~verstärkung** *f* voltage gain; **~wähler** *m* voltage selector; **~wandler** *m* voltage transformer; **~welligkeit** *f* voltage ripple; **~zwischenkreis** *m* voltage link
Spannut *f* chip groove, flute; **gerade ~** straight flute
Spann|vorrichtung *f* clamping device, clamping fixture, chucking device, chuck; tensioner, tightener; **~weite** *f* span; **~werkzeug** *n* clamp tool, chuck tool; **~zange** *f* collet; **~zangenfutter** *n* collet chuck
Span|tiefe *f* depth of cut; **~winkel** *m* rake angle, cutting rake
Spar|betrieb *m* economy operation; **~einrichtung** *f* economizer; **~schalter** *m* economy switch, current reducing switch; **schaltung** *f* economy connection; **~transformator** *m* autotransformer; **~widerstand** *m* economy resistor

variable-voltage, variable-frequency drive, VVVF drive, V3F drive
Speicher *m* store, storage; memory; accumulator; register
Speicherkondensator *m* storage capacitor
speichern *v (Rufe/Aufzug)* register
Speise|kabel *n* feeder cable; **~leitung** *f* supply line
speisen *v* feed, supply
Speise|quelle *f* supply source; **~spannung** *f* supply voltage
Speisung *f* feeding, feed supply
Sperre *f* lock, lock-out, interlock; block; bar; **~ aufheben** unlock
sperren *v* lock out; disable; inhibit; *(Rufe)* bar
Sperr|fangvorrichtung *f (Aufzug)* instantaneous safety gear; **~fangvorrichtung mit Dämpfung** instantaneous safety gear with buffered effect; **~hebel** *m* locking lever
sperrig *adj* bulky
Sperr|klinke *f* pawl, locking pawl; **~mittel** *n* locking device; **~rad** *n* ratchet wheel; **~richtung** *f (Halbleiter)* reverse direction; **Betrieb in ~richtung** reverse-biasing; **~schaltung** *f* lock-out circuit; inhibit circuit; **~schicht** *f* barrier; junction; *(Halbleiter)* depletion layer; **~spannung** *f* reverse voltage; **~ventil** *n* non-return valve; **~vermögen** *n* blocking capability; **~vorrichtung** *f* locking device; **~-Vorspannung** *f* reverse bias; **~zahnscheibe** *f* ratchet wheel
spezifische | Drehzahl *f* specific speed; **~ Pressung** *f* specific pressure
Sphäroguss *m* ductile cast iron

Spiegelachse f mirror axis
spiegel|bildlich adj mirrored, mirror-image ...; **~verkehrt** adj mirror-inverted
Spiel n (erwünscht) clearance; (unerwünscht) play; (Zahnflanken) backlash; (Zyklus) cycle; duty cycle
Spiel|ausgleich m clearance compensation; **~passung** f clearance fit
Spindel f spindle; screw; (Gewindespindel) screw spindle; (Leitspindel) leadscrew; (Vorschub) feed screw; (Ventil) stem; **~antrieb** m screw drive; **~aufzug** m screw driven lift; **~drehzahl** f spindle speed; **~kopf** m spindle head; **~lagerung** f spindle mounting; **~presse** f screw press; **~rücklauf** m spindle return motion; **~schlagpresse** f percussion press; **~stock** m headstock
Spiral|bohrer m twist drill; **~feder** f spiral spring, coil spring, coiled spring; **~kegelrad** n spiral bevel gear; **~zahnrad** n helical gear
spitz adj pointed, acute
Spitze f point; (z.B. Zahn) tip; (z.B. Last/Spannung) peak; (z.B. an Drehbank) (UK) centre, (US) center; (Scheitelpunkt) vertex
Spitzen|abstand m (Drehbank) (UK) distance between centres, (US) distance between centers; **~belastung** f peak load; **~drehmoment** n peak torque; **~kraft** f peak force; **~last** f peak load; **~leistung** f peak power, maximum output; **~modell** n high-end model; **~spiel** n (Gewinde) crest clearance; **~technologie** f high technology, hightech; **~verkehr** m peak traffic; rush hour; **~verkehr in Abwärtsrichtung** down-peak; **~verkehr in Aufwärtsrichtung** up-peak; **~verkehr in beiden Fahrtrichtungen** two-way peak; **~verkehrsfluss** m peak traffic flow; **außerhalb der ~verkehrszeit** f off-peak, off-hours; **~wert** m peak value
spitzer Winkel m acute angle
Spitzgewinde n V-thread, Vee-thread
Spleiß m splice
spleißen v splice
Spleiß|stelle f splice; **~verbindung** f spliced joint
Splint m cotter pin, split pin
spontane Meldung f spontaneous message
Sprach|ansage f voice announcement; **~ausgabe** f voice output; **~synthesizer** m voice synthesizer, full voice synthesizer, speech synthesizer
Sprech|anlage f intercom system; **~stelle** f extension, audio station, telephone station; **~taste** f push-to-talk key, push-to-talk button; **~verbindung** f speech connection
spreizbarer Gewindebohrer m expansion tap
Spreizdorn m expanding mandrel, (UK) expanding arbour, (US) expanding arbor
spreizen v spread, spread out; expand; fan out
Spreiz|feder f expanding spring; **~kraft** f expanding force; **~magnet** m expanding magnet; **~ring** m expanding

Spreizschwert ring; **~schwert** *n* expanding skate; **~schwert spreizen** expand; **~schwert zusammenklappen** collapse

Sprengring *m* snap ring, circlip

Sprinkler|anlage *f* sprinkler system; **~düse** *f* sprinkler head

spritzen *v* spray, paint; injection-mould

Spritz|gießen *n* *(Metall)* die-casting, pressure die-casting; *(Kunststoff)* injection moulding; **~schmierung** *f* splash lubrication; **~wasser** *n* splashwater

spröde *adj* brittle

Sprosse *f* *(Leiter)* rung

sprühen *v* spray

Sprüh|entladung *f* corona discharge; **~gerät** *n* atomizer

Sprung *m* crack, fissure, crevice; jump; *(Verzweigen)* branch; *(Überspringen)* skip

Sprung|höhe *f* gravity stopping distance; **~kontakt** *m* snap-action contact

Spule *f* coil; *(Spulenkörper)* bobbin; *(z.B. für Magnetband)* reel; spool

spulen *v* reel, spool, wind

spülen *v* scavenge; rinse; flush; purge

Spulen|kern *m* coil core; **~körper** *m* bobbin; **~wicklung** *f* coil winding; **~widerstand** *m* coil resistance

Spur *f* track; trace; *(Bahn)* gauge; **~weite** *f* track width; *(Bahn)* track gauge

Stab *m* bar; *(rund)* rod

stabil *adj* stable; rugged; rigid, robust

Stabilisator *m* stabilizer

Stabilität *f* stability; ruggedness; rigidity; robustness

Stab|magnet *m* bar magnet; **~material** *n* bar stock; **~stahl** *m* bar steel

Stahl *m* steel

Stahl|blech *n* *(dünn)* steel sheet, sheet steel; *(dick)* steel plate; **verzinktes ~blech** *n* galvanized steel sheet; **~blechgehäuse** *n* sheet-steel housing; **~drahtseil** *n* steel wire rope; **~einlage** *f* steel insert; *(z.B. bei Seilen)* steel reinforcements; **~gerüst** *n* steel structure; **~gewebe** *n* steel mesh; **~panzerrohrgewinde** *n* *(Pg)* steel conduit thread, steel conduit pipe thread; **~platte** *f* steel plate; **~profile** *npl* steel sections; **~rahmenkonstruktion** *f* steel framework; **~rohr** *n* steel pipe, steel tube, steel tubing; **~schiene** *f* steel rail; steel bar; **~schweißkonstruktion** *f* welded steel construction; **~seil** *n* steel wire rope, steel cable; **~sorte** *f* steel grade, type of steel

Standanzeige *f* position indicator

Standard|abweichung *f* standard deviation; **~ausführung** *f* standard design, standard version; **~einstellung** *f* standard setting, default setting; **~größe** *f* standard size

standardisieren *v* standardize

standardisiert *adj* standardized

Standardisierung *f* standardization

Standardwert *m* default value

Stand *m* **der Technik** state of the art

Ständer *m* column; upright; frame; stator; stand; **~bohrmaschine** *f* upright drilling machine, column drilling machine, box-column drilling machine;

~**schleifmaschine** f column grinder; ~**wicklung** f stator winding

Stand | **festigkeit** f stability; *(z.B. bei der Türprüfung)* integrity; ~**fläche** f floor space, footprint; *(z.B. für Personen)* standing surface

standhalten v *(Druck)* withstand (pressure)

ständig verbunden permanently connected

Stand | **leitung** f dedicated line; ~**ort** m site; ~**schrank** m floor-mounted cabinet; ~**verbindung** f point-to-point connection, dedicated circuit, dedicated connection; ~**zeit** f useful life; tool life, serviceability life; *(z.B. Kunststoff)* pot life

Stange f rod; bar; pole; stick

Stanzabfälle mpl chips

Stanze f punch press, stamping press

stanzen v punch, stamp; blank; pierce

Stanzerei f punching shop

Stanz | **matrize** f punching die; ~**presse** f punching press, power punch; ~**teil** n punching, stamping; ~**werkzeug** n punching tool, stamping tool

Stapel m stack, pile

stapeln v stack, pile

Stapler m stacker, high-lift truck

Stärke f strength; intensity; power; *(Dicke)* thickness; *(Blechdicke)* gauge; starch

Starkstrom m power, power current, heavy current

Starkstrom | **anlage** f power installation, power system; ~**kabel** n power cable; ~**kreis** m power circuit; ~**leitung** f power line; ~**netz** n power system; ~**technik** f power engineering, electrical power engineering

starr adj rigid; ~**e Kupplung** f rigid coupling

Starrheit f rigidity

Start m start; start-up; launch; roll-out

starten v start; launch; roll out

stationär adj stationary, fixed

statisch adj static; ~**e Aufladung** f static charge; ~**es Auswuchten** n static balancing; ~**e Durchbiegung** f static deflection; ~**er Umformer** m static converter

Stativ n stand; tripod

Stator m stator

Status m status, state

Stau m congestion

Staub m dust; ~**ablagerung** f dust deposit, dust accumulation

staubdicht adj dust-proof

Staublech n baffle

Stauffer | **büchse** f grease cup; ~**fett** n cup grease

Stauraum m **vor der Fahrschachttür** *(Vorraum)* landing area, landing zone space

steckbar adj *(elektr.)* pluggable, plug-in ..., plug-and-socket ...; *(mechan.)* push-fit ..., push-on ...

Steck | **baugruppe** f plug-in module; ~**befestigung** f snap-in fastening, snap fastening, push-on fastening; ~**brücke** f jumper; ~**buchse** f jack, receptacle; ~**dose** f socket, socket outlet, wall outlet; ~**einheit** f plug-in unit

stecken lassen v (Schlüssel) leave the key in the lock

Stecker m plug, plug connector, connector; **indirekter ~** two-part connector; **~ ziehen** disconnect, disconnect the plug

Steckerbelegung f connector pin assignment

Steck|gehäuse n dual-in-line package, DIP; **~karte** f plug-in card, plug-in board; **~klemme** f plug-in terminal; **~kontakt** m plug-in contact; **~kontaktleiste** f multi-pole connector; **~leiste** f (elektr.) plug-in connector, edge connector; (mechan.) push-fit strip; **~platz** m module location, slot; **~schlüssel** m socket spanner, box spanner, socket wrench; **~stift** m pin; **~verbinder** m connector, plug-in connector, plug connector; **~verbindung** f (elektr.) plug-in connector, cable connector, plug-and-socket connection; (mechan.) push-fit joint, push-fit fitting

Steg m web

stehend|er Anbau m upright mounting; **~e Ausführung** f vertical design

Stehlager n pedestal bearing

steif adj stiff

Steifigkeit f stiffness

Steig|eisen n step irons; **~leitung** f rising main, riser

steigen v rise; increase; ascent; climb

Steigung f gradient; ascent; incline, inclination; slope; (Gewinde) lead, thread lead

Steigungs|höhe f (Zahnrad) lead; **reduzierte ~höhe** reduced lead; **~höhenabweichung** f lead error; **periodische ~höhenabweichung** periodic lead error; **~winkel** m lead angle, thread lead angle; **~winkelabweichung** f lead angle error

steil adj steep

steilgängiges Gewinde n steep-pitch thread, high-pitch thread

Steinschraube f rag bolt

Stellantrieb m actuator

stellbar adj adjustable

Stell|bereich m setting range, adjustment range, range of variation, actuating range; **~fläche** f floor space; **~glied** n control element, actuator; **~größe** f manipulated variable, correcting variable; **~knopf** m setting knob, adjusting knob; **~kraft** f actuating force; **~schraube** f adjusting screw, setscrew

Stellung f position, location; setting

Stellungs|anzeiger m position indicator; **~geber** m position sensor, position detector, position encoder; **~regler** m positioner

Stellweg m adjusting travel, setting travel

Stempel m (Presse) punch

Stern-Dreieck|-Anlassen n star-delta starting; **~-Anlaufstrom** m star-delta starting current; **~-Schaltung** f star-delta connection

Stern|griff m star knob; **~hebel** m spider; **~schaltung** f star connection, wye connection

Stetigbahnsteuerung f continuous-path control

steuerbar adj controllable

Steuer|bereich m control range; **~einheit** f control unit; **~einrichtung** f control device; **~einrichtung auf dem Fahrkorbdach** car top control station, top-of-car operating device; **~gerät** n control unit; **~glied** n control element; **~knüppel** m joy-stick; **~kreis** m control circuit; **~kurve** f cam

steuern v control; drive; direct; lead; steer

Steuer|nocken m cam; **~pult** n control desk, control console; **~relais** n control relay; **~schalter** m control switch; **~schaltung** f control circuit; **~schieber** m control slide, control valve; **~schiene** f control bus; **~schrank** m control cabinet, control cubicle; **~stromkreis** m control circuit; **~stufe** f control stage; **~tafel** f control board, control panel

Steuerung f control, open-loop control; controller, control device; drive; **richtungsabhängige Sammelsteuerung** f selective collective control, directional collective control, full collective control; **richtungsunabhängige Sammelsteuerung** f non-selective collective control

Steuerungs|einrichtung f control equipment; **~elektronik** f control electronics; **~technik** f control engineering, control technology; **~teil** m control section, control block

Steuer|ventil n control valve; **~winkel** m firing angle

Stich|balken m trimmer beam; **~leitung** f tie line; **~maß** n distance between guides, dbg, distance between rails

Stickstoff m nitrogen

Stift m pin, stud; peg; **~schraube** f stud, stud bolt

still|legen v shut down, put out of service, close; **~setzen** v shut down, stop; arrest

Stillstand m standstill; rest; stoppage

Stillstands|moment n static torque; **~überwachung** f zero-speed control; **~zeit** f downtime, idle time

Stirn|fläche f end face; **~fräsen** n face milling; **~fräser** m face milling cutter, face cutter, shell end mill; **~modul** n transverse module; **~rad** n spur gear; **~radgetriebe** n spur gears, spur gearing; **~radwälzfräser** m spur gear hob; **~seite** f face, end face, front face; **~wand** f front wall

Stockwerk n floor; **bedientes ~** floor served; **zu bedienendes ~** floor to be served

Stockwerks|abstand m floor-to-floor distance, distance between two consecutive floors; floor-to-floor height; **~anzeige** f landing position indicator; **~druckknopf** m landing call button; **~fahne** f vane, floor vane, floor position tab; **~kopierung** f floor selector; **~schalter** m floor switch; **~schwelle** f landing sill; **~schwerpunkt** m heavy traffic floor, heavy duty floor

Stoff m substance; material; matter

Stopfbuchse f stuffing box, packing box, gland, compression gland
stopfbuchsenlos adj glandless, packless; **~e Konstruktion** f glandless construction
Stopfen m plug
Stöpsel m plug; peg
stöpseln v plug; peg
störanfällig adj susceptible to faults, interference-prone, vulnerable
Stör|anfälligkeit f susceptibility of failure; **~aussendung** f emitted interference; **~dienst** m breakdown service
stören v disturb, interfere
störendes Geräusch n offending noise
Stör|faktor m interference factor; **~fall** m incident, incident of failure, accident condition; **~fallanalyse** f accident analysis; **~festigkeit** f interference immunity, noise immunity; *(z.B. gegenüber Strahlung)* immunity; **~festigkeitspegel** m *(bei EMV)* immunity level; **~größe** f disturbance; **~impuls** m interference pulse; **~meldung** f fault message, fault signal; alarm; **~pegel** m interference level; **~schutz** m interference suppression, noise suppression; **~schutzkondensator** m interference-suppression capacitor, anti-interference capacitor; **~sicherheit** f noise immunity; **~signal** n fault signal, parasitic signal; **~spannung** f disturbing voltage; **~stelle** f *(Halbleiter)* imperfection; **~strom** m disturbing current
Störung f fault; breakdown; interference; trouble; disturbance; malfunction; failure; disruption; perturbation

Störungsablauf m incident history
störungsanfällig adj fault-prone
Störungs|beseitigung f correction of faults, remedying faults, fault clearance; **~dauer** f malfunction time; **~dienst** m fault clearing service
störungssicher adj fail-safe, fault-immune
Störungssuche f fault locating, trouble shooting
Stoß m impact; shock; collision; *(Ruck)* jerk; *(Fuge)* joint; **~beanspruchung** f impact stress; **~blech** n splice plate; **~dämpfer** m shock absorber, dashpot
Stößel m *(Presse)* ram; slide; cam follower; *(Mitnehmer)* follower; *(Ventil)* tappet
stoßen v *(Zahnrad)* shape; push
stoßfest adj shock-proof
Stoß|festigkeit f shock resistance, impact resistance; **~fuge** f butt joint, joint; **~lasche** f butt strap; **~maschine** f *(waagerecht)* shaping machine, shaper; *(senkrecht)* slotting machine, slotter; **~naht** f butt joint; **~spannung** f surge voltage, transient voltage; **~strom** m surge current, transient current
straff adj tight
Strahl m ray, beam; jet
strahlen v radiate; beam; blast; *(mit Sand)* sand-blast; *(mit Strahlkies)* shot-blast; *(Glanz)* shine
Strahler m radiator; reflector; spotlight
Strahlteiler m beam splitter
Strahlung f radiation
strahlungsarm adj low-radiation ...
Strahlungs|emission f emission of radiation; **~intensität** f radiation

intensity; **~messung** *f* radiometry; **~quelle** *f* radiation source; **~wärme** *f* radiant heat

Strahlzerleger *m* beam splitter

Strang *m (Seil)* fall; strand; *(Rohr)* run; *(Schienen)* track; **~gussprofil** *n* *(Kunststoff)* extruded section; *(Metall)* continuously cast section

Strangpresse *f (Kunststoff)* extrusion press

strangpressen *v* extrude

Strangpressen *n* extrusion

Strangpressprofil *n* extruded section

Strebe *f* brace; strut

Strecke *f* route; distance; path; line; line segment; link; section; run; length

strecken *v* stretch

Streckgrenze *f* yield point

strehlen *v* chase

Strehler *m (Gewinde)* chaser

Streu|koeffizient *m* leakage coefficient; **~scheibe** *f (Leuchte)* diffusing panel, diffuser

Strich *m* stroke; line; dash

stricheln *v* dash

strichpunktieren *v* dash-dot

Strichzahl *f (Geberstrichzahl – Impulse pro Umdrehung)* pulse number per revolution, PPR count (pulses per revolution)

Strom *m (elektr.)* current, power, electric power, electricity; stream; **~abgabe** *f* current output; **~anschluss** *m* mains connection; **~aufnahme** *f* current input, power input, power consumption; **~ausfall** *m* power failure; **~auslöser** *m* circuit-breaker; **~begrenzer** *m* currrent limiter; **~dichte** *f* current density; **~durchgang** *m* continuity

strömen *v* flow

Strom|erzeuger *m* generator; **~erzeugung** *f* generation of electrical energy, power generation

stromführend *adj* current-carrying, conducting, live

Strom|kabel *n* power cable; **~klemme** *f* current terminal; **~kreis** *m* electric circuit; **~laufplan** *m* circuit diagram, wiring diagram

stromlos *adj* de-energized, dead

Strom|messer *m* amperemeter, ammeter; **~quelle** *f* power source, current source; **~regelkreis** *m* electric control circuit; **~regler** *m* current controller, current regulator; **~richter** *m* power converter; **~richterantrieb** *m* static converter drive

stromrichtergespeist *adj* converter-fed

Strom|schiene *f* busbar; **~senke** *f* current sink; **~-/Spannungskennlinie** *f* voltage-current characteristic; **~spitze** *f* current peak; **~spule** *f* current coil; **~stärke** *f* current intensity; **~steilheit** *f* rate of current rise; **~stoß** *m* current surge; *(beim Einschalten)* current rush, current inrush

Strömung *f* flow, flow rate; flux

Strömungs|geschwindigkeit *f* flow velocity; **~richtung** *f* flow direction

Strom|verhältnis *n* current ratio; **~versorgung** *f* power supply, current supply, power source; **~versorgungsanschluss** *m* power connection;

~versorgungsteil *m* power supply unit; **~verteiler** *m* power distributor; **~welligkeit** *f* current ripple; **~wender** *m* commutator; **~zähler** *m* electricity meter; **~zuführung** *f* power supply

Struktur *f* structure; *(Oberfläche)* texture; *(Aufbau/Anordnung)* configuration; **~lack** *m* textured paint; **~oberfläche** *f* textured finish

Stückliste *f* parts list, list of parts, bill of materials

Stücklistenauflösung *f* explosion of bill of materials

Stufe *f* step; stage; *(Treppe)* tread

Stufen | antrieb *m* variable-speed drive; **~getriebe** *n* variable-speed gear, variable-speed transmission; **~gewindebohrer** *m* step tap, multiple diameter tap

stufenlos | e Drehzahlregelung *f* variable speed control; **~ einstellbar** *adj* infinitely adjustable; **~ regelbar** *adj* infinitely variable; **~es Regelgetriebe** *n* infinitely variable gear; **~ verstellbar** *adj* infinitely variable, infinitely adjustable

Stufenprofil *n* step profile

Stummschalten *n* muting

stumpf *adj* blunt; butt

Stumpf | naht *f* butt weld, butt seam; **~nahtschweißung** *f* butt seam weld; **~schweißung** *f* butt weld; **~stoß** *m* butt joint

Sturz *m (Tür)* lintel

Stütze *f* support; rest; pillar; bracket; backing

Stütz | kettenaufzug *m* sustained chain lift; **~kondensator** *m* back-up capacitor; **~lager** *n* supporting bearing; **~punkt** *m* point of support; bearing surface; base; **~winkel** *m* bracket

Substrat *n* substrate

suchen *v* look for, search, find

Suchschaltung *f* finder circuit

summen *v* buzz

Summer *m* buzzer

Summton *m* buzzer signal, buzzing sound

super | flinke Sicherung *f* very quick-acting fuse; **~schneller Aufzug** *m* super high-speed elevator; **~träge Sicherung** *f* long time-lag fuse

Support *m (Fräsmaschine)* slide rest; slide; saddle; toolhead

supraleitend *adj* superconducting

Supra | leiter *m* superconductor, hyperconductor; **~leitung** *f* superconduction, supraconduction

Symmetrie *f* symmetry

symmetrisches Gewinde *n* symmetrical thread

synchron *adj* synchronous, in step

Synchronbetrieb *m* synchronous operation

System | absturz *m* system crash; **~ausfall** *m* system failure, system breakdown; **~sicherheit** *f* system security; **~verträglichkeit** *f* system compatibility

T

Tabelle *f* table; chart
Tachomaschine *f* tachogenerator
Tafel *f* board; panel; table; chart; sheet
Tageslicht *n* daylight
Takt *m* cycle, clock pulse; stroke
Taktbetriebförderer *m* stop-and-go conveyor
takten *v* time, clock, provide timing for
Takt|frequenz *f* clock frequency; **~geber** *m* clock generator, clock-pulse generator, timer
taktgebunden *adj* under clock control
Takt|geschwindigkeit *f* clock speed, clock rate; **~impuls** *m* clock pulse; **~raster** *m/n* timing pattern; **~rate** *f* clock-pulse rate; **~signal** *n* clock signal; **~treiber** *m* clock driver; **~zeit** *f* cycle time, clock time
Tandem|-Rollenführungsschuh *m* tandem roller guide shoe; **~zugriff** *m* tandem access
Tangentialkraft *f* tangential force
Taschenfräsen *n* pocket milling
Tastatur *f* keyboard, keypad
Tastbetrieb *m* inching, inching mode
Taste *f* key, button, pushbutton
Tast|feld *n* touch panel; **~fläche** *f* (auf Taster) touch area, key top; (auf Monitor) touchplate; **~gefühl** *n* (Folientastatur) tactile response; **~schalter** *m* ohne Selbsthaltung constant pressure button; **~sensor** *m* tactile sensor; **~stift** *m* feeler, tracer
tatsächlicher Wert *m* actual value

tauchen *v* immerse, dip; submerge; dive; plunge
Tauch|fräsen *n* plunge cutting, plunge milling, plunge-cut milling; **~fräsmaschine** *f* plunge-cut milling machine; **~grundierung** *f* submersion priming; **~härtung** *f* dip hardening, immersion hardening; **~kolben** *m* plunger; **~kolbenpumpe** *f* plunger pump
tauchlöten *v* dip-solder
Tauch|motor *m* (Unter-Öl-Motor) submersed motor, immersed motor, submersible motor; **~pumpe** *f* submersible pump; **~rollenschmierung** *f* dip lubrication; **~schmierung** *f* splash lubrication; **~spule** *f* plunger coil
tauglich *adj* suitable; serviceable
Taumel|abweichung *f* axial runout, face wobble; **~fehler** *m* (Gewindesteigung) drunken lead, helical drunkenness
taumeln *v* wobble
taumelndes Gewinde *n* drunken thread
Taumelscheibe *f* wobble disk, wobble plate
Taupunkt *m* dew point
Teach-in-Roboterprogrammierung *f* teach-in robot programming
Technik *f* engineering; engineering practice; technology; (Patentwesen u. Werbesprache) art; (Vorgehensweise/Methode) technique, method; practice; engineering practice; **der gegenwärtige Stand der ~** the present state of the art

Techniker *m* engineer, technician

technisch | e Daten *plt* technical data, engineering data, specifications; **~e Entwicklung** *f* engineering development; **~e Funkstörung** *f* man-made noise; **~e Norm** *f* engineering standard; **~er Zeichner** *m* (UK) draughtsman, (US) draftsman; **~e Zeichnung** *f* technical drawing, engineering drawing

Technologie *f* technology; **~transfer** *m* technology transfer

technologisch *adj* technological

Teil *n* part, component, piece, item, element, workpiece

Teil *m* part, section, portion; *(Anteil)* share

Teil | ansicht *f* partial view; **~apparat** *m* dividing apparatus, dividing unit, indexing unit; **~ausfall** *m* partial failure

Teilchen *n* particle; **~größe** *f* particle size

Teile | familie *f* parts family; **~liste** *f* parts list

teilen *v* divide; split; graduate; *(um eine Teilung weiterschalten)* index

Teilen *n* *(Werkzeugmaschine)* dividing, indexing

Teile | nachweis *m* where-used list

Teiler *m* divider; **~würfel** *m* *(Laser)* beam splitter

Teile | satz *m* parts set, set of parts; **~verwendungsnachweis** *m* where-used list; **~vielfalt** *f* parts variety

Teil | genauigkeit *f* indexing accuracy; **~kopf** *m* indexing head, dividing head

Teilkreis *m* *(Zahnrad)* pitch circle; **~durchmesser** *m* pitch circle diameter, P.C.D.; *(Schneckenrad)* worm pitch diameter; **~halbmesser** *m* pitch radius, radius of pitch circle; **~teilung** *f* circular pitch; **~-Zahndicke** *f* circular thickness, circular tooth thickness, arc thickness, arc tooth thickness

Teil | last *f* part load; **~marke** *f* index; **~scheibe** *f* index plate; **~strich** *m* graduation line; **~tisch** *m* indexing table

Teilung *f* *(Zahnrad; Gewinde)* pitch; *(Gewinde)* thread pitch; *(Abstand)* spacing; *(Gradeinteilung)* graduation; *(math.)* division

Teilungs | -Einzelabweichung *f* adjacent pitch error, adjacent transverse pitch error; **~schwankung** *f* range of pitch errors; **~-Spannenabweichung f über k Teilungen** cumulative circular pitch over k pitches; **~sprung** *m* difference between adjacent pitches, difference between adjacent single pitches

Teil | vorrichtung *f* indexing mechanism, dividing head; **~winkel** *m* angular pitch

Teleskop | schiebetür *f* telescopic sliding door; **~schubstange** *f* telescopic push rod; **~tür** *f* telescopic door, collapsible gate; **gemeinsam betätigte ~türen** *fpl* interlinked telescopic doors; **~welle** *f* telescoping shaft; **~zylinder** *m* telescopic cylinder; **zweistufiger ~zylinder** *m* two-stage telescopic cylinder

Teller | feder *f* cup spring, spring cup; **~rad** *n* crown wheel, crown gear; **~scheibe** *f* plate washer; **~ventil** *n* poppet valve

Temperatur f temperature; ~ unter Null sub-zero temperature, temperature below zero

Temperatur|abfall m temperature drop, temperature fall; **~anstieg** m temperature rise; **~anzeiger** m temperature indicator; **~bereich** m temperature range; **~fühler** m temperature sensor; **~koeffizient** m temperature coefficient; **~regler** m temperature regulator, thermostat; **~schalter** m temperature switch, thermo-switch; **~wächter** m temperature-sensing switch

Temperguss m malleable cast iron

termingerecht adj just in time, on time, on schedule

Test m test; **~gerät** n tester

Thermo|element n thermocouple; **~meter** n thermometer; **~relais** n thermal relay; **~schalter** m thermo-switch, temperature switch; **~stat** m thermostat; **~wächter** m temperature-sensing switch

Thomasstahl m basic converter steel, basic Bessemer steel

Thyristor m thyristor, silicon-controlled rectifier, SCR; **~umrichter** m thyristor-based converter

Tiefe f depth; *(Eindringtiefe)* penetration

Tiefen|messer m (UK) depth gauge, (US) depth gage; **~vorschub** m vertical feed, downfeed

Tief|fahrkorb m deep car; **~passfilter** n low-pass filter; **~ziehen** n deep drawing

Tipp|betrieb m inching, inching mode, jogging; **~drehzahl** f inching speed; **~schalter** m inching switch; **~schaltung** f inching operation; **~taster** m inching button, jog button

Tisch m table; desk; *(Werkbank)* bench

Tisch|bohrmaschine f bench drill, bench drilling machine; **~drehung** f table rotation; **~gerät** n table-top unit, desktop unit, bench unit; **~klemmung** f table clamping; **~kreissäge** f circular bench saw

Tischlerplatte f coreboard

Tisch|modell n table-top model, desk-top model; **~presse** f bench press; **~schlitten** m table saddle, table slide

T-Leiste f T strip

T-Nut f T slot

Toleranz f tolerance; **~band** n tolerance band; **~bereich** m tolerance range, tolerance zone, tolerance band; **~grenzen** fpl tolerance limits; **~klasse** f tolerance class, thread fit class; **~schlauch** m tolerance band; **~schwankung** f tolerance variation; **~schwelle** f tolerance level

Ton m sound, tone; *(Tonhöhe)* pitch; *(Erde)* clay; *(Farbe)* hue

Tonfrequenz f audio frequency, voice frequency

Tonnenrollenlager n spherical-roller bearing

Topf|magnet m induction cup; **~rad** n cup wheel; **~schleifscheibe** f cup wheel; **~zeit** f pot life

Tor n gate; port; **~schaltung** f gate circuit

Torsion f torsion

Torsions|feder f torsion spring; **~kraft** f torsional force; **~schwingversuch** m torsional vibration test; **~spannung** f torsional stress

Totalausfall m complete failure, total failure

Tot|last f dead load, dead weight; **~mannschaltung** f dead man's circuit; **~zeit** f dead time, downtime, non-productive time

T-Profil n T section

Trafo m transformer

tragbar adj portable

Tragbild n (Eingriffsbereich der Verzahnung) tooth bearing, contact pattern

träge adj (Sicherung) slow-acting, slow-blow ..., delayed-action ...; (schwerfällig/schwergängig) sluggish

tragen v wear; bear; carry; support

tragend adj bearing, carrying, supporting, load-bearing; **~es Stahlgerüst** n supporting steelwork

Träger m carrier; support; beam; **~ für oben angeordnete Rolle** top steel

Träger|eingang m carrier input; **~frequenz** f carrier frequency; **~leitung** f carrier line; **~material** n substrate; **~schicht** f substrate; **~signal** n carrier signal; **~welle** f carrier wave; **~werkstoff** m parent metal, substrate

Trag|fähigkeit f load capacity, carrying capacity, load carrying capacity; (Nennlast bei Aufzügen) rated load; **~fähigkeitsschild** n load plate, capacity plate; **~griff** m lifting handle

Trägheit f inertia

Trägheits|faktor m inertia factor; **~halbmesser** m radius of gyration; **~kraft** f inertial force; **~masse** f inertial mass; **~moment** n moment of inertia, inertia torque; **~radius** m radius of gyration

Trag|konstruktion f supporting structure; **~kraft** f rated load; load carrying capacity; **~mittel** n/npl suspension, suspension means, suspension rope(s), suspension device, suspension gear, suspension system; **~organ** n supporting messenger; **~rahmen** m supporting frame; (Fangrahmen bei Aufzügen) sling; **~schiene** f mounting rail, supporting rail; **~seil** n suspension rope; **~seil-Endverbindung** f suspension-rope anchorage

tränken v impregnate; soak

Transferstraße f transfer line

Transformator m transformer

Transistor|-Chip m transistor chip; **~-Pulsumrichter** m transistorized pulse converter; **~schaltung** f transistor circuit; **~technik** f transistor engineering, transistor technology

transkristalline Korrosion f transcrystalline corrosion, transgranular corrosion

Transport|bügel m shipping bracket; **~kufe** f skid; **~leistung** f transportation capacity; **~öse** f lifting hook, lifting eyebolt; **~sicherung** f shipping brace, securing device

Transversalfluss-Motor m transverse-flow motor

Trapezgewinde *n* acme thread, trapezoidal thread

Trasse *f* route

Traverse *f* transom, cross-beam, trimmer beam; **obere ~** *(Holm)* top transom; **untere ~** bottom transom

treiben *v* drive; propel

treibendes Zahnrad *n* driving gear, input gear

Treiber *m* driver; **~stufe** *f* driver stage

Treib|fähigkeit *f* rope traction, traction; **~fähigkeitsberechnung** *f* traction calculation; **~rolle** *f* driving pulley; **~scheibe** *f (Aufzug)* traction sheave; **fliegende ~scheibe** overhung traction sheave; **oben liegende GL-~scheibe** overhead-mounted gearless traction sheave; **überhängende ~scheibe** overhung traction sheave

Treibscheiben|antrieb *m* traction drive; **~aufzug** *m (Seilaufzug)* traction drive lift, traction lift, traction elevator; **~durchmesser** *m* diameter of traction sheave; **~kranz** *m* traction sheave rim; **~rille** *f* traction sheave groove; **~welle** *f* sheave shaft; **~winde** *f* traction drive

Treib|sitz *m* drive fit; **~stoff** *m* fuel

trennen *v* cut; separate; isolate; disconnect

Trenner *m* disconnecting switch; isolator

Trenn|fuge *f (Dehnfuge)* expansion joint; **~gitter** *n* screen; **~kondensator** *m* isolating capacitor; **~relais** *n* cutoff relay; **~schalter** *m* isolating switch, isolator switch, circuit breaker, disconnector, disconnecting switch; isolator; **~sicherung** *f* disconnecting fuse; **~träger** *m (zwischen nebeneinander liegenden Fahrkörben)* separator beam (between adjacent cars); **~transformator** *m* isolating transformer; **~tür** *f* separating door

Trennung *f* separation; isolation; disconnection; disintegration

Trenn|verstärker *m* isolation amplifier; **~wand** *f* partition wall; barrier

Treppenaufzug *m* stairlift, staircase lift; **~ mit Plattform** staircase platform lift; **~ mit Sitz** staircase seat lift; **kraftbetriebener ~** powered stairlift

Trichter *m* funnel; hopper

trichterförmig *adj* funnel-shaped

Trieb *m* drive

Triebwerk *n* engine, propulsion unit, power unit; drive; power transmission; *(Aufzugsmaschine)* machine; **~ mit Getriebe** geared machine; **~ mit Schneckengetriebe** worm geared machine; **~ oben** machine above; **~ neben ...** machine adjacent; **~ seitlich** machine at side; **~ unten** machine below

Triebwerks|fundament *n* machine support; **~raum** *m (Maschinenraum)* machine room; **gemeinsamer ~raum** common machine room; **ohne ~raum** machine-roomless

Triggerschaltung *f* trigger circuit

Trimmer|kondensator *m* trimmer capacitor; **~widerstand** *m* trimmer resistor

Triplex-Gruppe *f (Aufzug)* group of three cars

Trittschallpegel *m* impact sound level

trocken *adj* dry

Trocken|reibung *f* dry friction; **~thermometer** *n* dry-bulb thermometer

Trog *m* trough, tub; vat

Trommel *f* drum; barrel; cylinder; reel

Trommel|antrieb *m* drum drive; **~aufzug** *m* positive drive lift, drum lift; **~bremse** *f* drum brake; **~durchmesser** *m* drum diameter

tropenfest *adj* tropic-proof, tropicalized

tropfen *v* drop, drip; trickle; *(undicht)* leak

Tropfen *m* drop

Tropf|öler *m* drip oiler; **~schmierung** *f* drip oil lubrication; **~wasserschutz** *m* drip-proof enclosure

Trum *n* side, end, strand, strand side

Tülle *f* sleeve, bush; grommet

Tür *f (Aufzug)* door; **automatisch betätigte ~** automatically power operated door; **einseitig öffnende dreiblättrige ~** three-speed door; **einseitig öffnende Türen** side closing doors, side opening doors; **einseitig öffnende zweiblättrige ~** two-speed door; **handbetätigte ~** manually operated door; **maschinell betätigte ~** power operated door; **mehrblättrige ~** multi-panel door; **mittig öffnende Türen** centrally closing doors, (UK) centre-opening doors, (US) center-parting doors; **senkrecht bewegte mittig öffnende ~** vertical bi-parting door; **vierblättrige zentral öffnende ~** four-panel centrally closing door; **zentral schließende ~** centrally closing door, centrally opening door; **zweiblättrige ~** two-panel door, double-leaf door

Tür|antrieb *m* door operator, door operating mechanism, door drive, door driving element; **Montage des ~antriebs** operator mounting; **~antrittsfläche** *f* door entrance area; **~antriebsmotor** *m* door operator motor, door gear; **~aufhängung** *f* door suspension, door hanger; **~-Auf-Taster** *m* door open button; **~band** *n* door hinge; **~blatt** *n* door panel, door leaf; **doppelwandiges ~blatt** double-skin door panel; **nacheilendes ~blatt** trailing door panel; **schnelles ~blatt** rapid panel; **voreilendes ~blatt** rapid panel, leading panel; **~durchgang** *m* doorway; **~eintrittsbereich** *m* door entrance area; **~einzug** *m* front return; **~endlage** *f* door end position; **~feststeller** *m* doorstop; **~flügel** *m* door wing; **~führungsschiene** *f* door track; **~füllung** *f* door panel; **~gehänge** *n* door hanger; **~inspektionstaster** *m* door inspection button; **~kämpfer** *m* door header, lintel; **~kantensicherung** *f* sensitive edge protective device, edge safety strip, safety edges; **~leibung** *f* door reveal; **~mitnehmer** *m* door coupler; **~öffnung** *f* doorway; **~öffnungstaster** *m* door-open button; **~öffnungswinkel** *m* door-opening angle, door swing; **~offenhaltezeit** *f* dwell time; **~pfosten** *m* slampost, door upright; **~rahmen** *m* door frame, architrave; **umlaufender ~rahmen** wrap-around door frame; **~schale** *f* door skin; **~scharnier** *n* door hinge; **~schließer** *m* door closer; **~schließtaster** *m* door close button; **~schürze** *f* apron; **~schwelle** *f* door sill; **~schwert** *n* door skate, door vane; **~sicherung** *f* door protection; **~spalt** *m* door gap; **~sturz** *m* lintel; **~verriegelung** *f* door locking device, door interlock; **~verschluss** *m* door lock; **~zone** *f* door zone; **~-Zu-Taster** *m* door-close button

Turm *m* tower

Typ *m* type

Typen | bezeichnung *f* type designation; **~blatt** *n* specification sheet; **~schild** *n* rating plate, nameplate; **~vielfalt** *f* type variety

Typ | prüfung *f* type test, type testing, type examination; **~prüfbescheinigung** *f* type examination certificate

überarbeiten v rework; re-design; *(z.B. Zeichnung)* revise
Überarbeitung f *(z.B. Zeichnung)* revision
überarbeiten v revise; rework; retouch
Überbau m superstructure
überbeanspruchen v overstress, overload
Überbelastung f overload
überbrücken v bridge; jumper; short-circuit; *(umgehen)* by-pass; span
Überbrückungs|kondensator m bypass capacitor; **~schalter** m bypass switch; **~schaltung** f bypass circuit
überdacht adj roofed, sheltered, covered
Überdachung f roofing
überdimensioniert adj oversized
überdrehen v overspeed
Über|drehzahl f overspeed; **~drehzahlauslöser** m overspeed trip; **~drehzahlschutz** m overspeed protection; **~druck** m excess pressure, excessive pressure, overpressure; **~druckventil** n pressure relief valve
überdurchschnittlich adj above-average, better-than-average
Übereck-Zugänge mpl, **Fahrkorb mit Übereckzugängen** car with adjacent openings
übereinander anordnen v cascade
übereinstimmen v agree; coincide
überfahren v overtravel; *(Haltestellen)* overrun, bypass, travel beyond
Überfahren n **von Stockwerken bei Überlast** load bypass
Überfahrschutz m overrun limit protection

Überfahrtschalter m overtravel switch
Überfahrweg m runby, running clearance, car overtravel distance, car overtravel; **oberer ~** car top overtravel, TOT; **unterer ~** car bottom overtravel, BOT
Über|gabe f *(Maschine, Anlage, Aufzug)* handing-over; **~gang** m transition; *(Transistor)* junction; transfer; crossing; deliver; **~gangserscheinung** f transient; **~gangsphase** f transition phase; **~gangstemperatur** f transition temperature; **~gangszustand** m transient condition
übergeordnet adj higher-level ...; higher-order ...; higher-ranking ...; primary; upstream; master ...; parent ...
Über|geschwindigkeit f overspeed; **~geschwindigkeit in Abwärtsrichtung** down overspeed; **~geschwindigkeitsschutz m in Aufwärtsrichtung** ascending car overspeed protection; **~gewicht** n excess weight, excessive weight, overweight
Überhang m projection; overhang
überhängend adj overhung; **~e Treib-/Bremsscheibe** f overhanging traction sheave/brake disk
überhitzen v overheat
überholen v *(Instandsetzung)* overhaul
Überkapazität f capacity surplus
Überkopfpuffer m buffer on the car top
überkritische Drehzahl f speed above critical
überladen v overcharge
überlagern v superimpose

überlagert *adj* superimposed, superposed
Überlagerung *f* superimposition, superposition
überlappend *adj* overlapping
Überlast *f* overload; congestion; **~anzeige** *f* overload indicator; **~drehzahl** *f* overload speed; **~einrichtung** *f* overload detection device
überlasten *v* overload
Über|lastschutz *m* overload protection; **~lastsummer** *m* overload buzzer; **~lauf** *m* overflow
überleiten *v* transfer
Überleitung *f* transfer
übermäßig *adj* excessive
überprüfen *v* examine; check; inspect; verify; review; audit
Überprüfung *f* examination; check; inspection; verification; review; audit; **~ der Konstruktion** design review
Überschlag *m* flashover
über|schreiten *v* exceed; go beyond; *(Obergrenzen)* violate (upper limits); overtravel; overshoot; **~schwingen** *v* overshoot
Überschwingen *n (positives Überschwingen)* overshoot; *(negatives Überschwingen)* undershoot
Übersetzung *f* ratio, gear ratio, transmission ratio, speed ratio; **~ ins Langsame** speed-reducing ratio; **~ ins Schnelle** speed-increasing ratio
Übersetzungs|getriebe *n (ins Langsame)* reduction gearing, speed reducer, step-down gearing; *(ins Schnelle)* speed-increasing gear, step-up gearing; **~verhältnis** *n* ratio, gear ratio, transmission ratio, speed ratio
Übersicht *f* overview; survey; outline; *(Zusammenfassung)* summary
übersichtlich angeordnet *adj* neatly arranged
überspannen *v* overstrain
Überspannung *f* overvoltage, excess voltage; surge
Überspannungsschutz *m* overvoltage protection
überspringen *v* skip
übersteuern *v* overdrive; override
Über|steuerungsschalter *m* override switch; **~temperaturschutz** *m* thermal protection
übertragen *v* transmit, transfer; convey
Übertragung *f* transmission, transfer
Übertragungs|kanal *m* transmission channel; **~leitung** *f* transmission line; **~richtung** *f* transmission direction; **~steuerung** *f* transmission control; **~weg** *m* transmission path; **~zeit** *f* transmission time, transfer time
übertreffen *v (in der Leistung)* outperform; *(an Schnelligkeit)* outspeed
über- und unterschreiten *v* exceed and fall below, exceed and drop below; *(Grenzen)* go outside; violate
überwachen *v* monitor, supervise; watch; inspect; control; check
Überwachung *f* monitoring, supervision; surveillance; inspection; control; check, checking
Überwachungs|einrichtung *f* monitoring device, watchdog; **~schaltung** *f*

monitoring circuit; **~system** *n* supervisory system
überwinden *v* overcome
Überwurfmutter *f* union nut
überziehen *v* coat; plate; clad; cover; laminate; deposit
Überzug *m* coat, coating; plating
U-Eisen *n* channel iron
Uhrzeiger *m* hand, clock hand; **~sinn** *m* clockwise direction; **entgegen dem ~** anti-clockwise, counter-clockwise; **im ~** clockwise
Uhrzeit *f* time, time of day, **~geber** *m* time-of-day clock
Ultraschall *m* ultrasound; **~prüfung** *f* ultrasonic test, ultrasonic inspection; **~reinigung** *f* ultrasonic cleaning; **~schweißen** *n* ultrasonic welding; **~sonde** *f* ultrasonic probe; **~welle** *f* ultrasonic wave
ultraviolett *adj* ultraviolet, UV
Ultraviolettstrahlung *f* ultraviolet radiation
umarbeiten *v* rework
Umbau *m* reconstruction; alteration; conversion
umbauen *v* reconstruct; alter; rebuild; convert; re-design
umbauter Raum *m* enclosed space
Umdrehung *f* revolution; turn; rotation; **Umdrehungen pro Minute** revolutions per minute, revs. per minute, r.p.m.
Umfang *m* circumference; perimeter; *(Größe/Ausmaß)* extent; scope
Umfangsgeschwindigkeit *f* circumferential speed, peripheral speed
Umfassungs|kragen *m* shroud; **~wand** *f* enclosure wall; **~winkel** *m* **an einem Schneckenrad** width angle of wormwheel
Umfeldbeleuchtung *f* ambient lighting
Umflechtung *f* braid
umflochten *adj (Kabel)* braided
umformen *v* transform; convert
Umformer *m* transformer; converter; transducer; motor generator set, M/G set, MG; **ohne ~** MG-less
Umgang *m* handling, manipulation; *(Behandlung)* treatment
Umgebung *f* environment; surroundings
Umgebungs|licht *n* ambient lighting; **~luft** *f* ambient air; **~temperatur** *f* ambient temperature
umgehen *v* bypass
umgekehrt *adj* inverse; reverse
umhüllen *v* encase; enclose; encapsulate; wrap; cover; coat; jacket; sheath; line
Umkehr *f* reversal, reversal of movement; return; **~ bei oberstem Ruf** *(Aufzug)* highest call return; **~ der Drehrichtung** reversal of the sense of rotation
umkehrbar *adj* reversible
umkehren *v* reverse; return
Umkehr|haltestelle *f (Aufzug)* return landing; **~schalter** *m* reversing switch; **~verstärker** *m* inverting amplifier
umklemmen *v* reconnect, reverse the terminal connections, change the terminal connections
Umlauf|aufzug *m* paternoster; **~bestand** *m* work in progress
umlaufen *v* circulate; rotate, revolve

umlaufend *adj* rotating; **~e Körnerspitze** *f (Drehbank)* (UK) live centre, (US) live center; **Türblätter mit ~em Rahmen** *m* door panels with wraparound frame; **~es Schutzgeländer** *n* safety railing thereabout

Umlauf|getriebe *n* planetary gear; **~öl** *n* circulating oil; **~pumpe** *f* circulation pump; **~schmierung** *f* circulation lubrication; **~zeit** *f* round-trip time

Umlenk|blech *n* baffle, baffle plate; **~rolle** *f* diverter, diverter pulley, diverting pulley, deflection pulley

umpolen *v* reverse the polarity

Umrechnungstabelle *f* conversion table

Umrichter *m* converter; inverter

umrichtergespeist *adj* converter-fed

Umriss *m* outline, contour; profile

Umriss|fräsen *n* contour milling, profile milling; **~zeichnung** *f* outline drawing

umrüsten *v* convert, re-tool; reset

Umrüst|satz *m* conversion kit; **~zeit** *f* changeover time

Umschaltautomatik *f* automatic switchover

umschaltbar *adj* switchable

Umschaltekontakt *m* change-over contact

umschalten *v* change over, switch over; shift

Umschalter *m* change-over switch, selector switch

Umschaltverzögerung *f* anti-quick reversal

umschlingen *v (Seil)* wrap around (ropes wrap around a sheave)

Umschlingung *f* wrap; **doppelte ~** double wrap, double wrap traction, DWT; **einfache ~** single wrap, single wrap traction, SWT

Umschlingungswinkel *m* angle of wrap, angle of vee grooves, angle of traction, wrapping angle; angle of grip, angle of contact

umsetzen *v* re-position, re-arrange; *(umwandeln)* transform; *(verwirklichen)* implement

Umsetzer *m* converter

umspannen *v (Werkstück)* reclamp, rechuck; *(elektr.)* transform

Umspanner *m* transformer

umspulen *v* rewind

umstellen *v* change over; re-tool

umsteuern *v* reverse; *(Aufzugstür)* re-open

Umsteuerung *f* reversal; *(Aufzugseinrichtung)* reopening device

Umtastung *f* shift keying

Umwälzpumpe *f* circulating pump

Umwälzung *f* circulation

umwandeln *v* convert; transform

Umwandlung *f* conversion; transformation

Umwehrung *f (Fahrschacht)* enclosure; *(von Gefahrenstellen)* guarding; **Maschendrahtumwehrung** mesh enclosure; **vollwandige ~** solid enclosure

Umwelt|beeinflussung *f* environmental impact, impact on the environment; **~belastungen** *fpl* environmental burdens

umweltfreundlich *adj* green

Umwicklung *f (z.B. Kabel)* wrapping

unbeabsichtigt *adj* unintentional, inadvertent, accidental

unbearbeitet *adj* unmachined, non-machined; unfinished

unbefugt *adj*, **gegen ~e Eingriffe gesichert** tamper-proof
unbestimmt *adj* indeterminate; indefinite
unbewaffnetes Auge *n* unaided eye
undicht *adj* leaky, leaking
Undichtheit *f* leakiness, leakage
undurchlässig *adj* impermeable, impervious
undurchsichtig *adj* opaque
unendlich *adj* infinite
unerwünschtes Signal *n* unwanted signal
Unfall | gefahr *f* accident hazard, danger of accident, accident risk; **~verhütungsvorschriften** *fpl* accident-prevention regulations
ungenau *adj* inaccurate, inexact
ungerade *adj* uneven, odd
ungeregelt *adj* unregulated, non-regulated; uncontrolled; fixed-speed …
ungesättigt *adj* unsaturated
ungleich | förmig *adj* non-uniform; **~mäßig** *adj* irregular
unipolar *adj* unipolar
Universal | drehmaschine *f* universal lathe, all-purpose lathe; **~fräsmaschine** *f* universal milling machine, universal miller; **~gelenk** *n* universal joint; **~motor** *m* universal motor; **~regler** *m* universal controller; **~-Rundschleifmaschine** *f* universal cylindrical grinding machine; **~schraubenschlüssel** *m* monkey wrench; **~-Teilkopf** *m* universal indexing head, universal dividing head
unkontrollierte Aufwärtsbewegung *f* uncontrolled movement up, uncontrolled upwards movement

unlegiert *adj* unalloyed
unruhiger Lauf *m* irregular running, uneven running
unrund *adj* out of round; out of true, non-concentric; **~es Gewinde** *n* out-of-round thread
unsachgemäße Handhabung *f* improper handling
unsicher *adj* unsafe; insecure
unsichtbar *adj* invisible; concealed; non-exposed; hidden
Unterbau *m* substructure, supporting structure; base
unterbrechen *v* interrupt; isolate; disconnect; break; open; **einen Stromkreis ~** break a circuit
Unterbrecher *m* interrupter; contact breaker; *(Trenner)* isolator
Unterbrechung *f* interruption; disconnection
unterbrechungsfreie Stromversorgung *f* uninterruptible power supply
Unterbrechungssignal *n* interrupt signal
unterbringen *v* accommodate; house
Unterdruck *m* underpressure; vacuum
unterdrücken *v* suppress
unter | e Leerlaufdrehzahl *f* low idle speed; **~e Volllastdrehzahl** *f* minimum full-load speed
unterfüttern *v* pack
untergeordnet *adj* lower-level …; lower-ranking; slave …; downstream …; secondary; subordinate; child …
Unter | gestell *n* base; **~gurt** *m* bottom boom; **~haltung** *f* maintenance; **~holm** *m* bottom transom

unterirdisch adj underground; buried; subterranean

Unter|kanal m subchannel; **~kette** f compensating chain; **~konstruktion** f substructure; **~lagblech** n shim; **geschlitztes ~lagblech** trouser shim; **~lage** f backing; base; pad; **~lagen** fpl records, papers, documents, documentation

unterlagert|e Regelung f underlayed control; **~e Momentenregelung** f underlayed torque control

Unter|lagsplatte f *(für Schiene)* soleplate; **~lastung** f derating; **~lastungsgrad** m derating factor

Unterleg|blech n shim; **~scheibe** f washer, lock washer, plain washer

Untermaß n undersize

untermotorisiert adj under-powered

Unter|ölmotor m oil-immersed motor, submersed motor; **~putzleitung** f concealed wire

unter Putz verlegt concealed

Unterputzverlegung f concealed wiring, concealed installation

Unter|satz m base; **~schnitt** m undercut

unterschnitten adj *(Rille)* undercut

unterschreiten v fall below, drop below, go below, be less than; *(untere Grenze)* violate; **einen Wert ~** fall below a value, drop below a value, go below a value

Unter|seil n compensating rope; **~seilspanngewicht** n compensation weight, compensation tension weight; **~seite** f bottom side, underside; **~setzung** f reduction, speed reduction; **~setzungsgetriebe** n reduction gearing, speed reducer, speed reduction gear, step-down gearing; **~setzungsverhältnis** n reduction ratio, speed reduction ratio; **~spannung** f undervoltage

unter Spannung stehen v live, energized

unterstützen v support; prop; boost

Unterstützung f support

untersuchen v examine, investigate; analyze; study; research

Untersuchung f examination, investigation; analysis

Untersuchungsbefund m findings

untertourig adj low-speed ...

Unterzonenzuordnung f sub-zoning

unverarbeitet adj untreated; raw; unprocessed

unverlierbar adj *(z.B. Schraube)* captive, captive-type ...

unverträglich adj incompatible

Unwucht f unbalance

unzugänglich adj inaccessible

unzulässig adj non-permissible, unacceptable, illegal

U-Profil n U section, channel, channel section; **~-Führungsschiene** f channel track

U-Stahl m steel channel, channel-section steel

UV-beständig adj resistant to ultraviolet rays

UV-Licht n ultraviolet light, UV light

vakuumdicht *adj* vacuum-tight, hermetically sealed

Vanadium *n* vanadium; **~stahl** *m* vanadium steel

vandalensicher *adj* vandal-resistant, tamper-proof; anti-vandal …; **~e Ausführung** *f* vandal-resistant type

Vandalismusverhinderung *f* anti-vandalism

Ventil *n* valve; **~antrieb** *m* valve actuator

Ventilator *m* fan; *(Gebläse)* blower; **~schalter** *m* fan switch

Ventil | betätigung *f* valve actuation; **~block** *m* valve block; **~einsatz** *m* valve insert; **~feder** *f* valve spring; **~gehäuse** *n* valve housing; **~gewinde** *n* valve thread; **~hub** *m* valve lift; **~kolben** *m* valve piston; **~körper** *m* valve body; **~nadel** *f* valve needle; **~schaft** *m* valve stem, valve spindle; **~sitz** *m* valve seat; **~spiel** *n* valve clearance; **~spindel** *f* valve spindle, valve stem; **~teller** *m* valve disk

veraltet *adj* obsolete; outdated

veränderlich *adj* variable

verändern *v* alter, change, modify; vary; **sich ~** vary

verankern *v* anchor

Verankerung *f* anchorage

Verankerungspunkte *mpl* anchor points

verarbeiten *v* work; process; *(behandeln)* treat; *(aufbereiten)* condition

Verarbeitung *f* working; processing

verbessern improve; enhance; refine

Verbesserung *f* improvement; enhancement; refinement

verbinden *v* connect; join; couple; combine; link; tie

Verbinder *m* connector; fastener

Verbindung *f* connection; joining; joint; link, linkage; *(chem.)* compound

Verbindungs | element *n* fastener; **~gestänge** *n* linkage; **~glied** *n* link; **~kabel** *n* connecting cable, interconnecting cable, cable connector; **~klemme** *f* fastener; terminal; **~lasche** *f* *(bei Schienen)* fishplate; **~leitung** *f* connection line; **~stelle** *f* joint; **~stück** *n* adapter; connector

verborgener Mangel *m* hidden defect, latent defect

Verbot *n* **aufzugsfremder Einrichtungen im Fahrschacht** exclusive use of lift well

Verbrauch *m* consumption

verbrauchen *v* consume

Verbraucher *m* consumer, consuming device; user; load

Verbrennung *f* burning; combustion; incineration

Verbund *m*, **Aufzüge im ~** interconnected lifts

Verbund | material *n* *(Kunststoff)* sandwich material; composite material; **~metall** *n* composite metal; **~netz** *n* integrated network; **~sicherheitsglas** *n* laminated glass; **~werkstoff** *m* composite material

verchromen v chrome-plate, chromium-plate
Verchromung f chrome-plating, chromium-plating
verdampfen v evaporate
Verdampfer m evaporator
verdichten v compress; condense; compact; concentrate
Verdichter m compressor; condenser
Verdichtung f compression; condensation; compaction; concentration
Verdingungsordnung f, ~ **für Bauleistungen** (VOB) contracting rules for award of public works contracts; ~ **für Leistungen** (VOL) contracting rules for work
verdrahten v wire; cable; interconnect; install; *(verlegen)* lay
Verdrahtung f wiring; cabling; interconnection; installation; *(Verlegung)* laying
Verdrahtungsplan m wiring diagram
verdrallen v twist
verdrehen v twist
Verdreh|festigkeit f torsional strength; **~sicherung** f *(Seil)* anti-rotation element; **~steifigkeit** f torsional stiffness, torsional rigidity
Verdrehung f twisting; torsion
Verdrehungs|beanspruchung f torsional stress; **~bewegung** f twisting motion
verdünnen v thin; dilute
Verdünner m thinner
Verdünnungsmittel n thinner, diluent
verdunsten v evaporate

verengen v narrow; contract
Verfahrbewegung f traversing movement, travel
verfahren v *(Werkzeugmaschine)* traverse, move
Verfahren n *(Prozess, z.B. Fertigung)* process; procedure; technique, method; practice; approach; *(Behandlung)* treatment
Verfahrenstechnik f process engineering, process technology
Verfahr|geschwindigkeit f traversing speed, traversing rate; **~richtung** f traversing direction; **~weg** m distance traversed, distance to be traversed
verfeinern v refine
verfestigen v stabilize
verfolgen v follow up, track
verformen v form, shape; *(deformieren)* deform
Verformung f *(spanlos)* shaping, forming; *(spanend)* machining, chip removal; *(Deformierung)* deformation
verfügbar adj available
Verfügbarkeit f availability
Verfügbarkeitszeit f up time; availability time
Vergangenheitswerte mpl historic data
vergießen v grout; pot; embed; encapsulate; fill; seal
verglasen v glaze
verglaste Schauöffnung f glass vision panel
Verglasung f glazing
Vergleich m comparison
vergleichen v compare

Vergleicher m comparator
vergolden v gold-plate
vergrößern v enlarge, increase; magnify; *(maßstäblich)* scale up
Vergussmasse f sealing compound
vergüten v *(Stahl)* quench and temper, harden and temper, heat-treat
Vergütungs|schaubild n heat treatment chart; **~stahl** m heat-treated steel
Verhalten n (UK) behaviour, (US) behavior; response; performance; pattern
Verhältnis n ratio; relation; relationship; proportion; **~ zwischen Nennlast und maximaler Nutzfläche** load/area ratio
verharzen v gum; resinify
verhindern v prevent
verjüngen v, **sich ~** taper
verkabeln v cable
Verkabelung f cabling
Verkehr m traffic; **aus dem ~ ziehen** withdraw from service
Verkehrs|abwicklung f traffic handling; **~analyse** f traffic analysis; **~art** f traffic mode; **~aufkommen** n traffic pattern, traffic volume, traffic demand; **~dichte** f traffic density; **zur ~entlastung** f relieve congestion; **~fluss** m traffic flow; **~last** f live load, imposed load; **~leistung** f traffic handling capacity; **~leitstationen** fpl traffic directors
verkehrsschwache Zeiten fpl periods of light traffic
Verkehrs|sicherheit f traffic safety, safe traffic; **~spitze** f traffic peak; **~strom** m traffic flow; **~überwachung** f traffic supervision
verkeilen v key, wedge
verketten v chain; link, interlink; concatenate
Verkettung f chaining; linking
Verkleidung f cladding; coating; covering; enclosure; fairing; *(innen)* lining; panelling; **~ zwischen Schwelle und Kämpfer aufeinander folgender Türen** fascia panel, fascia plate, fascia
Verkleidungsblech n sheet-metal enclosure
verkleinern v reduce, decrease; diminish; *(maßstäblich)* scale down
verklemmen v jam
verkupfern v copper-plate
verlängern v lengthen; extend; *(strecken)* stretch; *(Zeit)* prolong
Verlängerungskabel n extension cable
Verlauf m shape, form; characteristic; course; pattern; history; response; profile
verlegen v *(z.B. Kabel)* lay, run, install; *(an einen anderen Ort)* relocate; move; transfer; shift; displace
Verlegung f installation, laying; **~ auf Putz** surface installation, surface mounting, surface wiring, exposed wiring; **~ unter Putz** installation under surface, concealed installation
verlitzen v strand
verlöten v solder
verlustarm adj low-loss ...
Verlust|faktor m dissipation factor; **~leistung** f power loss

verlustlos *adj* lossless
Verlust|wärme *f* heat loss; **~zeit** *f* lost time
vermessingen *v* brass-plate
vernachlässigbar *adj* negligible
vernieten *v* rivet
verriegeln *v* lock, interlock; bolt; **mechanisch ~** lock mechanically
Verriegelung *f* (*Vorgang*) locking; (*Einrichtung*) locking device, locking mechanism; interlock, interlocking
Verriegelungs|einrichtung *f* interlocking device, locking device; **~zone** *f* locking zone
versagen *v* fail, break down
Verschiebe|bügel *m* bracket; **~kraft** *f* displacement force
verschieben *v* shift, displace; become out of phase, shift out of phase
Verschleifen *n* (*Impuls*) rounding
Verschleiß *m* wear, abrasion, wear and tear
verschleiß|arm *adj* low-wear ...; **~fest** *adj* wear-resistant
Verschleißfestigkeit *f* wear resistance
verschleißfrei *adj* non-wearing
Verschleiß|grenze *f* limit of wear; **~rechnung** *f* wear calculation; **~teil** *n* wearing part; **~verhalten** *n* wear performance
verschlissen *adj* worn out
Verschluss *m* closure; **~feder** *f* locking spring; **~hebel** *m* locking lever; **~scheibe** *f* sealing washer; **~schraube** *f* locking screw, screw plug; **~stopfen** *m* sealing plug

verschmutzen *v* contaminate, pollute; soil; foul
verschrauben *v* bolt, screw, bolt together
Verschraubung *f* bolted connection, screwed connection, screwed joint; (*Rohrleitung*) union
verschrotten *v* scrap
versenkbar *adj* retractable
versenkt *adj* recessed; countersunk; flush
versetzt *adj* offset, staggered
versiegeln *v* seal
versilbern *v* silver-plate
versorgen *v* supply; provide
Versorgung *f* supply; provision; service; coverage
verstärken *v* strengthen; boost; reinforce; (UK) armour, (US) armor; amplify; gain
Verstärker *m* amplifier; repeater; booster
Verstärker|platte *f* amplifier board; **~schaltung** *f* amplifying circuit
Verstärkung *f* reinforcement, strengthening; amplification; backing
Verstärkungs|kennlinie *f* gain characteristic; **~regelung** *f* gain control
versteifen *v* stiffen; (*verstreben*) brace, strut
verstellbar *adj* adjustable; variable
Verstell|bereich *m* setting range, range of adjustment; **~einrichtung** *f* adjusting device
verstellen *v* adjust, re-adjust; (*z.B. Zugänge behindern*) obstruct
Verstell|getriebe *n* variable speed gear; **~knopf** *m* adjusting knob; **~mutter** *f* adjusting nut; **~regler** *m* variable-speed

Verstellschraube governor; **~schraube** f adjusting screw; **~spindel** f adjusting spindle
Verstellung f adjustment
verstiften v pin
verstopfen v clog; plug; occlude
Versuch m test; trial; experiment; attempt
Versuchs|anlage f pilot plant; **~anordnung** f test set-up, testing arrangement; **~anstalt** f testing laboratory; **~aufbau** m test set-up, breadboard; **~lauf** m test run; **~modell** n test model, pilot model; **~reihe** f test series; **~schaltung** f breadboard circuit; **~turm** m test tower; **~vorrichtung** f test rig; **~werkstatt** f experimental shop
vertauschen v interchange; reverse
verteilen v distribute
Verteiler m distributor; spreader; dispenser; *(Post etc.)* distribution list, mailing list; **~feld** n distribution panel; **~kasten** m distribution box; **~klemme** f terminal; **~rohr** n manifold; **~tafel** f distribution board
Verteilung f distribution
verträglich adj compatible
Verträglichkeit f compatibility; **elektromagnetische ~, EMV** electromagnetic compatibility, EMC
verunreinigen v contaminate; pollute; soil
Verunreinigung f contamination; pollution; soiling
verursachen v cause
vervielfachen v multiply
Vervielfacher m multiplier
Verwechslungsprüfung f identity check

Verweil|dauer f dwell time; **~zeit** f dwell time, retention time; **~zyklus** m dwell cycle
Verwendungsnachweis m where-used list
verwerfen v warp; deform; distort; *(nicht anerkennen)* ignore; *(zurückweisen)* reject
verwindungssteif adj torsionally rigid
verwischen v blur
verzahnen v cut a gear
Verzahnung f *(Herstellung)* gear cutting; *(Getriebe)* gearing, gear teeth; teeth characteristics
Verzahnungs|fräser m tooth milling cutter; **~maschine** f gear-cutting machine; **~wälzfräser** m gear hob
verzerren v distort
Verzerrung f distortion
verzerrungsarm adj low-distortion ...
verzinken v galvanize; zinc-plate, coat with zinc
verzinktes Stahlblech n galvanized steel sheet
verzinnen v tin-plate
verzögern v delay; retard; lag; decelerate
Verzögerung f retardation, deceleration, slowdown; delay; lag; **~ der Kabine** braking deceleration of the car
Verzögerungs|einleitung f slowdown initiation; **~einrichtung** f slow-down device; **~geschwindigkeit** f slow-down speed; **~kondensator** m time-delay capacitor; **~schalter** m slowdown switch, time-delay switch; **~spitzen** fpl peak retardation; **~verhalten** n

deceleration performance, deceleration profile; ~**weg** m deceleration distance
verzweigen v branch
Vibration f vibration
Vickershärte f Vickers hardness, Vickers pyramid hardness, diamond pyramid hardness
vieladriges Kabel n multi-core cable
Viel|eck n polygon; ~**fachstecker** m multiple-contact plug; ~**falt** f (Teile, Varianten) variety
viel|kantig adj polygonal; ~**phasig** adj multi-phase, polyphase; ~**polig** adj multi-pole, multi-contact; ~**seitig** adj versatile; ~**stufig** adj multi-stage
Vierbackenfutter n four-jaw chuck
Vierergruppe f group of four lifts
viergängiges Gewinde n four-start thread, quadruple-start thread
Vierkant m square; ~**feile** f square file; ~**material** n square stock; ~**mutter** f square nut; ~**rohr** n square pipe; ~**schlüssel** m square spanner; ~**schraube** f square-head bolt; ~**stahl** m square steel
Vierquadranten|antrieb m four-quadrant drive; ~**betrieb** m four-quadrant operation
viersträngiges Seil n four-strand rope
Viskosität f viscosity
Viskositätszahl f viscosity index, viscosity number
Voll|ausbau m maximum configuration; ~**ausschlag** m (Zeiger) full-scale deflection; ~**automat** m fully automatic machine

voll|automatisch adj fully automatic, all-automatic; ~**elektrisch** adj fully electric, all-electric; ~**elektronisch** adj fully electronic, all-electronic
völlig geschlossene Maschine f totally enclosed machine
vollisoliert adj all-insulated, fully insulated, totally insulated
Voll|kolben m solid piston; ~**last** f full load, 100-percent load; ~**lastanlauf** m full-load starting; ~**last auf/ab** full load up/down; ~**lastdrehzahl** f full-load speed; ~**lastkennlinie** f full load curve; ~**lastleistung** f full-load power; ~**material** n solid stock, solid material; ~**prüfung** f one-hundred-percent inspection; ~**schnitt** m full cut
vollwandig adj (Türen u. Klappen) imperforate
Vollwelle f (elektr.) full wave; (mechan.) solid shaft
Voltmeter m voltmeter
Vorabnahme f, **provisorische ~** provisional acceptance
Vorab|nahmeprüfung f test prior to acceptance; ~**version** f pre-release version
Vorarbeit f preparatory work
Vorbearbeitung f premachining, rough-machining, rough-cutting, roughing
Vorbehandlung f pre-treatment; preconditioning
vorbeugende Wartung f preventive maintenance
vorbohren v predrill
Vordach n (als Witterungsschutz) canopy

Vorder|ansicht f front view; **~flanke** f (Impuls) leading edge; **~kante** f front edge; **~seite** f front side, front, front end, face
voreilen v lead; advance
voreilend adj leading
Voreilung f phase lead, phase advance
voreingestellt adj preset; predetermined; default ...
vorführen v demonstrate
Vorführung f demonstration
Vorgabe f input; default; standard; **~einstellung** f default option; **~leistung** f default performance; **~wert** m preset value, default value; **~zeit** f standard time, all-in time
Vorgang m process; operation; event
Vorgängermodell n predecessor model
vorgeben v predefine, predetermine
vorgefertigt adj prefabricated
Vorgelege n back gearing, back gears, reduction gear; **~rad** n backgear; **~welle** f backgear shaft, countershaft
vorgeschaltet adj upstream
vorgeschrieben adj specified; stipulated; mandatory
vorgespannt adj preloaded; prestressed; biased; **in Durchlassrichtung ~** (Transistor) forward-biased; **in Sperrrichtung ~** (Transistor) reverse-biased
vorgesteuert adj pilot-operated
vorgewählt adj preselected, pre-set
Vorlauf m forward motion, forward travel; advance; approach
vorlaufen v move forward; advance; approach

vorläufige Abnahme f provisional acceptance
Vorlauf|reihe f pilot lot; **~serie** f pilot lot; **~zeit** f lead time
vormagnetisieren v premagnetize
Vormontage f pre-assembly
Vornorm f draft standard
vor Ort m on the spot, local, in the field, field ..., in situ
Vorprüfung f pre-acceptance inspection, preliminary authorization, preliminary test
Vorrang m priority; preference; **~ der Fahrkorbbefehle** car preference; **~ der Innenkommandos** car preference
Vorrang|schaltung f priority circuit; **~steuerung** f priority service
Vorraum m (Stauraum vor der Fahrschachttür) landing area; **~überwachung** f landing area control
Vorrecht n priority; preference; **~ im Fahrkorb/in der Kabine** car preference
Vorrechtschalter m priority switch, preference switch
Vorrichtung f device; facility; jig; fixture
Vorrichtungs|bau m (Vorgang) design of jigs and fixtures; (Werkstatt) jig shop, jig department; **~bauer** m jig builder; **~bohrmaschine** f jig borer
vorschalten v connect on line side, connect in series
Vorschalt|gerät n (Leuchte) ballast; **~kondensator** m series capacitor; **~widerstand** m (Bauteil) series resistor; (Funktion) series resistance
vorschieben v advance; move forward; push

Vorschneider m *(Gewindeschneiden)* first tap, taper tap, starting tap
vorschreiben v prescribe
Vorschub m feed; advance; **~bereich** m feed range; **~betrag** m feed increment; **~bewegung** f feed movement, feed motion; **~geschwindigkeit** f feed rate; **~getriebe** n feedbox; **~korrektur** f feedrate override; **~programmierung** f feedrate programming; **~richtung** f direction of feed; **~spindel** f feed screw; **~steuerung** f advance control; **~weg** m feed travel
Vorserie f pilot series, pre-production series
Vorsicht! Caution!
Vorsichtsmaßnahme f precaution; **Vorsichtsmaßnahmen treffen** take precautions
vorspannen v prestress, preload; *(elektr.)* bias; **in Vorwärtsrichtung ~** forward-bias

Vorspannung f *(elektr.)* bias; *(mechan.)* initial stress, prestressing
Vorsprung m projection
vorstehen v protrude, project
Vorsteuerung f pilot control
Vorsteuerventil n pilot valve
vorverdrahten v prewire
Vorverstärker m preamplifier
Vorwärtsrichtung f forward direction; **in ~ vorspannen** forward-bias
Vorwiderstand m *(Bauteil)* series resistor; *(Funktion)* series resistance
Vorzeichen n sign, algebraic sign; *(Polarität)* polarity sign
vorzeitiges Türöffnen n advance door opening, advanced door opening, preopening doors
Vorzugsruf m preference call
Voutenbeleuchtung f cove lighting

W

Waage f balance, scales
waagerecht adj horizontal
Waagerecht | ausführung f horizontal design; **~-Bohrmaschine** f horizontal drilling machine; **~-Bohr- und Fräswerk** n horizontal boring, drilling and milling machine; **~-Fräsmaschine** f horizontal milling machine; **~-Räummaschine** f horizontal broaching machine
Wabenblech n honeycomb sheet
wabenförmig adj honeycomb ...
Waben | raster m/n honeycomb grid; **~spule** f honeycomb coil
wachsen v grow, increase
Wachstum n growth, increase
Wächter m detector; monitor; watchdog; (Person) watchman; **Drehzahl-~** overspeed governor
Wackelkontakt m loose contact, loose connection, poor contact
Wagen m car, vehicle, coach, carriage, truck
Wagenheber m jack, lifting jack, car jack
wählbar adj selectable
wählen v choose, select, dial
Wähler m selector, selector switch
Wahlschalter m selector switch, selector
Wählscheibe f dial
wahlweise adj optional
Wahrscheinlichkeitsrechnung f probability calculus, probability analysis
Walkarbeit f (Schmierfett) churning
Wälzabweichung f composite error, composite deviation
Walzblech n rolled sheet, rolled plate

Walze f drum, roll, roller
walzen v roll
Walzen n rolling
Walzen | fräser m plain milling cutter; **~stirnfräser** m shell end mill
Wälzfräsautomat m automatic hobbing machine
wälzfräsen v hob, generate
Wälz | fräsen n hobbing, gear hobbing; **~fräser** m hob, hobbing cutter; **~fräsmaschine** f hobbing machine, hobber, gear generator; **~kontakt** m rolling contact, rolling-motion contact; **~körper** m (Lager) rolling element; **~kreis** m pitch circle; **~lager** n anti-friction bearing, rolling bearing; **~pressung** f contact pressure; **~punkt** m point of contact; **~reibung** f rolling friction
Walz | stahl m rolled steel; **~stahl-Deckenträger** m rolled steel joist, RSJ
Wälz | stoßmaschine f gear shaper; **~verzahnung** f gear generation
Walzwerk n rolling mill
Wälzzahnrad n rolling-contact gear
Wand | arm m wall bracket; **~befestigung** f wall mounting; **~durchbruch** m wall cutout, wall opening
wandern v migrate; travel; shift
Wand | feld n über der Tür fascia; **~konsole** f wall bracket
Wandler m converter, transducer; transformer
Wand | leuchte f wall luminaire, wall-mounted luminaire; **~schalter** m wall switch; **~schaltschrank** m wall-

mounted cabinet; ~**steckdose** f wall outlet, wall socket
Wanne f tub, sump, pan, trough
Ward-Leonard-Antrieb m Ward-Leonard drive
warm aufziehen v shrink on
warm bearbeiten v hot work
Warmbiegeversuch m hot bend test
Wärme f heat; ~ **abgeben** dissipate heat; ~ **abführen** dissipate heat; ~ **aufnehmen** absorb heat; ~ **austauschen** exchange heat; ~ **leiten** conduct heat; ~ **übertragen** transfer heat, transmit heat
Wärme|abführung f heat dissipation; ~**ausbeute** f heat yield; ~**ausdehnung** f thermal expansion, heat expansion; ~**austauscher** m heat exchanger; ~**behandlung** f heat treatment
wärme|beständig adj heat-resistant; ~**dämmend** adj heat-insulating
Wärme|dämmung f thermal insulation; ~**dehnung** f thermal expansion; ~**durchgang** m heat transfer, heat transmission; ~**durchgangszahl** f heat transfer coefficient, coefficient of heat transmission; ~**durchschlag** m thermal breakdown; ~**festigkeit** f thermal stability, thermostability; ~**fortleitung** f heat conduction, thermal conduction; ~**gefälle** n thermal gradient; ~**gewinn** m heat gain; ~**gleichgewicht** n thermal equilibrium
wärmeisoliert adj heat-insulated, thermally insulated
Wärme|klasse f temperature class; ~**kreislauf** m thermal circuit, heat cycle

wärmeleitend adj heat-conducting
Wärme|leitfähigkeit f thermal conductivity; ~**leitung** f heat conduction, thermal conduction; ~**regler** m thermostat; ~**riss** m heat crack, thermal crack; ~**rissbildung** f heat cracking; ~**schutz** m thermal protection; thermal insulation; ~**senke** f heat sink; ~**spannung** f thermal stress; ~**strahlung** f thermal radiation, heat radiation; ~**tauscher** m heat exchanger; ~**träger** m heat carrier, heat transfer medium; ~**übergang** m heat transfer; ~**verlust** m heat loss
Warmriss m hot crack; ~**probe** f hot cracking test
warm|verformen v hot work; ~**walzen** v hot roll
Warmwalzwerk n hot rolling mill
Warn|licht n warning light; ~**meldung** f warning message; ~**schild** n warning notice, warning label; ~**signal** n warning signal; ~**summer** m warning buzzer; ~**ton** m audible alarm, audible alert
Warnung f warning, alert, alarm
Warrington-Seil n (Aufzug) Warrington rope
Wartbarkeit f maintainability
Warte f control room
warten v maintain, service; attend to; wait
Wartezeit f waiting time
Wartung f maintenance, servicing; upkeep; **vorbeugende** ~ preventive maintenance
Wartungs|abstand m maintenance interval; ~**anleitung** f maintenance instructions, maintenance manual

wartungsarm *adj* low-maintenance ...
Wartungs|bestand *m* maintenance portfolio, maintenance base, service base; **~empfehlung** *f* maintenance recommendation
wartungs|frei *adj* maintenance-free; **~freier Betrieb** *m* maintenance-free operation; **~freundlich** *adj* easy to maintain, easy to service
Wartungs|gang *m* maintenance aisle; **~geschäft** *n* maintenance business; **~öffnung** *f* servicing opening; **~plan** *m* maintenance schedule; **~tritt** *m* service platform; **~tür** *f* inspection door
wasser|dicht *adj* waterproof, watertight; **~gekühlt** *adj* water-cooled; **~löslich** *adj* water-soluble
Wasserwaage *f* water level, spirit level
Watt *n* watt; **~leistung** *f* wattage; **~meter** *n* wattmeter; **~stunde** *f* watt hour; **~stundenzähler** *m* watthour meter
Wechsel|feld *n* alternating field; **~licht** *n* pulsating light
wechseln *v* change, alter; exchange; alternate
wechselnde Drehzahl *f* varying speed
Wechsel|rädergetriebe *n* change-gear drive, **~richter** *m* inverter, power inverter; **~richter mit Pulsbreitensteuerung** pulse-width modulation (PWM) inverter, **~schalter** *m* changeover switch; **~spannung** *f* alternating voltage, AC voltage; *(mechan.)* alternating stress; **~spannungsanteil** *m* AC component; **~sprechanlage** *f* intercom system, press-to-talk intercom system, simplex intercom system; **~strom** *m* alternating current, AC; **~stromgenerator** *m* alternator; **~strommaschine** *f* AC machine; **~strommotor** *m* alternating-current motor, AC motor; **~wirkung** *f* interaction, reciprocal action; **in ~wirkung stehen** interact
Wechsler *m* changeover contact
Weg *m* path; travel; traverse; route; distance; position; **~aufnehmer** *m* position encoder
Wegeventil *n* directional control valve; **vorgesteuertes ~** pilot-operated directional control valve
Weginformationen *fpl* position information
wegleiten *v* carry off
Weg|rückführung *f* position feedback; **~werfteil** *n* throw-away part, disposable part, one-way part, single-use part
weich *adj* soft, smooth
Weich|anlauf *m* soft start; **~eisen** *n* soft iron; **~lot** *n* soft solder; **~löten** *n* soldering, soft soldering; **~stahl** *m* mild steel
Weiter|fahrtanzeige *f* über dem **Fahrschachtzugang** hall lantern; **~lauf** *m* on-going run
weiterschalten *v (um eine Teilung)* index
Welle *f (elektr.)* wave; *(mechan.)* shaft
Wellen|bund *m* collar; **~ende** *n* shaft end, shaft extension; **~gelenk** *n* universal joint; **~länge** *f* wavelength; **~leiter** *m* waveguide; **~zapfen** *m* journal, shaft extension
Welligkeit *f* ripple, ripple content

Wendel f coil; helix; spiral; (Lampe) filament

Wendeschütz m reversing contactor

Werk n works, factory, plant, mill; facility; shop; ~bank f workbench, bench

werkseitig verdrahtet adj factory-wired

Werkstatt f workshop, shop, floor; **in der ~** on the floor, on the shop floor

Werkstatt|steuerung f shopfloor control; **~zeichnung** f workshop drawing, shop drawing, working drawing

Werkstoff m material; **~beschreibung** f material description; **~eigenschaften** fpl material properties; **~prüfung** f materials testing; testing of materials

Werkstück n workpiece, work, part, component, item, product; ~aufnahme f workholder, workpiece fixture; **~aufspannung** f workpiece clamping; **~durchmesser** m work diameter, work dia.; ~gewinde n product thread, workpiece thread; ~halter m workholder, workpiece fixture; ~kontur f workpiece contour; ~nullpunkt m workpiece zero point; ~spanner m work clamping device; ~spindel f work spindle; **~träger** m work holder, work holding fixture; ~wechsel m workpiece change; ~zeichnung f workpiece drawing

Werkzeug n tool; (Gesenk) die; (Kunststoff) mould; **~abhebung** f tool retraction, tool withdrawal; **~abnutzung** f tool wear; **~ansteuerung** f tool selection; **~aufnahme** f tool holder; ~aufspanndorn m (UK) tool arbour, (US) tool arbor; ~bahn f tool path; ~bau m tool shop; ~beschreibung f tool description; **~bestückung** f tooling; ~durchmesser m tool diameter; ~einspannung f tool clamping; ~einstellposition f tool setting position; ~funktion f tool function; **~geometriewerte** mpl tool geometry data; **~halter** m tool holder; ~kasten m tool box, tool kit; ~kegel m tool taper; ~koordinatensystem n tool coordinate system; ~korrektur f tool compensation, tool offset; ~laden n tool loading; **~macherei** f toolroom; ~magazin n tool magazine; ~maschine f machine tool; ~radius m tool radius; **~revolverkopf** m tool turret; ~satz m set of tools; ~schlitten m tool slide, tool carriage, carriage; ~schneide f tool cutting edge; ~spanner m tool clamping device; ~spindel f tool spindle; ~spitze f tool tip; ~stähle mpl tool steels; ~standzeit f tool life; ~tasche f tool bag; ~voreinstellung f tool presetting; ~wechsel m tool change; ~wechsler m tool changer; ~weg m tool path, cutter path

Wertanalyse f value analysis

Wetter|fahrsteig m outdoor moving walk; **~fahrtreppe** f outdoor escalator

Whitworth|-Feingewinde n Whitworth fine thread, British standard fine thread; **~-Gewinde** n Whitworth thread, British standard thread; **~-Rohrgewinde** n Whitworth pipe thread

wickeln v wind; reel; coil; *(Wire-Wrap-Verbindungen)* wrap

Wickel | pistole f wire wrapping tool; **~stift** m wrap post, wire-wrap post; **~werkzeug** n wrapping tool

Wicklung f winding

Wicklungsträger m winding support

Widerlager n abutment

Widerstand m *(Bauteil)* resistor; *(Vorgang)* resistance

Widerstands | bremsung f dynamic braking; **~legierung** f electrical resistance alloy; **~messung** f resistance test; **~schweißen** n resistance welding

Wieder | anlauf m restart; **~anlaufsperre** f restart inhibit; **~bereitschafts-Geschwindigkeit** f recovery rate (of emergency supply); **~einrücksperre** f re-engagement lockout; **~gabe** f *(akustisch)* playback; *(optisch)* reproduction

wiederholen v repeat

Wieder | holgenauigkeit f repeat accuracy, repeatability; **~holung** f repetition; **~inbetriebnahme** f restart, recommissioning, return to service; **~inbetriebnahme des Aufzugs** restoring the lift to service; **~inbetriebsetzung** f restart

Winde f winch, winding gear, winch drive, machine; hoist

Windeisen n tap wrench, tap stock

Windentrommel f winding drum

Windung f turn

Windungs | prüfung f interturn test, turn-to-turn test; **~schluss** m interturn short circuit; **~zahl** f number of turns in a winding

Winkel m *(geom.)* angle; *(45°)* (UK) mitre, (US) miter; *(zur Befestigung)* fixing angle, bracket; *(Rohr)* elbow; **~beschleunigung** f angular acceleration; **~einstellung** f angle setting, angular setting; **~fräser** m angle cutter; angle milling cutter, angular milling cutter; **~geschwindigkeit** f angular velocity, angular speed; **~hebel** m bell-crank lever; **~messer** m protractor; **~profil** n angle section; **~stahl** m angle steel; **~stück** n elbow, bend; **~stutzen** m elbow

Wippschalter m rocker switch

Wirbel | haken m swivel hook; **~strom** m eddy current; **~strombremsung** f eddy current braking

wirken v act

Wirk | last f active load, actual load; **~leistung** f active power; **~richtung** f effective direction; direction of cause to effect; **~spannung** f useful voltage; **~strom** m active current

Wirkungsgrad m efficiency

Wölbnaht f *(Schweißen)* camber weld

Wolfram-Inertgas-Schweißen n Tungsten-Inert Gas welding, TIG

Wulst m bead; bulge

Würfel m cube

Würgenippel m grommet

Wurzel f root; **~lage** f *(Schweißen)* root layer; **~schweißung** f root weld

X

X-Achse *f* X-axis

X-Koordinate *f* X coordinate

| Y-Achse | 190 | Y-Koordinate |

Y

Y-Achse *f* Y-axis

Y-Koordinate *f* Y coordinate

Z

zäh *adj* tough; tenacious; *(zähflüssig)* viscous

Zähflüssigkeit *f* viscosity

Zähigkeit *f* toughness

Zähigkeitsmesser *m* viscosimeter

Zahl *f* number, figure, digit

zählen *v* count

Zähler *m* counter; *(z.B. Strom, Wasser etc.)* meter; *(math.)* numerator; **~ablesung** *f* meter reading; **~rückstellung** *f* counter reset; **~stand** *m* reading

Zähl|impuls *m* counting pulse; **~werk** *n* counter mechanism, counting mechanism, counter

Zahn *m* *(Zahnrad)* tooth, gear tooth

Zahn|breite *f* tooth width, face width; **~dicke** *f* tooth thickness; **~eingriff** *m* meshing, tooth engagement

Zähne|zahl *f* number of teeth; **~zahlverhältnis** *n* tooth ratio, gear ratio

Zahn|fase *f* tooth chamfer; **~flanke** *f* tooth flank; **~flankenspiel** *n* backlash; **~form** *f* tooth shape, tooth profile; **~fuß** *m* tooth root; **~fußhöhe** *f* dedendum; **~grund** *m* bottom land; **~höhe** *f* tooth depth; **~kopf** *m* tooth crest; **~kopfhöhe** *f* addendum; **~kranz** *m* gear rim, ring gear; *(bei Sperrklinke)* toothed rim; **~nabe** *f* hub; **~profil** *n* tooth profile, tooth shape, tooth contour

Zahnrad *n* gear, gear wheel, toothed wheel; **~antrieb** *m* gear drive; **~fräsmaschine** *f* gear hobbing machine; **~getriebe** *n* gearing, gear drive, gearbox, gear train; **~nabe** *f* gear hub; **~paar** *n* gear pair; **~pumpe** *f* gear pump; **~-Rohling** *m* gear blank; **~satz** *m* set of gears; **~stoßmaschine** *f* gear slotter; **~vorgelege** *n* back gear

Zahn|riemen *m* toothed belt; **~riementrieb** *m* toothed-belt drive; **~ritzel** *n* pinion; **~scheibe** *f* *(Sicherungsscheibe)* serrated lock washer, toothed lock washer; *(für Zahnriemen)* toothed-belt pulley; *(für Drehzahlgeber)* toothed disk; **~segment** *n* gear segment; **~spitze** *f* tooth tip; **~stange** *f* rack; **~stangenantrieb** *m* rack drive, rack gear, rack-and-pinion drive; **~stangenaufzug** *m* rack and pinion lift; **~stangengetriebe** *n* rack-and-pinion drive; **~stangenritzel** *n* rack pinion; **~stange und Ritzel** rack and pinion; **~teilung** *f* tooth pitch; **~tiefe** *f* depth of tooth; **~unterschnitt** *m* tooth undercut; **~welle** *f* toothed shaft

Zange *f* pliers *plt*; tongs *plt*; *(zur Abisolierung)* stripper

Zangen|spannfutter *n* spring collet chuck; **~strommesser** *m* clip-on ammeter

Zapfen *m* stud; pin; *(z.B. Welle)* journal

Zarge *f* architrave, surround, frame

Zeichen *n* sign; mark; symbol; character; signal; **~erklärung** *f (technische*

Zeichnung/Auflösung von Abkürzungen) legend

Zeichnung *f* drawing; graph; plot; **technische ~** technical drawing, engineering drawing

Zeichnungsstückliste *f* drawing bill of materials

zeigen *v* point; show, demonstrate; indicate

Zeiger *m* pointer; *(Uhr)* hand; indicator; *(Bildschirm)* cursor; **~ausschlag** *m* pointer deflection, pointer excursion

Zeit | abstimmung *f* timing; **~geber** *m* timer, timing element, time generator; **~geberschaltung** *f* timer circuit; **~glied** *n* timing element; **~messer** *m* chronometer; **~raster** *m/n* time-slot pattern; **~relais** *n* time relay; **~schaltwerk** *n* timer

Zeit sparend *adj* time-saving

Zentralschmierung *f* central lubrication, centralized lubrication

zentrieren *v* (UK) centre, (US) center

Zentrifugalkraft *f* centrifugal force; **~-Geschwindigkeitsbegrenzer** *m* centrifugal governor

Zerhacker *m* chopper

zerlegbar *adj* detachable, demountable; decomposable; collapsible

zerlegen *v* detach, disassemble, dismantle, take apart, separate; decompose

zerlegt angeliefert *adj* delivered disassembled

zerspanbar *adj* machinable

zerspanen *v* machine, cut

Zerspankraft *f* cutting force

Zerspanung *f* machining, cutting, chip removal

Zerspanungs | arbeit *f* metal-cutting work; **~maschine** *f* metal-cutting machine

Zerspanwerkzeug *n* cutting tool, metal cutting tool

zerstäuben *v* atomize

Zerstäuber *m* atomizer

zerstörende Prüfung *f* destructive testing

zerstörungsfreie Werkstoffprüfung *f* non-destructive testing, non-destructive testing of materials

Zertifizierung *f* certification

Zertifizierungs | programm *n* certification program, certification scheme; **~stelle** *f* certification body, certifying authority

Zickzackpunktschweißung *f* staggerd spot welding

ziehen *v* pull; draw; *(zurückziehen)* retract; *(ab-/wegziehen)* withdraw; *(Stecker)* unplug; *(schleppen)* tow; *(grafische Darstellung)* drag; *(Kristalle)* grow

Ziehen *n* **aus dem Fang** *(Aufzug)* release of the safety gear by raising the car

Zieh | presse *f* drawing press; **~strumpf** *m* cable grip, rope grip; **~werkzeug** *n* draw die

Ziel *n* aim, goal, target; destination; objective; *(Senke)* sink

Ziel | haltestelle *f* destination landing; **~knopfkasten** *m* destination pushbutton box; **~koordinate** *f* target coordinate; **~ort** *m* destination; **~position** *f* target position; **~ruftaster** *m* destination call button

Ziffer f figure, digit, numeral
Zifferblatt n dial
Ziffernanzeige f digital display
Zink n zinc; **~blech** n zinc sheet, zinc plate; **~legierung** f zinc-base alloy, zinc alloy
Zinn n tin; **~legierung** f tin alloy; **~lot** n tin solder
Zirkel m compasses, pair of compasses
Zoll m inch; **~gewinde** n Whitworth thread, inch thread; **~-System** n inch system, Imperial system
Zone f zone, area
Zonen | **schmelzverfahren** n zone melting; **~veredelungsverfahren** n zone refining; **~zuordnung** f zoning (of cars in a group of lifts)
Z-Profil n Z-section
Zubehör n accessory; **~satz** m accessory set; **~teile** npl accessories
Zufuhr f supply; feed
zuführen v supply; feed
Zuführung f supply; (Vorschub) feed
Zug m tension; pull; (Luftzug) draught
Zugabe f allowance
Zugang m entrance, access; entry
zugänglich adj accessible
Zugangs | **bereich** m entrance area; **~leiter** f access ladders; **~seite** f landing side; **~überwachung** f entrance control
Zug | **anker** m tie-bolt; (z.B. für Gegengewichtseinlagen) tie-rod; **~beanspruchung** f tensile stress; **~drehschalter** m pull-twist switch; **~entlastung** f strain relief; **~entlastungsschelle** f strain-relief clamp; **~feder** f tension spring; **~festigkeit** f tensile strength; **~festigkeitsgrenze** f ultimate tensile strength
zugfrei adj free from air draught
Zug | **kraft** f tensile force; traction force, traction, tractive force; (Magnet) pulling force; **~prüfung** f tensile test, tension test; pull test; **~schalter** m pull switch; push-pull switch; **~spannung** f tensile stress; **~spannzange** f draw-in collet; **~stange** f tie-rod; draw bar; **~taster** m pull button; **~versuch** m tensile test, tension test
Zuhaltung f (Schloss) tumbler
Zuladung f payload
zulässig adj admissible, permissible, legal
Zulassung f approval; licence; permit; certification; (von Lieferanten) authorization (of vendors); (Fahrzeug) registration; concession
Zunahme f increase, rise; growth
zünden v ignite; fire
Zunder m scale; **~bildung** f scaling
Zündung f firing; ignition
zurück | **federn** v recoil; **~führen** v (wiederverwenden) recycle; (wiederherstellen) restore; **~laufen** v return; **~prallen** v rebound; **~setzen** v return; restore; reset; **~springen** v recoil; **~stellen** v reset; **~ziehen** v retract; withdraw
Zusammenbau m assembly
zusammen | **bauen** v assemble; **~brechen** v break down, collapse; **~drücken** v compress; **~fügen** v join,

link; assemble; **~klappen** v collapse; **~schalten** v interconnect; **~schrauben** v bolt together, screw together

Zusammenspiel n interaction, interplay

zusammenziehen v contract; shrink; *(Verengung)* constrict

Zusatz m addition; additive; **~baustein** m add-on module; **~metall** n filler metal; **~stoff** m additive; **~werkstoff** m filler metal

zuschalten v connect to; cut in; switch in; come on line

Zuschaltung f connection; coming on line

Zuschlag m allowance

zuschneiden v cut to length, cut to size; trim

Zuschnitt m cutting to length, cutting to size

Zustand m state, status, condition; circumstance; **Aus-~** off state; **Ein-~** on state

Zustandsanzeige f status indicator

Zustellbewegung f infeed motion

zustellen v *(verstellen/behindern)* block, obstruct

Zustellung f infeed

zutreffend adj applicable; relevant

zuverlässig adj reliable, dependable

Zuverlässigkeit f reliability, dependability

zwangsläufig betätigt adj positively actuated

zwangsöffnender Schalter m positive-opening switch

Zweckbindung f earmarking

zweckgebunden adj earmarked, dedicated

Zweibacken│-Bohrfutter n two-jaw drill chuck; **~futter** n two-jaw chuck, double-jaw chuck

zweidimensional adj two-dimensional

Zweiergruppe f *(Aufzug)* group of two lifts

zweigängiges Gewinde n two-start thread, double-start thread

Zwei│knopf-Sammelsteuerung f two-button collective control; **~kreisbremsanlage** f dual-circuit braking system

zweimal gelagerter Rotor m in-board rotor

zweiphasig adj two-phase ...

zweipolig adj bipolar

Zweiständer-Hobelmaschine f double-column planer

zweistufig adj two-stage ..., two-step ...

zweiteilig adj two-piece ..., two-element ...; split

zweiteiliges Schneideisen n two-piece die, two-piece adjustable die

Zweiwegeventil n two-way valve

Zweiweg│-Schleifen n *(Pendelschleifen von Gewinden)* two-way traverse grinding; **~-Sprechverbindung** f two-way speech communication

Zwinge f ferrule; clamp, cramp

zwingend adj mandatory

Zwischen│boden m false floor; **~decke** f false ceiling; **~haltestelle** f intermediate landing

Zwischenkreis│drossel f d.c. link choke; **~kondensator** m d.c. link capacitor; **~spannung** f d.c. link voltage

Zwischen|leitung f adapter cable; **~rad** n intermediate gear, idler gear; **~raum** m space in-between, clearance, gap, interspace; *(zeitlich)* interval; **~stockwerk** n mezzanine; **~stück** n adapter; **~träger** m intermediate beam

zyklisch adj cyclic

Zyklus m cycle

Zylinder m cylinder, jack; drum; barrel; **hydraulischer ~** hydraulic cylinder, hydraulic jack

Zylinder|bohrung f cylinder bore; **~buchse** f cylinder liner

zylinderförmig adj cylindrical

Zylinder|-Linear-Induktionsmotor m tubular linear induction motor, TLIM; **~rohr** n cylinder tube; **~rollenlager** n cylindrical roller bearing; **~schneckengetriebe** n mit Achsenwinkel (90°) cylindrical worm gear with shaft angle (90°); **~schraube** f fillister-head screw, cheese-head screw; **~schraube mit Innensechskant** *(DIN 912)* hexagon socket-head cap screw; **~schraube mit Schlitz** *(DIN 84)* slotted cheese-head screw; **~schutzvorrichtung** f cylinder protector; **~stift** m straight pin; **~stopfbuchse** f cylinder gland, cylinder stuffing box

zylindrisch adj cylindrical; **~e Bohrung** f cylindrical bore; **~es Gewinde** n straight thread, parallel thread; **~es Rohrgewinde** n straight pipe thread, parallel pipe thread; **~e Schraubenfeder** f cylindrical helical spring; **~es Wellenende** n cylindrical shaft end

Maße und Gewichte – Umrechnungsfaktoren

Foot (ft., ¹),	1 ft.	=	0,305 m / 30,48 cm
Gallon (UK) (gal.)	1 gal.	=	4,546 l
Gallon (US) (gal.)	1 gal.	=	3,785 l
Horsepower (hp)	1 hp	=	0,75 kW oder 1,01 PS
Hundredweight (UK) (cwt.)	1 cwt.	=	50,8 kg
Inch (in., ")	1 in. (oder Zoll)	=	2,5 cm / 25,4 mm
Mile (mi., m.) (Landmeile)	1 m.	=	1,609 km
(Seemeile)	1 m.	=	1,852 km
Ounce (oz.)	1 oz. (oder Unze)	=	28,35 g
Pint (UK) (pt.)	1 pt.	=	0,473 l
Pound (lb.)	1 lb.	=	0,453 kg
Pound per square inch (lb./sq. in.)	1 lb./sq. in.	=	0,070 kg je qcm
Square foot (sq. ft.)	1 sq. ft.	=	0,093 qm
Square inch (sq. in.)	1 sq. in.	=	6,45 qcm
Ton (t.) (long ton)	1 t.	=	1016 kg / 1,016 t
Ton (t.) (short ton)	1 t.	=	907 kg / 0,907 t
Yard (yd.)	1 yd.	=	0,91 m

Für die Umrechnung von **Celsius** in **Fahrenheit** und umgekehrt gelten die folgenden Formeln:

C in F: C mal 9 geteilt durch 5 plus 32 = F
also: 10° C x 9 = 90 : 5 = 18 + 32 = 50° F

F in C: F minus 32 mal 5 geteilt durch 9 = C
also: 50° - 32 = 18 x 5 = 90 : 9 = 10° C

Oder anders:

°C	°F oder °C	°F
-17,8	0	32,0
-12,2	10	50,0
- 6,7	20	68,0
- 1,1	30	86,0
4,4	40	104,0
10,0	50	122,0